처음부터 완벽한 부모, 잘하는 아이는 없다
속이 확 풀리는 자녀지도 솔루션 36

처음부터 완벽한 부모, 잘하는 아이는 없다
속이 확 풀리는 자녀지도 솔루션 36

2025년 9월 23일 1판 1쇄 인쇄
2025년 9월 25일 1판 1쇄 발행

지은이 정종진
펴낸이 이상훈
펴낸곳 책밥
주소 11901 경기도 구리시 갈매중앙로 190 휴밸나인 A-6001호
전화 번호 031-529-6707
팩스 번호 031-571-6702
홈페이지 www.bookisbab.co.kr
등록 2007. 1. 31. 제313-2007-126호

기획·진행 권경자
일러스트 양미연
디자인 디자인허브

ISBN 979-11-93049-72-3 (03590)
정가 21,000원

ⓒ 정종진, 2025

이 책은 저작권법에 따라 보호받는 저작물이므로 무단전재와 무단복제를 금합니다.
이 책 내용의 전부 또는 일부를 사용하려면 반드시 저작권자와 출판사에 동의를 받아야 합니다.
잘못 만들어진 책은 구입한 곳에서 교환해드립니다.

책밥은 (주)오렌지페이퍼의 출판 브랜드입니다.

처음부터
완벽한 부모,
잘하는 아이는 없다

속이 확 풀리는 자녀지도
솔루션 36

정종진 지음

책밥

프롤로그

부모는 자녀의
빛나는 거울이 되어야 한다!

부모라면 누구나 사랑하는 내 아이가 아프지 않고 행복하게 자라기를 바랍니다. 학교생활도 별 탈 없이 하고 큰 문제 없이 자라준다면 더할 나위 없이 기쁘겠죠. 하지만 우리 아이들은 자라면서 크고 작은 여러 문제들을 겪기 마련입니다. 그럴 때마다 부모가 아이와 함께 휘둘려야 할까요, 아니면 현명하게 대처해야 할까요?

자녀교육에 적극적인 부모라 하더라도 또래관계와 학교생활에 대한 문제는 난감할 때가 많습니다. 아이가 누군가에게 따돌림이나 괴롭힘을 당한다거나, 공부에 전혀 관심이 없다거나, 주의가 산만해서 집중하지 못한다거나, 하루 종일 컴퓨터 게임만 한다거나 등등 부모의 걱정은 다양합니다. 부모로서 어떻게 하면 아이가 학교생활에 잘 적응하고 인성이나 학업 면에서 잘 성장하도록 도와줄 수 있을까요?

가정은 아이들이 처음으로 맞닥뜨리는 세상입니다. 사람을 만드는 최초의 장소이며 한 아이의 성장과 발달, 적응에 지대한 영향을 미치기에 이보다 더 중요한 환경은 없다고 할 수 있습니다. "건전한 아이는 건전한 부모 밑에서 자란다", "문제아는 바로 문제 가정에 있다"는 말처럼 아이의 행동은 곧 가정교육의 산물이라 할 수 있습니다.

대부분의 사람은 아무런 준비 없이 부모가 됩니다. 좋은 부모가 되는 방법을 학교에서 배운 적도 없고, 특히 요즘 젊은 부모들은 구성원이 단출한 핵가족 안에서 자라나 어린아이를 돌본 경험도 거의 없습니다. 심지어 아기를 낳아 기른다는 것에 대해 낭만적으로 생각하는 경향도 없지 않습니다.

그렇다 보니 부모의 역할이 얼마나 어려운 일인가를 내 아이를 갖기 전에는 심각하게 생각하지 않습니다. 막상 부모가 되어서야 비로소 부모 역할이 생각보다 힘들다는 것을 깨닫게 되죠. '아이를 어떻게 가르칠 것인가?' 혹은 '어떤 아이로 기를 것인가?' 하는 질문에 부모 자신이 적절한 해답을 갖고 있지 못합니다. 이 때문에 아이를 대할 때 일관성이 없을 뿐만 아니라 뚜렷한 교육적 신념이나 확신이 부족한 경우가 많습니다.

부모는 아이의 가장 훌륭한 보호자이자 제일의 교육자입니다. 그렇기 때문에 부모는 아이가 험한 세상과 맞닥뜨렸을 때 무력감이나 불안을 진정시켜 줄 양육 지식과 기술을 가지고 있어야 합니다. 좋은 부모는 아이로 하여금 자기 자신과 타인을 가치 있는 존재로 여기는 법을 가르치고, 아이 스스로 삶을 의미 있게 살아갈 수 있도록 이끌어줄 수 있어야 합니다. 자녀지도에 앞서 부모교육이 절실한 이유가 바로 여기에 있습니다. 무엇보다도 먼저 부모 자신이 건전한 교육관을 형성해야 아이가 올바르게 자랄 수 있기 때문이죠. 부모교육이란 부모로서의 바람직한 역할을 인식하고 이를 수행함에 있어 효과적인 변화를 꾀하기 위한 일체의 교육적 활동을 의미합니다. 부모교육을 받으면 부모 스스로 인격적인 성장은 물론 자녀교육에도 큰 도움이 됩니다. 부모 자신이 배우는 자세와 모습을 보여주었을 때 아이에게 미치는 긍정적인 효과 또한 크다고 할 수 있습니다.

어떤 부모는 "친구를 소중히 여겨야 한다"고 지도하기보다는 "하라는 공부는 안 하고 친구만 불러들이냐!"고 꾸짖거나 놀러 온 친구에게 면박을 주기도 합니다. 이런 부모의 행동은 아이에게 인격적인 모욕을 느끼게 하고, 심한 경우 친구들 사이에서 따돌림을 당해 마음속 상처와 비행의 싹이 될 우려도 있습니다. 학령기에는 친구들과의 소통이 부모의 말보다 더 큰 영향력을 갖기 마련이죠. 그들에게 소외되거나 배척되는 것을 무엇보다 싫어하기 때문에 부모의 지나친 간섭은 아이의 저항이나 반항을 불러올 수 있습니다.

우리 아이들이 좋은 친구를 사귀도록 유도해야 합니다. 내 아이와 사귀는 친구가 나쁜 아이라는 것이 확실하다 하더라도 무조건 사귀지 말라는 강요보다는 먼저 솔직하고 자연스럽게 친구의 나쁜 버릇이나 태도에 대해 설명해주어야 합니다. 그런 다음 더 사귀고 말고는 아이 스스로 결정하게 함으로써 마음의 상처를 입지 않도록 해야 합니다. 아이의 친구관계에 대한 부모의 충고에 명백한 타당성이나 설득력이 없다면 이는 오히려 반발의 대상이 될 뿐입니다.

일을 시작만 하고 제대로 끝맺지 못하는 아이에게 부모는 "끝까지 잘 해야지 이게 뭐니?" 하고 야단만 치는 경우가 흔합니다. 그러면 아이는 부모의 잔소리가 심하다고 느낄 뿐 부모의 의도처럼 바람직한 습관을 기르기 어렵습니다. 아이는 잠깐 부모의 말을 듣는 것 같다가도 부모가 보고 있지 않으면 또다시 그런 행동을 반복하는 것이죠.

부모교육이 되어 있는 엄마 아빠라면 한 가지 일을 완성하는 것이 일생에서 얼마나 중요한 일인가를 아이가 알아듣도록 설명하고, 어떤 일을 착실히 완성했을 때의 즐거움을 스스로 맛볼 수 있도록 할 겁니다. 아이로 하여금 '나도 할 수 있다'는 자신감과 '할 일을 끝마쳤다'는 성취감을 느끼게 해주는 일은 중요합니다. 흔히 부모들은 아이에게 책을 읽으라고 말하면서도 독서지도에는 무관심하거나 미흡한 경우가 많습니다. 게다가 자신들이 어린시절 흥미 있게 읽은 책만을 골라주는 경우도 많죠. 아이가 책에 흥미를 갖도록 하려면 먼저 독서하는 부모가 되어야 합니다. 창의력이 풍부한 위인들은 대부분 어렸을 때 어머니의 책 읽는 모습을 보며 자랐다고 합니다. 부모의 독서는 아이에게 절대적인 영향력을 줄 수 있기 때문에 다양한 분야의 책을 많이 읽어둘 필요가 있습니다. 아이의 발달단계에 따라 적절한 책을 골라주며, 아이가 즐겁게 책을 읽을 수 있는 환경을 만들어주어야 합니다.

"네 동생 봐라! 국어 100점, 수학 95점인데 형인 넌 고작 70점이냐?"며 야단치는 부모도 있습니다. 형제간에 성격이 다르듯 성적이 다른 것도 충분히 있을 수 있는 일인데, 부모가 같은 점수를 기대한다는 게 문제인 것이죠. 특히 형제간의 능력을 비교하며 면박을 주거나 질책하는 것은 형과 동생 모두에게 피해를 줍니다. 능력이 우수한 아이는 자만하게 되고, 능력이 부족한 아이는 자신감을 상실하게 되는 것이죠. 결국 형제간의 우애가 깨질 수도 있습니다.

부모교육이 되어 있다면 아이의 얼굴이 다른 것처럼 능력, 성격, 태도도 각각 다르다는 것을 인정하고 나름의 독특한 개성과 장점을 찾아 키워주기 위해 노력할 겁니다. 좋은 점수를 받지 못해 기죽어 있는 아이의 기분을 풀어주고 좀 더 자신감을 갖도록 격려하는 것이죠. 더불어 아인슈타인의 어머니처럼 "남보다 우수하기보다는 남들과 다르게 돼라"고 가르칠 겁니다.

이 책은 부모교육 차원에서 유아, 초등학생, 중학생 시기에 해당하는 소중한 우리 아이를 올바르게 지도할 수 있도록 실제적인 도움을 주기 위한 자녀지도서입니다. 아이를 키우면서 흔히 경험하게 되는 아이의 행동문제를 인성교육, 문제행동, 학습능력의 세 유형으로 나눠 교육심리학적 진단과 처방을 동시에 제공하고 있습니다. 즉 아이의 행동심리를 올바르게 파악하기 위해 그 행동의 특성과 증상, 원인 및 지도방법에 대해 다룹니다. 방법을 알지 못해 답답해하던 부모들도 책을 읽고 나면 속이 후련해질 것입니다.

이 책은 처음부터 끝까지 꼭 순서대로 읽지 않아도 되며, 내 아이에게 해당하는 부분부터 먼저 읽어도 좋습니다. 책을 통해 내 아이에 대해 바로 알고, 키워 준 부모를 이해할 뿐 아니라 내 어린시절의 상처까지도 위로받을 수 있는 따뜻하고 유익한 길잡이가 되었으면 합니다. 참고로 사례에 등장하는 이름은 가명이라는 것을 미리 밝혀둡니다.

2025년 어느 가을날에
정종진

차례

4　프롤로그
　　부모는 자녀의 빛나는 거울이 되어야 한다!

1부

아이의 마음을 먼저 어루만져주세요
올바른 인성교육

16　아이의 고집은 지극히 자연스러운 현상이다?
　　/고집이 센 아이

24　이게 이렇게 화를 낼 일인지!?
　　/분노를 참지 못하는 아이

31　지나친 잔소리가 아이를 소심하게 한다!
　　/소심한 성격의 아이

37　신경질적인 부모가 신경질적인 아이를 만든다!
　　/신경질적인 아이

42　지나친 승부욕, 아이의 사회성 발달을 저해한다!
　　/경쟁심이 강한 아이

48　아이가 받는 스트레스, 엄마 아빠 탓일 수도?
　　/스트레스 징후를 보이는 아이

57　스스로 해내지 못하는 아이를 만든 건 부모다?
　　/의존성이 심한 아이

64　아이들만의 우정을 인정하는 것부터!
　　/친구관계에 문제가 있는 아이

73　부모가 받은 가정교육, 아이의 책임감을 결정한다!
　　/책임감이 없는 아이

81　비난하거나 아이의 감정을 교정하지 말라!
　　/불안해하는 아이

87　슬퍼 보이고 공부를 못한다? 혹시 우울증!?
　　/우울증을 보이는 아이

94　최고가 될 수 없다면 하지 않는 게 나아?!
　　/완벽주의 성향이 있는 아이

104　아이는 엄마 아빠의 행동과 태도를 먹고 자란다!
　　/자신감이 부족한 아이

2부

아이를 바른 길로 이끌어주세요
문제행동 예방 및 대처

- 118 우리 집 최대 난적은 스마트폰이다!?
  /인터넷에 빠진 아이
- 130 착한 거짓말, 나쁜 거짓말? 대처방법도 달라야
  /거짓말하는 아이
- 139 부모의 관심 부족이 아이를 게으르게 한다!
  /게으름을 피우는 아이
- 146 동생에 대한 질투가 말더듬을 일으킨다?
  /말을 더듬는 아이
- 154 성적에 대한 스트레스가 부정행위로 이어진다!
  /부정행위를 하는 아이
- 161 바늘 도둑이 소 도둑? 이런 훈육은 절대 NO!
  /도벽이 있는 아이
- 168 어떤 부모도 자유로울 수 없는, 학교폭력!
  /학교폭력의 가해 혹은 피해 아이
- 184 가정생활의 완벽함이 등교 거부를 부른다?
  /등교를 거부하는 아이
- 192 아이들은 사소한 이유로도 가출을 결심한다!
  /가출하는 아이
- 202 호기심이 중독으로, 술과 담배도 약물?!
  /약물을 남용하는 아이
- 208 아이들이 보내는 신호를 알아차리는 게 우선!
  /자살 위험이 있는 아이

3부

아이의 성적, 공부환경이 우선이에요
학습능력 향상

- 220 **공부 잘하는 아이에게는 태도의 힘이 있다!**
  /노력해도 안 된다고 믿는 아이
- 236 **아이의 학습동기=기대×가치?**
  /학습동기가 낮은 아이
- 252 **공부에도 기술이 필요하다!**
  /공부기술이 부족한 아이
- 264 **ADHD로 진단하기 전에 습관과 환경부터 체크하기!**
  /집중력이 부족한 아이
- 278 **정리정돈을 습관화하는 데도 거래가 필요하다?**
  /정리정돈을 하지 않는 아이
- 287 **모든 학습의 시작은 읽기로부터!**
  /책 읽기를 싫어하는 아이

296 　숙제에도 저마다의 이유가 있다!
　　　/숙제하기를 싫어하는 아이

307 　창의력을 키우는 부모? 창의력을 죽이는 부모?
　　　/창의력이 부족한 아이

320 　우리 아이의 영재성, 부모의 이해가 먼저!
　　　/영재성이 있는 아이

330 　이사나 전학 시 아이의 친구관계나 학업을 우선 배려해야!
　　　/이사나 전학으로 적응에 어려움을 겪는 아이

339 　조금 느려도 괜찮아! 매일 조금씩 끌어주고 기다려주기!
　　　/학습장애가 있는 아이

348 　꾸중은 꾸중답게, 칭찬은 칭찬답게 효과적으로!
　　　/꾸중 혹은 칭찬해야 하는 아이

358 　에필로그
　　자기충족적 예언, 자녀의 1% 가능성을 99%로

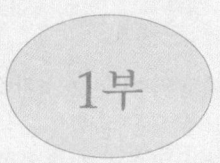

아이의 마음을 먼저 어루만져주세요
올바른 인성교육

아이의 고집은 지극히 자연스러운 현상이다?
고집이 센 아이

바닥에 뒹굴며 빽빽 우는 우정재(7세, 남)
예전엔 말을 잘 들었는데, 요즘에는 자기 뜻대로만 하려고 고집을 부려요. 방바닥에 드러누워 발버둥 치고 엄마인 저를 때리면서 반말만 하네요. 어찌해야 좋을지 모르겠어요.

아이를 키우다 보면 어느 순간 아이가 갑자기 떼를 쓰고 자기 마음대로만 하려고 하는 모습에 당혹스러움을 느낄 때가 있습니다. 원하는 것이 있을 때 아이는 고집을 부려서라도 원하는 바를 얻고자 발버둥 칩니다. 고집 센 아이는 한번 고집을 피우기 시작하면 여간해서 자신의 고집을 꺾지 않기 때문에 부모는 자주 아이의 고집에 굴복하게 되고, 이러한 양상은 반복해서 일어납니다. 그러다 보면 아이의 고집은 점점 세지고 부모는 아이 양육에 대한 스트레스로 지칠 뿐만 아니라 자녀와의 관계에서도 자주 갈등하게 됩니다.

고집 센 아이들은 비단 가정에서 부모에게뿐만 아니라 또래들과도 잦은 마찰과 갈등을 일으키고 주위 사람의 눈살을 찌푸리게 합니다. 부모가 이러한 아이의 특성과 행동을 제대로 제어하지 않으면 아이에게도 욕구불만이 쌓이고 정서 및 사회성 발달에 부정적인 영향을 미치게 됩니다.

고집은 왜 부리는 것일까

아이의 발달상 고집부리는 시기가 있습니다. 자립심이 커지면서 아이의 의지가 부모의 요구와 부딪칠 때 고집을 부리게 되는 것입니다. 그 첫 시기는 대략 생후 2~4세 무렵이죠. 이때부터 자기중심적인 태도가 나타나기 때문인데 "아니야!" 혹은 "안 해!"라고 억지를 부리거나 심하게 소리 지르면서 땅바닥에 드러누워 발버둥 치며 악을 쓰기도 합니다. 일반적으로 이 시기의 자기 주장과 같은 고집은 시간이 지나면서 점차 줄어드는 경향이 있습니다.

그다음 고집쟁이 시기가 바로 사춘기입니다. 아이에서 어른으로 넘어가는 단계에서 자아정체성을 갖게 되기 때문인데요. 이때 부모는 발달상 자연스럽게 나타나는 고집의 양상을 파악하고 이해하는 것이 중요합니다.

막무가내로 떼를 쓰는 모습으로 나타나는 아이의 고집은 자아 발달을 알리는 표시로, 발달과정에서 나타나는 지극히 자연스러운 현상입니다. 그러므로 고집을 부리는 것은 건강하고 생명력 있는 아이의 상징이라고 할 수 있죠. 고집을 부려 원하는 것을 성취했을 때 아이는 행복해합니다. 마치 새로운 물건을 발견했을 때 보이는 호기심처럼 '고집부리기'라는 새로운 능력을 실험하고 실행해보는 겁니다. 처음에 아이는 이 새로운 능력을 어떻게 써야 할지 잘 모릅니다. 하고자 하는 의지와 하지 않으려는 의지가 교차하기 때문이죠.

고집은 흔히 다른 사람들의 행동이나 제안을 부정하는 형태로 나타납니다. 예전에는 부모가 해주던 대로 혹은 말하던 대로 행동했지만 이제는 자립의 의지가 생겨났고 자신의 의사를 표현할 수 있게 되어 마음을 더욱 강하게 표출하는 것이 바로 고집입니다. 아직 아이는 말로 조리 있게 설명하거나 표현하기 어렵기 때문에 행동으로 표현하는 것이죠.

이러한 발달단계가 아이 입장에서도 결코 쉽고 반가운 과정은 아닙니다. 오히려 심한 불안정과 불확실한 감정을 느끼게 하죠. 왜냐하면 독립심을 갖는 순간부터 아이는 곧 외로워지기 때문입니다. 아이는 고집을 부리면서도 동시에 부모의 애정어린 관심을 원합니다. 아이의 자아 발달에 있어 특히 엄마 아빠의 따스하고 충분한 애정과 관심은 꼭 필요합니다.

그러므로 부모는 아이의 그런 행동에 대한 진짜 의도를 찾아 사려 깊게 격려해준다면 아이의 고집은 금세 누그러질 겁니다. 반대로 부모가 강압적인 태도를 취한다면 아이는 격렬한 행동 표현으로 부모에게 반항할 겁니다. 아이의 고집을 꺾으려는 것만이 바람직한 양육 태도는 아닙니다. 부모의 완고함이 오히려 아이의 발달과 창의적인 노력을 저해할 수도 있습니다. 그 결과 대체로 아이는 더 고집스러워지고 의존적인 성향을 띠게 되며, 심한 경우 내면에 좌절이나 분노, 적개심이 쌓일 수도 있음을 알아야 합니다.

또한 부모가 지나치게 허용적인 양육 태도를 취할 경우, 아이는 좌절에 취약해지고 자신이 원하는 것은 무엇이든 다 된다는 믿음을 형성하게 됩니다. 이는 거절에 대한 경험 부족으로 자신의 욕구가 관철되지 않을 때 이를 견디지 못하고 고집을 부리게 되는 상황으로까지 연결됩니다. 가정 외의 또래관계나 학교에서는 어느 누구도 부모처럼 자신의 요구를 다 들어주지 않기 때문에 이로 인한 갈등이 비일비재하게 되고 심지어는 친구들로부터 외면당하는 경험을 하게 됩니다.

아이의 개성을 인정해주는 것부터 출발하세요. 아이를 존중한다는 것은 아이의 신체적·정신적 발달수준을 파악해 그에 맞는 가능성과 욕구를 배려한다는 뜻입니다. 이것이 충족되지 않을 때 아이는 자신의 생각만을 고집하고 주장할 수 있습니다. 또한 아이에게 적절하지 못한 요구를 하고 이를 따르도록 강요하면 아이는 고집을 부리게 됩니다.

고집이라는 행동 뒤에 숨겨진 무의식적인 감정은 경우에 따라 공격적인 행동으로 나타날 수 있습니다. 즉 적절치 못한 양육 방법이 오랫동안 지속되면 아이의 행동은 걷잡을 수 없이 심각해지는 것이죠. 그러면 아이는 어른이 되어서도 적절한 생활습관을 갖기 어렵게 됩니다. 때에 따라서는 아이가 쉽게 불안을 느끼고 무조건 엇나가는 아웃사이더가 될 수 있다는 점을 잊지 마세요.

고집쟁이 아이에게는 유연성을 길러주자

아이에게 무엇을 요구할 때는 아이의 개성을 존중하고, 모든 신체적·정신적인 발달상태를 고려해야 합니다. 예를 들어 용변 가리기 훈련을 할 때 처음부터 너무 엄격하게 어른과 같은 배변 습관을 갖도록 요구하면 아이는 더 심하게 고집을 부릴 수 있습니다. 또한 놀고 있는 아이에게 놀이를 그만두고 빨리 밥 먹으라고 하는 것도 마찬가지입니다. 아이에게 놀이 활동은 매우 중요한 작업이죠. 실제로 아이는 가만히 놔두면 하던 놀이를 서서히 그만두기 마련입니다. 아이가 당장 말을 듣지 않는다고 해서 고집스러운 것은 아닙니다. 제시간에 식탁 앞에 앉는 것을 익히도록 하기 위해서는 5~10분 전 미리 아이에게 밥 먹으러 오라고 말하는 것이 효과적입니다. 그러면 아이는 음식이 다 준비될 때쯤 놀이를 끝낼 수 있을 겁니다. 어린아이의 경우엔 가급적이면 재미있게 말하는 것이 좋습니다. 예를 들어 아이가 인형놀이를 할 때 "곰 인형도 이제 배고프니까 밥 먹으러 가야지"라고 말하면 아이도 자연스레 밥 먹으러 가고 싶어 할 겁니다.

가장 좋은 지도 방법은 아이에게 자신이 취한 행동에 뒤따르는 결과를 보여주는 겁니다. 아이가 자기 의지를 고집할 때 그렇게 하도록 내버려두되 자신의 행동에 뒤따르는 결과에 책임지도록 하면 아이도 이를 충분히 이해하고 받아들입니다. 모든 행위는 논리적인 순서가 있다는 점을 알려주어야 합니다.

외출해야 하는데 아이가 외투를 입지 않으려고 고집을 부린다면, 무조건 입으라고 다그칠 게 아니라 "너의 그런 행동 때문에 함께 나갈 수가 없어. 그래서 엄마는 매우 속상하단다"라고 말해보세요. 부모가 일목요연하고 이치에 맞는 태도를 취한다는 것을 아이가 알아차리게 되면 아이도 기꺼이 수긍할 것입니다.

　다른 예로 아이가 새로 산 장난감을 아무렇게나 다룬다면 그 장난감은 금방 고장나겠죠. 이럴 때는 결과에 대해 굳이 잔소리를 할 필요가 없습니다. 왜냐하면 아이가 자신의 부주의 때문에 좋아하는 장난감을 더 이상 가지고 놀 수 없다는 것을 직접 알게 되기 때문이죠. 때론 부모에게 속상하다며 불평할지도 모릅니다. 이때 "엄마가 몇 번이나 말했잖아" 하는 식의 핀잔을 하기보다는 아이를 위로하면서 "그래, 장난감이 망가져 엄마도 몹시 속상하구나"라고 말해주는 것이 좋습니다. 만약 그 장난감을 다시 사달라고 조르면 다음 생일이나 크리스마스 때까지 기다려야 한다고 이야기하세요. 아이는 자신이 원하더라고 기다리거나 하지 말아야 하는 상황이 있다는 것을 깨달아야 합니다.

　이따금 아이가 심하게 고집을 부릴 때가 있습니다. 이것은 자립성 발달과정에서 겪게 되는 어려움이라는 것을 먼저 이해하는 것이 중요합니다. 이때 부모의 뜻을 따르도록 억지로 밀어붙여서는 안 됩니다. 대신 아이에게 타협점을 찾을 수 있도록 도와주세요. 아이가 약자이기 때문에 굴복하는 것이 아니라, 부모의 요구를 따르면서 자신이 필요로 하는 것도 얻을 수 있다는 것을 알게 해주어야 합니다. 예를 들어 아이가 집에 오자마자 자전거를 한 번만 더 타게 해달라고 고집부린다면 재빨리 다음 전봇대까지만 돌고 오도록 타협점이나 대안을 제시하고 허락하는 것이 좋습니다. 그러면 아이는 자신의 희망을 완전히 포기하지 않아도 되기 때문에 완강하게 고집부리지 않을 겁니다.

　아이가 땅바닥에 뒹굴거나, 발버둥 치거나, 자기 자신을 때리는 등 격한 행동으로 고집을 표출할 때는 아이와 힘겨루기 하지 말고 이를 무시하거나 외면하는 것이 효과적인 방법입니다. 아무도 그런 행동을 봐주는 사람이 없으면 대부분 곧 그만두기 때문이죠.

　고집 센 아이는 부모가 자신의 감정을 이해하는 태도를 보이면 한풀 꺾이는 경향이 있습니다. 그러므로 친구와 더 놀고 싶다고 떼를 쓸 경우 "더 놀고 싶은 모양이구나"라고 먼저 공감적 반응을 보인 후에 "하지만 지금은 너무 늦어서 집에 가야 해"라고 이유를 알아듣게끔 차근차근 설명하는 것이 좋습니다.

부모의 양육 방식을 되돌아보자

아이가 고집을 부릴 때는 부모의 명확한 원칙과 일관된 양육 방식이 매우 중요합니다. 상황에 따라, 부모의 기분에 따라 판단 기준이 바뀌면 아이는 어떤 것이 부모의 태도인지 알 수 없고 오히려 나날이 고집이 더 세질 수도 있습니다. 아이가 아무리 울고 떼를 쓰며 고집을 부려도 안 된다고 결정했으면 "이건 안 돼!", "이런 건 안 되는 행동이야!"라고 단호하게 거절하고 허용해서는 안 됩니다. 고집 피우고 떼를 쓸 때 어떤 경우는 받아주고 어떤 경우엔 받아주지 않는다면, 아이는 해야 할 행동과 하지 말아야 할 행동을 판단하기 어렵고 혼란스러워합니다.

　아이가 고집부릴 때 부모가 당황하지 않고 흥분하지 않아야 한다는 것도 잊지 마세요. 아이가 막무가내로 고집을 부리고 짜증스러운 감정을 표출하게 되면, 부모도 사람인지라 아이에게 소리를 지르거나 화를 내는 등 고조된 감정으로 반응하기 쉽습니다. 아이는 부모의 화난 소리와 감정 표출에 순간 고집을 멈출지도 모릅니다. 이때 부모도 문제가 해결됐다고 여기면 안 됩니다. 사실 아이는 '내가 고집을 부리는 게 잘못이구나'라고 생각하기보다는 '엄마는 내 말도 안 들어주고 소리만 질러. 말이 안 통하는구나'라고 생각하게 됩니다. 그래서 아이는 부모에 대해 마음의 문을 닫아버리거나 다음에 더 강하고 센 고집으로 부모를 이기고자 마음먹게 됩니다. 따라서 부모는 아이가 심하게 고집을 부릴 때는 오히려 차분하고 낮으면서도 강한 어조로 아이를 설득해야 합니다.

중요한 것은 부모가 아이에게 막무가내의 고집이 아닌 자기 주장을 어떻게 표출해야 하는지에 대한 좋은 본보기가 되어주어야 합니다. 부모가 서로 대화하면서 자신의 의견과 주장을 어떤 방식으로 표현하고 있는지 보여주는 것은 아이에게 매우 좋은 모델이 될 수 있습니다. 요구와 자기 주장은 아이가 부모에게만 하는 것이 아니라 부모 또한 아이에게 할 수도 있습니다. 이때 부모가 아이에게 억지스럽게, 막무가내로, 강압적으로 요구한다면 어느새 아이는 요구와 자기 주장은 그렇게 하는 것이라고 배우게 됩니다. 따라서 부모 또한 아이에게 정중하고 합리적이며 타당성 있는 요구와 자기 주장의 모습을 보여주어야 합니다.

이게 이렇게 화를 낼 일인지!?

분노를 참지 못하는 아이

사소한 일에도 화를 잘 내고 공격적인 성향의 김민수(15세, 남)

담임선생님이 그러는데 우리 애가 학교에서 아주 사소한 일에도 버럭 화를 내고 분노를 자주 폭발시킨다는 거예요. 하루에 두세 번은 친구들에게 소리를 지르거나 누구를 때릴 것처럼 행동한다고 합니다. 집에서 아무리 타일러 봐도 학교에 가면 또 그래요. 이대로 자라면 큰일일 것 같은데, 도대체 왜 그러는지 너무 걱정이 돼요.

분노는 인간이 가진 기본적인 정서 중 하나로, 일상생활 속 사람이나 사물을 향한 부정적이고 적대적인 감정입니다. 분노를 느끼는 경우는 다양합니다. 아이는 누군가가 자신의 말에 대꾸하지 않을 때, 자신을 비난하거나 존중해주지 않을 때, 자신의 물건을 파괴하고 손상하는 물리적 훼손 행동을 할 때, 자신이 하고 싶은 일을 방해하고 좌절시킬 때 분노를 참지 못합니다. 특히 학령기의 아이들은 학업적인 좌절, 욕구

불만, 신체적 질병, 학대, 부모의 불화와 이혼, 친구와의 갈등, 선생님과 원만하지 못한 관계가 분노의 주원인입니다.

분노는 아주 불쾌하고 공격적인 감정으로 흥분과 긴장상태를 초래합니다. 그리하여 상대방에게 소리를 지르거나 때리고 싶은 충동을 느낍니다. 자신이 당한 불쾌감을 상대방도 똑같이 느끼도록 보복하고 싶어집니다. 이른바 '눈에는 눈, 이에는 이'라는 탈리오 법칙(Lex Talionis)이 작용하는 것이죠.

분노 감정이 일어날 때마다 직접적으로 표현하고 상대방을 공격하게 되면 일상생활과 대인관계가 어려워집니다. 그렇다고 분노 감정을 표현하지 않고 내면에 억누르기만 하면 불쾌했던 느낌이 좀처럼 사라지지 않아 마음이 답답할 겁니다. 그러면 어떻게 해야 할까요?

분노가 꼭 나쁜 것만은 아니다

누군가에게 얼굴을 붉히고 고함치는 일이 분명 바람직한 것은 아니지만, 때로는 분노가 긍정적인 기능을 하기도 합니다. 예를 들어 갈등의 성격을 명확히 규정하고 그 갈등을 해결하는 것을 도울 수 있습니다. 또한 대화 도중 강한 의견 차이를 느끼게 해서 보다 타협적이며 생산적인 결과를 초래하는 수단이 될 수도 있습니다.

때때로 분노를 표출하는 것은 지극히 인간적이기도 합니다. 분노라는 감정은 우리의 삶을 방해하고 공격하는 대상에 대해 느끼는 자연스럽고 정당한 감정입니다. 분노를 표현하지 않고 가슴속에 담아 두면 점점 더 답답해지고 울화가 치밀게 되는 것이죠. 분노가 억압되고 제지되기만 하면 정신건강을 해쳐 절망감과 우울증을 가져올 수 있고 이는 극단적 행동으로 이어지기도 합니다.

하지만 아이가 특별한 이유 없이 화를 낸다거나, 취학 후에도 여전히 자주 버럭 화를 낸다거나, 그 분노가 지나치게 격렬하고 공격적이라면 분명 문제가 있습니다. 분노 조절이 안 되면 학교에서 또래와의 관계에서도 문제가 발생하고 학교생활 적응에 어려움을 겪게 되겠죠. 이럴 때는 부모가 아이 스스로 왜 화가 났는지 그 이유를 알도록 해주고, 아이에게 자신의 분노를 다스리는 방법을 알려주어야 합니다. 분노를 지혜롭게 사용한다면 어떠한 일을 강력하게 추진하는 삶의 에너지가 될 수도 있습니다. 반면 그렇지 못하면 자기 자신과 타인을 해치는 삶의 위험요소가 될 수 있습니다.

분노를 다스리는 데도 연습이 필요하다

아기들은 대략 생후 18개월이 되면 울면서 팔을 마구 흔들거나 허공을 향해 다리를 걷어차면서 분노를 표출합니다. 그 분노는 생후 2년 무렵 절정에 달했다가 고맙게도 생후 3년이 지나면서 점차 감소한다고 합니다. 원하는 것을 얻는 데 언어가 좀 더 효과적인 도구라는 것을 깨닫기 때문이죠.

그러나 아이들이 항상 분노의 감정을 말로만 표현하는 것은 아닙니다. 자라면서 분노 표출의 광경을 자주 목격하기 때문입니다. 영화나

드라마에서도 분노라는 감정이 흔하게 표현됩니다. 실제로 일반적인 가정에서 가족끼리 애정을 표현하는 것보다 분노를 드러내는 일이 더 빈번하니까요.

학교에서 아이들이 분노하는 이유는 학업이 뜻대로 되지 않아서일 수도 있지만 단순히 공격성의 표시일 수도 있습니다. 친구들 앞에서 좀 더 힘이 세거나 강하게 보이기 위해 분노를 표출하는 것인데, 이는 자신의 사회적 역할을 규정하기 위한 수단으로 분노를 이용하는 경우입니다.

유독 화를 많이 내는 아이들이 있습니다. 이런 아이들은 증기가 꽉 찬 압력밥솥처럼 언제나 폭발할 준비가 되어 있습니다. 그러나 너무 걱정할 필요는 없습니다. 단지 분노를 다루는 연습이 덜 되었기 때문일 수도 있습니다. 또 학대나 질병처럼 절망적인 상황에 대한 방어기제로 분노를 표출하는 경우도 있습니다.

다시 말해 아이가 왜 화가 났는지 이유를 파악하고 그 분노를 적절한 방식으로 표출하도록 도와주는 일이 중요합니다. 분노를 조절하는 능력이 없거나 분노를 다스리는 방법을 배우지 못한 아이들은 친구를 사귀고 우정을 유지하기 어려우며, 심한 경우 놀림 받거나 따돌림을 당할 수도 있습니다.

절대 부모가 같이 화내지 않는다

만일 아이의 분노가 다른 사람을 때리거나 하는 공격적 형태로 나타난다면 대책이 시급합니다. 학교 이외의 공간에서도 그럴 수 있기 때문이죠. 또한 전에는 화내지 않던 일에 대해 갑자기 화를 낸다거나 하는 경우에도 주목해야 합니다. 한번 분노가 폭발하면 오랫동안 화난 행동을 계속하는 등 자기 자신을 통제하지 못하는 아이, 특정 사건이나 사람에 대해 화를 내기보다는 보편적으로 분노의 감정을 갖고 있는 아이에게는 특별한 처방이 필요합니다.

앞에서 언급한 바와 같이 일단 아이가 왜 화가 났는지 그 이유를 이해해야 합니다. 그러기 위해서는 먼저 아이의 말에 귀 기울여야 합니다. 화를 잘 내는 아이들에게는 개방적이고 공감적인 이해심이 많으며 조용하고 수용적인 태도를 가진 어른이 필요합니다. 화를 내는 아이를 나무라거나 부모가 같이 화를 내면 역효과를 낼 수 있기 때문이죠. "만수가 많이 화났구나. 엄마에게 그 이유를 말해줄 수 있겠니?"라고 물어 화가 난 이유를 먼저 파악한 다음 이를 아이 스스로 정확히 인식하게 해야 합니다.

자신의 욕구가 좌절된 것이나 다른 사람들로부터 받은 피해에 어떻게 반응할지는 스스로 선택하는 것이라는 인식을 심어주어야 합니다. 고함을 지르거나 누군가를 때리면서 화를 터뜨릴 수도 있고, 화가 난 이유를 상대방에게 말로 전달할 수 있다는 간단한 선택 여지를 깨닫게 하는 것이죠. 어떻게 하는 것이 최선인지를 아이 스스로 알 수 있게 격려하고 용기를 북돋아주어야 합니다.

화가 난 아이의 감정을 다스릴 때는 다음과 같은 방법을 사용하면 도움이 됩니다.

- 화를 내지 않거나 자제하며 어려운 상황을 넘겼을 때는 칭찬해줍니다. 분노 자체는 문제가 아니며 그것을 어떻게 표출하는지가 중요하다는 것을 인식하도록 합니다.
- 일정 시간을 정해 그 시간만큼은 화를 내지 않기로 약속해보세요. 처음에 아이와 함께 화를 참을 수 있는 최소한의 시간을 정하고 그 시간 동안 화를 내지 않으면 보상을 해줍니다.
- 분노를 표출할 때 적절한 방법을 아이와 함께 의논해 정하세요. 초등학생이라면 자신의 감정을 일기로 쓰게 하거나 그림으로 표현하도록 합니다.
- 아이와 함께 분노의 감정에 대해 이야기합니다. 화가 난 이유가 무엇인지, 아이는 이것에 어떻게 반응했는지, 그 반응의 결과가 무엇인지, 그것은 적절한 방법이었는지, 더 좋은 방법은 없었는지에 대해 자유롭게 대화를 나누도록 합니다.
- 태권도, 검도, 체조 등의 운동을 시키세요. 신체적인 활동은 분노를 배출하거나 해소하는 데 도움이 되며 자신의 감정을 달래는 법을 알려줍니다. 음악이나 미술과 같은 예술적인 활동도 분노 감정을 건설적이고 생산적으로 발산시키는 데 도움이 됩니다.

만약 분노를 표출하는 아이가 부모와의 대화를 완전히 거부하거나 아무리 노력해도 개선되지 않는다면 교육상담 전문가의 도움을 받는 것이 좋습니다. 분노는 학교생활에 적응하는 데에도 부정적인 영향을 미치기 때문에 결코 가볍게 넘겨서는 안 됩니다.

지나친 잔소리가 아이를 소심하게 한다!
소심한 성격의 아이

쭈뼛거리고 의사표현을 못하는 안지연(9세, 여)
우리 애는 너무 소심해요. 초등학교에 입학한 지 1년이 지났지만 친구들과 잘 어울리지 못하고 놀이터에서도 대부분 혼자 놀아요. 집에 손님이 오면 인사도 잘 못하고 당황해서 얼굴이 빨개지면서 딴 데만 쳐다봐요. 기껏해야 아주 작은 목소리로 이야기하거나 그나마도 말을 더듬어요. 그러다가 이제 가봐도 좋다고 하면 곧장 자기 방으로 달려가 버리는 거 있죠.

아이가 손님에게 인사도 못할 정도로 지나치게 수줍음을 타고 소심하다면, 게다가 새로운 상황에서 꿀 먹은 벙어리처럼 제대로 말도 못하고 피하려고만 한다면 어떻게 해야 할까요? 그저 천성이 소심해서 혹은 내성적이어서 그렇다며 본성을 탓하기보다는 아이의 경험적 배경 또한 원인이 될 수 있다는 사실을 간과해서는 안 됩니다.

아이가 수줍음이 많고 소심하거나 당황스러워하는 성향이 지나칠 때, 혹시 심리적 상처 때문에 그런 것은 아닌지 눈여겨볼 필요가 있습니다. 심리적 상처로 인한 수줍음과 소심함은 전반적인 성취 수행능력을 마비시키고, 또래들과 어울리는 데 어려움을 갖게 하기 때문이죠. 심할 경우 학교생활 전체에서 소외당할 수도 있습니다. 작은 실패 경험으로 인해 점점 무기력해지고 성취욕구와 자신감까지 잃어버리는 일종의 악순환이 반복되는 겁니다.

물론 모든 경우가 그런 것은 아니며 어릴 때 수줍어하는 것은 자연스러운 현상일 수도 있습니다. 어려서 매우 수줍어하고 소심했던 성격이 훗날 오히려 큰 도움이 되었다고 고백하는 사람도 없지 않습니다.

지나친 잔소리가 아이를 위축시킨 것은 아닌지

"그건 위험하니까 만지지 마", "더러우니까 손대면 안 돼", "조심해라, 그러다 망가뜨릴라"와 같이 아이의 행동에 제약을 주는 말만 반복한다면 아이는 수동적이고 소극적인 성격이 될 수밖에 없습니다. 또한 이런 심리적 상처는 매사에 흥미 없이 머뭇거리는 아이로 만들기 쉽습니다.

어릴 때 우리 부모님들은 "물가에 가지 마라. 물에 빠진다"라는 식의 경고를 입에 달고 살았습니다. 엄격한 통제로 아이의 활동을 끊임없이 제한하는 권위주의적인 훈육방식이었죠. 이 같은 경고는 친숙한 감정보다 위험에 대한 두려움과 불안감을 키웁니다. 물과 친해질 수 없어 수영을 못 배우고, 떨어질까 봐 나무에 못 오르고, 친구와 사귀는 것조차 겁내는 소심한 사람이 될 수도 있습니다. 아이들은 부모의 신체적 표현, 말소리, 표정 등으로 불안한 감정을 느낍니다.

자신의 활동에서 성취와 기쁨을 느끼지 못할 때도 소극적인 성격이 될 수 있습니다. 건강한 아이라면 누구나 모든 물체를 건드려 보고 손에 쥐어 탐색해 보려고 할 겁니다. 자연스럽게 자기 주변의 사물에 대해 적극적인 관심을 보이는 것이죠. 이런 아이의 호기심을 부모가 부추겨주느냐 방해하느냐의 문제는 아주 중요합니다. 성취의 기쁨을 느끼며 자란 아이는 주변 세계에 건전한 관심을 갖고 매사 긍정적으로 수용하며 올바른 해결 방법을 찾을 수 있기 때문입니다.

마찬가지로 아이의 응석을 무조건 받아주는 양육 방식도 좋지 않습니다. 아이를 필요 이상으로 어린애 취급하면 독립성 발달을 저해하게 됩니다. 스스로 할 수 있는 일까지도 대신해 주고, 아이가 나름대로 뭔가 하려고 할 때마다 그 시도를 중단시키기 때문이죠.

이런 문제는 실제로 아이의 독립심이 요구되는 초등학교 시기에 더욱 커집니다. 처음 만나는 바깥세상에서 갑자기 다른 취급을 받는 겁니다. 아무도 응석을 받아주는 사람이 없고 갑자기 많은 요구에 부딪혀 좌절하게 되는 것이죠. 이러한 상황이 거듭되면 아이는 또 다른 실패로 이어질까 불안해하고, 이는 곧 심리적 상처로 연결됩니다. 이로 인해 의욕과 용기를 상실하고 쉽게 위축되며 소심해지는 겁니다.

아이로 하여금 인생을 우울하고 절망적인 것으로 생각하게 하거나, 아이의 능력에 비해 부모가 지나치게 많은 것을 요구하고 높은 수준을 기대하는 것도 삼가야 합니다.

부모가 마음을 바꾸면 아이도 바뀐다

초등학교 5학년 민경이는 한마디로 조용한 아이였습니다. 담임선생님이 지켜본 결과 수업시간에 발표도 거의 하지 않았고 혹시라도 지명되면 작은 목소리로 겨우 말하는 정도였죠. 쉬는 시간에는 여자아이들끼리 놀곤 했지만 혼자 자리에 앉아 있는 경우가 더 많았습니다. 친구들은 민경이가 답답하다고 느꼈고, 그런 느낌이 본인에게도 전해졌는지 날이 갈수록 더 의기소침해졌습니다.

민경이에게는 두 살 어린 여동생 민지가 있습니다. 민지는 민경이와 반대로 얼굴도 예쁘고 언제나 자신감이 넘치며 반장을 도맡아 했습니다. 공부도 곧잘 해 선생님에게 귀여움을 받았을 뿐만 아니라 친구들로부터 인기도 많았습니다. 민경이는 알게 모르게 동생과 늘 비교당했습니다. 그 결과 매사 성취감을 느끼지 못하고 소극적인데다 소심한 성격으로까지 이어진 것이죠.

민경이 엄마는 쾌활하고 적극적인 성격이었는데, 큰딸인 민경이를 볼 때면 너무도 답답한 마음을 느낀다고 했습니다. 담임선생님은 학부모 상담을 통해 일단 집에서 동생과 비교하는 말을 절대 하지 말고, 민경이의 활동에 대해서도 구체적이고 적극적으로 칭찬해주라는 조언을 했습니다. 물론 학교에서도 작은 일부터 칭찬을 해주며 조금씩 어려운 과제와 복잡한 활동들을 제시해나갔습니다. 민경이는 다른 아이들에 비해 동시를 잘 썼는데, 수업시간에도 글 쓰는 과제를 많이 시키고 아이들 앞에서 계속 칭찬해주려고 노력했습니다.

시간이 지나면서 민경이의 표정은 점차 밝아졌고 스스로 의견과 감정을 더 많이 표현했습니다. 물론 완전히 바뀐 것은 아니지만 자신의 이야기를 재잘거리기도 하고, 발표를 위해 손을 들기도 하고, 못할 것 같다고 지레 포기했던 체육활동도 일단 해보는 등 변화된 모습을 보였습니다.

작은 성공 경험이 무기력을 없앤다

자녀를 키우는 것도 부모요, 자녀를 망치는 것 또한 부모입니다. 소심한 아이는 사회성과 자신감 부족이란 단점만 갖고 있는 것이 아니라 세상을 세심하게 읽어내는 탁월한 능력도 갖고 있습니다. 부모는 아이의 단점만을 고치려 하기보다는 꼼꼼함, 침착함, 신중함, 깊은 생각, 배려심, 욱하지 않음 등 아이 내면의 숨겨진 장점에 주목하고 이를 자주 이끌어내도록 해야 합니다.

   소심한 아이에게 잔소리나 훈계는 전혀 도움이 되지 않으며 오히려 사태를 악화시킬 뿐입니다. 꾸중과 질책으로 공포스럽게 위협하기보다는 인내심을 갖고 작은 일에도 칭찬과 격려를 해주어 자신감 있게 행동할 수 있도록 도와주어야 합니다. 부모가 엄격한 규칙만을 설정해 놓고, 딱딱한 분위기에서 억압한다면 아이는 소심해질 수밖에 없습니다. 어릴 때부터 온정적이고 수용적인 분위기에서 자기 자신을 표현하게 하고, 사기를 적절히 진작해주어야 소심함을 극복할 수 있습니다.

   또한 자기 자신을 드러낼 수 있는 일에 점차 자연스럽게 노출시켜야 합니다. 강제로 끌려가면 새로운 상황에 대한 적응이 어렵고, 긴장과 공포 때문에 오히려 충격을 받을 수도 있습니다. 낯선 사람을 두려워하고 새로운 상황에 접근하지 못해 주저하게 되는 겁니다. 긴장하거나 불편해하는 아이의 모습을 보고 어른들이 놀리거나 비웃으면 문제는 더 심각해집니다.

아이 나름대로 잘할 수 있고 가장 빨리 결과물을 보일 수 있는 분야를 찾아내 계발해주는 것도 중요합니다. 아무리 사소한 것이어도 한 가지 분야에서 가능한 한 빨리 성취를 경험할 수 있도록 도와주세요. 그러면 아이는 자신도 무언가 성취할 수 있다는 것을 느끼고 자신감이 싹트기 시작해 평소 두려워하던 활동에 도전해볼 수 있는 용기를 갖게 됩니다.

물론 이와 같은 과정은 하루아침에 이루어지지 않습니다. 아이들은 자신이 왜 수줍고 두려운지조차 정확하게 알지 못하니까요. 설사 안다고 하더라도 그 이유를 말하지 못하는 경우가 많기 때문에 무엇보다 세심한 관찰이 필요합니다. 심리적 상처는 오랜 시간에 걸쳐 생겨난 것이기 때문에 무엇보다 인내심을 갖고 노력해야 합니다. 만약 내적 불안감이 심한 아이를 어떻게 대해야 할지 모르겠다면 심리상담 전문가의 조언을 구하는 것도 좋은 방법입니다.

신경질적인 부모가 신경질적인 아이를 만든다!
신경질적인 아이

늘 짜증내고 불평하며 감정이 앞서는 신동철(13세, 남)

동철이는 난처하거나 제 뜻대로 되지 않으면 자꾸 손톱을 물어뜯어요. 그리고 제가 심부름을 시키거나 공부 좀 하라고 하면 씩씩거리면서 신경질을 부리는 거 있죠. 조금이라도 야단을 치면 어찌나 짜증내고 불평하는지 너무 걱정스러워요. 애가 엇나갈까 봐 이러지도 못하고 저러지도 못한다니까요.

"나도 바쁜데 정말 짜증나게 왜 그런 일을 시켜?", "짜증나게 왜 그딴 걸 물어보고 그래?" 등 무엇이 그리 뒤틀렸는지, 아니면 뭐가 그리 불만인지 매사 말 한마디 좋게 하지 않고 신경질을 부리는 아이가 있습니다. 혼자서 뭘 할 때도 "어휴!", "짜증나 정말" 등의 단어를 입에 달고 다니며 물건을 내던지는 행동 때문에 부모나 주위 사람들을 불안하게 할 때가 있습니다. 하지만 부모 입장에서는 버릇없고 신경질적인 아이를 그냥 두고 넘어가기란 쉽지 않습니다. 예민해서 툭하면 짜증과 불평의 부정적인 반응을 보이는 아이의 신경질은 심리와 정신건강에 문제를 보이는 것이기에 '버릇'보다는 '심리교육' 차원에서 냉정하게 살피고 대처해야 합니다.

아이들은 어른보다 더 많이 불안하다

언뜻 생각하면 아이들은 어른에 비해 불안한 감정이 적을 것 같지만 사실은 그렇지 않습니다. 스스로 이해하기 어려운 사실을 자주 접하기도 하지만 경험이 부족한 탓에 오히려 어른보다 더 많이 불안해합니다.

그렇다면 신경질의 정체는 무엇일까요? 질병일까요, 성격일까요, 아니면 체질일까요? '신경질'이라는 말은 그 개념이 분명하지 않지만, 대체로 선천적인 조건과 후천적인 조건, 특히 일정한 성격과 결합된 경우를 뜻합니다. 아이가 신경질을 부리는 이유는 다음과 같이 다양합니다.

- 신체적으로 위장이 약해 소화가 잘 안 되거나 피곤한 경우
- 부모의 신경질적인 기질이 아이에게도 유전된 경우
- 부모가 정서적으로 불안하거나 주위에 신경질적인 사람이 많은 경우
- 부모의 불화가 심하거나 사이가 좋지 못한 경우
- 욕구가 충족되지 않아 욕구불만이 생긴 경우
- 친구의 놀림이나 괴롭힘으로 인해 스트레스를 받는 경우

문제는 어른이 되어도 삶의 불안요소들이 도처에 존재한다는 사실입니다. 사람은 누구나 불안한 상태에 놓이면 긴장하지만, 이런 긴장 상태가 지속되면 그것은 아예 성격이 되어버립니다. 어린시절 신경질이 반복되면 어른이 되어 신경증으로 나타나는 경우가 많기 때문에 적절한 대처가 필요합니다.

신경질 부모가 신경질 아이를 만든다

신경질적인 아이는 일단 겁이 많고 부끄러움을 많이 탈 뿐만 아니라 작은 일에도 초조해하고 걱정이 많으며 감정적으로 불안정합니다. 또한 다른 사람과 잘 사귀지 못하고 까무러칠 정도로 심하게 울며, 심지어 잔인한 성격을 보일 수도 있습니다. 밥을 잘 먹지 않고 편식을 하기도 하죠. 손톱을 깨물거나 손가락을 빨기도 하고, 야경증(잠든 상태에서 비명과 강렬한 공포 및 떨림이 나타나는 증상)이나 몽유병, 불면증이 생기는 경우도 있습니다. 심한 경우 안면 근육에 경련이 오거나 목을 흔드는 등의 행동을 보이기도 합니다. '무슨 일이 생기면 어떡하지' 하고 불안해하는 기대불안증이나 히스테리성 공포증이 나타날 수도 있고, 손을 너무 자주 씻거나 문단속을 자꾸 확인하는 강박증적인 경향을 보이기도 합니다.

신경질적인 아이의 부모는 대개 신경질적인 경향이 있습니다. 그러므로 부모가 먼저 일상적인 양육 태도를 고치고 아이의 일과를 잘 살펴 환경을 바꾸는 것이 필요합니다. 예민하고 신경질적인 아이를 대할 때는 다음과 같은 사항을 고려해 지도해야 합니다.

- 식사할 때는 지나치게 잔소리를 해서는 안 됩니다. "이건 몸에 좋은 거니까 무조건 먹어" 혹은 "푹푹 퍼먹어야지 왜 이렇게 깨작거리니?" 등의 말은 아이에게 부담이 됩니다.
- 아이가 아프거나 다쳤을 때 부모가 더 호들갑스럽게 "이러다 큰 병원 가서 수술할 수도 있어" 등의 겁주는 말을 하지 않도록 합니다.
- 아이의 장난을 어른 입장에서 생각해 "장난치면 못 써" 혹은 "넌 왜 이렇게 가만히 있지를 못하니?"라며 혼내지 않습니다.
- "이렇게 어질러놓고 공부가 되겠니?"라거나 "제발 정리 좀 해라. 돼지우리가 따로 없네" 등의 간섭을 하는 것도 좋지 않습니다.
- 성적에 대해 지나치게 신경 쓰고 채근하지 않도록 합니다. 아무리 머리가 좋은 아이라도 신경질적인 성격을 갖게 되면 공부를 제대로 하기가 힘듭니다.
- 아이의 신경질적인 반응을 무조건 받아주는 것도 좋지 않습니다. 지나치게 허용하다 보면 그것이 습관으로 굳어질 위험이 있습니다.
- 병치레가 잦고 체질이 허약한 아이는 신경질적인 성격이 되기 쉬우므로 적당한 운동과 영양섭취를 통해 아이의 몸을 건강하게 유지하도록 해야 합니다.
- 아이의 신체적 장애나 결함에 대해 과민반응을 하지 않도록 합니다. 이는 아이에게 부담을 줄 수 있기 때문이죠.
- 아이가 너무 어릴 때 지나친 자극을 주거나 영화관 등 사람이 많은 곳에 데려가는 일은 가급적 피하는 게 좋습니다. 피곤한 아이는 신경질적이 되기 쉽습니다.

- 아이의 신경질적인 모습을 보고 주변에서 끼어들지 않도록 해야 합니다. 아이가 부모에게 신경질 부리는 모습이 보기 좋지 않아 친척이나 부모 친구가 끼어들면 문제는 더욱 악화될 수 있습니다.
- 다른 또래들과 함께하는 집단놀이나 스포츠 활동에 참여하도록 합니다. 어린아이들은 아직 사교성이 덜 발달했기 때문에 그럴 수 있습니다. 조용하고 정적인 활동보다 야외에서 몸을 움직이는 활동을 하게 하는 것이 스트레스 해소에 더 좋습니다.
- 칼슘은 천연 신경안정제 역할을 하므로 칼슘을 복용하도록 하고, 칼슘의 흡수를 방해하는 설탕이나 패스트푸드를 너무 많이 먹지 않도록 합니다. 설탕을 많이 먹는 아이들은 초조하고 불안한 성향이 있고 산만하거나 집중을 잘하지 못한다고 합니다.

이 밖에도 병을 앓고 난 아이를 계속 환자 취급한다든지, 혼자 밖에 나가지 못하게 하거나 심부름을 전혀 시키지 않는 등 과잉반응을 삼가야 합니다. 지나치게 안전을 주의시키고 부모로서 무엇을 더 해줄까 하는 안쓰러운 심정에 사로잡혀 있어서도 안 됩니다. 감기에 걸릴까 봐 유난스럽게 옷을 두껍게 입히는 것도 좋지 않습니다. 또한 아이의 방이 대로변이나 공사장과 가까워 소음이 심할 경우 신경질적인 성향을 갖게 될 수 있으므로 이런 환경적인 자극을 되도록 없애는 것이 좋습니다. 만약 신경질의 정도가 매우 심할 경우에는 전문가의 판단과 심리검사를 통해 정확한 진단을 내리고 그에 따른 지도와 치료를 받는 것이 필요합니다.

지나친 승부욕, 아이의 사회성 발달을 저해한다!
경쟁심이 강한 아이

게임에서 지면 울고 버럭 화를 내는 윤소정(8세, 여)

우리 애는 가족들끼리 즐겁게 게임을 하다가도 지게 되면 울고불고 난리치고 짜증을 내요. 게임에서 이길 수도 있고 질 수도 있다면서 달래도 소용이 없어요. 학교에서 게임하다가 질 것 같으니까 놀이판을 어지럽혔던 적도 있어요. 지는 것이 억울해 울거나 짜증을 내는 우리 아이의 행동, 그냥 내버려둬도 괜찮은 건지 걱정됩니다.

자녀양육을 하다 보면 아이의 지나친 승부욕 때문에 당황한 적이 많을 텐데요. 아이와 재미있게 하려던 놀이나 게임에서 아이의 승부욕 때문에 결국은 화를 내며 기분 나쁘게 마치는 경우가 있을 겁니다. 경쟁심이나 승부욕이 강한 아이는 놀이나 게임 등이 자기 마음대로 진행되지 않으면 짜증을 내거나 그 결과를 인정하지 못하는 특징을 갖고 있습니다.

경쟁심이나 승부욕이 강한 아이는 일상생활에서 상당한 마찰을 겪게 됩니다. 또래관계가 형성되고 주변 사람과 어울려 활동하는 시간이 많아지면서 아이들은 다양한 활동 속에서 자연스럽게 경쟁하게 됩니다. 이러한 아이들 간의 경쟁은 성장과 발달을 촉진하고 좀 더 노력하도록 동기를 부여하는 순기능적인 측면이 있습니다. 반면 경쟁심과 승부욕이 지나치면 이기고자 하는 마음이 강해서 주변 사람들과의 관계에 갈등을 초래하거나 부정적인 피드백으로 인해 내적 자아가 위축되고 낮은 자존감을 형성하기 쉽습니다. 따라서 아이의 경쟁심이나 승부욕이 지나칠 경우 이에 대한 적절한 지도가 필요합니다.

경쟁심은 또래관계와 사회성 발달에 해가 될 수 있다

기질적으로 타고나길 경쟁심이 강한 아이들이 있습니다. 이들은 완벽주의적 성향을 지니고 있을 뿐만 아니라 타인에 대한 사회적 민감성이 낮은 경향이 있습니다. 그래서 자신에 대해 높은 가치 기준을 세우면서 주변에 대해서는 인식하지 못하다 보니 좀 더 경쟁심 있는 모습으로 비치게 됩니다. 또한 실패나 좌절에 취약한 아이들이 경쟁심이나 승부욕이 더욱 강하게 나타나는 경우도 있습니다.

그러나 경쟁심이 강한 아이들은 대부분 성장과정에서 부모의 양육태도에 의해 그러한 성향을 형성한 경우가 더 많습니다. 예를 들어 부모가 아이의 경쟁심을 부추기거나 아이가 성장과정에서 잘 해내고자 하는 욕구나 이기고자 하는 마음과 행동들에 대해 부모가 이를 조절할 수 있는 기회를 제공하지 못했기 때문입니다. 다른 또래나 형제와 비교하거나 부모가 자주 아이의 승부욕에 굴복하고, 아이의 성취욕을 위해 일부러 져주거나 과한 칭찬을 하는 경우도 아이의 경쟁심을 부추기는 결과를 가져올 수 있습니다.

앞에서 언급했듯이 경쟁심이 강한 아이들은 일상생활에서 여러 갈등 상황을 마주하게 됩니다. 남자아이의 경우 친구들과 운동할 때 지나친 승부욕으로 결과에 승복하지 못하고 이기기 위해 편법을 쓰기도 합니다. 친구들과 간단한 게임을 할 때도 지는 상황을 받아들이지 못해 우기거나 게임을 파투 놓는 경우도 있습니다. 그런 과정에서 다른 또래아이들과 자주 마찰을 빚게 되고, 다른 아이들이 함께 어울리는 것을 싫어하거나 회피하는 상황이 발생하기도 합니다. 결과적으로 경쟁심이 강한 아이는 또래관계에서 위축되고 불편한 관계 경험이 지속됨으로써 사회성이 미성숙하게 됩니다.

경쟁심의 순기능적 측면이 작동되도록 돕자

우리 아이가 경쟁심과 승부욕이 지나치게 강해서 이로 인한 갈등이 자주 발생한다면, 이를 절대 간과하지 말고 아이의 경쟁심이 순기능적인 역할을 할 수 있도록 이끌어주어야 합니다.

경쟁심이 강한 아이들은 평가에 민감한 경향이 있어서 잘하고 싶고 더 좋은 성과를 얻길 원합니다. 하지만 이러한 욕구가 지나칠 정도로 강하게 되면 아이는 만족감을 모르는 아이로 성장할 수 있습니다. 그러므로 부모는 잘하고 싶고 좋은 결과를 얻고 싶어 하는 아이의 욕구를 긍정적인 방향으로 인도해야 합니다. 그러기 위해서는 아이의 경쟁심을 비난하기보다는 지지하되, 결과보다 과정에 좀 더 초점을 두고 지지해야 합니다. 경쟁심이 강한 아이들은 대체로 결과에 초점을 두기 때문에 과정이 아무리 부당해도 상관없다고 여기기 쉽습니다. 부모가 결과보다는 그 과정을 좀 더 중요하게 여기고 과정에 대해 칭찬해주면 결과에 대한 아이의 승부욕은 점차 낮아질 수 있습니다.

반면 지나친 칭찬과 평가는 자제해야 합니다. 과한 칭찬은 자칫 아이가 자신의 노력 여하보다는 결과와 타인의 평가에 더 초점을 두게 합니다. 그리하여 타인이 자신을 어떻게 평가하고 있는가에 치중한 나머지 자신이 느끼는 의미와 경험들을 간과하기도 하죠. 부모는 아이에 대해 평가하고 판단하는 말을 자제하고, 아이의 감정과 생각이 좀 더 중요하다는 것을 알려주어야 합니다. 예를 들어 아이의 작품에 대해 "와, 훌륭한 작품을 만들었구나", "오, 멋진 솜씨야"와 같이 '훌륭한', '멋진' 등의 평가와 판단의 단어를 사용하면 경쟁심과 승부욕이 강한 아이들에게는 '넌 계속 훌륭하고 멋지지 않으면 안 돼'라는 메시지로 들릴 수 있습니다. 이런 반응보다는 "색상을 아주 정성들여 칠했구나", "상당히 노력한 모습이 엿보이는데!"와 같은 피드백을 주는 것이 좋습니다. 이러한 반응은 아이에게 결과와 승패보다는 어떤 노력을 했는지, 최선을 다했는지가 중요하다는 것을 알려줄 수 있습니다.

실패나 지는 것도 좋은 경험임을 깨닫게 해야 합니다. 게임, 운동, 놀이 등은 즐겁게 활동하기 위해서 하는 것이지 이기기 위해서 하는 것이 아니라는 점, 사람이 살다 보면 누구나 실패와 실수를 겪기 마련이며 실패와 실수가 반드시 나쁜 것만은 아니라는 점을 일깨워주어야 합니다. 좌절하지 않고 같은 실수와 실패를 되풀이하지 않기 위해 더욱 노력하는 계기로 삼도록 해야 합니다. 비록 실수와 실패로 인해 좋은 결과를 얻지 못했다 하더라도 그 과정에서 아이가 최선을 다했다면 이를 인정하고 보상해줌으로써 아이의 노력에 대해 자긍심을 갖도록 하는 것이 좋습니다.

스포츠 등을 통해 규칙을 지키고 감정을 다스리는 방법을 가르쳐야 합니다. 적당한 활동과 더불어 게임의 법칙을 배우는 데는 스포츠만 한 것이 없습니다. 아이는 스포츠를 통해 다른 사람과 어울리면서 규칙을 지키고 실패를 인정하거나 감정을 다스리는 방법을 배우게 될 것입니다.

부모는 아이에게 좋은 롤 모델이 되어야 합니다. 아이가 지나치게 경쟁적일 때 이러한 모습은 가족관계 속에서도 종종 나타나게 됩니다. 형제끼리 경쟁할 수도 있고, 부모와 게임을 하다가도 나타날 수 있습니다. 이럴 때 부모는 승부에 대해 깨끗이 인정하고 규칙을 잘 준수하는 모습을 보여야 합니다. 부모의 승부욕이 강해서 어떻게든 아이를 이기려 하는 것은 바람직하지 않습니다. 중요한 것은 좋은 본보기를 통해 아이가 사람들과 어울리는 법을 배우게 하는 겁니다. 아이의 경쟁심이 지나치다면 승패를 가르는 활동보다는 협동할 수 있는 활동을 제공해주어야 한다는 점도 잊지 마세요.

아이가 받는 스트레스, 엄마 아빠 탓일 수도?
스트레스 징후를 보이는 아이

한숨을 자주 쉬고 걱정이 많은 박상희(15세, 여)
제 딸은 학교생활에 충실한 편이에요. 그런데 말끝마다 '스트레스받아 죽겠다'고 해요. 두통이 너무 심해서 병원까지 갔었지만 특별한 이상은 없었어요. 도대체 무엇 때문에 그렇게 스트레스를 받는지 이해할 수가 없네요.

스트레스(stress)는 정신적·신체적 자극으로 인해 변화를 일으키는 정신적 긴장감, 부담 또는 압박을 뜻합니다. 일반적으로 외부에서 위협을 받거나 도전받을 때 신체를 보호하고자 일어납니다. 외부에서 압력을 받으면 긴장, 흥분, 각성, 불안 같은 생리적 반응이 일어나는데, 이런 외부 압력을 스트레스 요인(stressor)이라고 하며, 여기서 벗어나 원상 복귀하려는 반작용을 스트레스라고 하는 것이죠.

스트레스는 인생의 동반자라 할 수 있습니다. 살면서 스트레스를 안 받고 살 수는 없기 때문이죠. 나쁜 일이나 좋은 일이나 심지어는 지루한 상황까지도 사람에게는 스트레스가 됩니다. 적절한 스트레스는 사람을 긴장시키고 집중력을 높여 일의 진행을 원활하게 하는 효과가 있지만, 심한 스트레스는 불안을 일으키고 문제 해결을 방해하며 정신적 혹은 신체적 자원을 고갈시켜 소진(exhaustion)을 가져옵니다.

어른뿐만 아니라 아이도 스트레스를 받는다

스트레스는 어른에게만 있는 것이 아닙니다. 아이에게 오늘 "학교에서 스트레스받은 것 있니?"라고 물어보세요. 아이가 아주 어리다면 무슨 말인지 알아듣지 못할 수도 있지만, 그렇다고 그 아이가 스트레스를 받지 않는 것은 아닙니다.

아이들에게 스트레스란 '감정을 상하게 하거나 실망스럽게 하는 사건의 결과'라고 할 수 있습니다. 또한 청소년들에게는 '선생님이나 부모가 기대하고 요구하는 것 때문에 생기는 혼란스러움' 정도의 의미일 겁니다. 이 두 가지는 매우 다르지만 모두 합리적인 정의라고 할 수 있습니다. 왜냐하면 스트레스는 궁극적으로 받아들이는 사람의 주관적 해석에 따라 달라지기 때문이죠.

아이가 스트레스라고 여기는 것은 아이의 성격과 관련이 있습니다. 어떤 아이들은 새로운 도전과 변화에 대해 민감하게 반응하고 불편해하는 반면 또 어떤 아이들은 스트레스에 압도되지 않고 잘 견뎌내기도 합니다. 이처럼 아이마다 성격이 전부 다르기 때문에 개별적인 대처가 필요합니다.

일반적으로 스트레스는 놀람▶저항▶피로의 세 단계로 나타납니다. 예를 들어 학교에서 선생님이 "오늘은 돌아가면서 모두 발표를 해보도록 하겠어요"라고 했을 때 아이의 첫 반응은 '놀람'일 겁니다. 맥박과 호흡이 증가하고 어떻게 이 상황에 대처해야 하는지에 대한 생각으로 가득 찹니다. 그다음은 '저항'의 단계입니다. 이 상황을 피할 수는 없을까 생각합니다. 몸은 서서히 정상 기능을 되찾고 아이는 어느새 발표를 하고 있습니다. 그러나 여전히 발표하는 것과 씨름하며 말을 더듬는 등 초조한 행동을 보일 겁니다. 바로 이것이 세 번째 단계인 '피로'의 상태입니다. 발표가 끝날 때쯤이면 진이 빠지고 안도의 한숨과 동시에 다른 곳으로 관심이 옮겨갑니다.

12세 이하의 아이들은 대부분 학교에서 집으로 돌아와 "나 오늘 선생님이 갑자기 발표시켜서 너무 스트레스 받았어"라고 직접적으로 말하지는 않습니다. 아직은 자신이 느낀 것을 스트레스로 분류할 수 있는 개념적인 능력이 없기 때문이죠. 대신 "선생님이 미워죽겠어"와 같이 선생님을 비판하는 말을 하거나 정당한 대접을 받지 못한 것에 대해서 불평한다면 그것이 바로 스트레스를 받고 있다는 뜻입니다.

부모가 알아야 할 사항이 하나 더 있습니다. 스트레스 요인이 아이의 연령에 따라 다르기보다는 거의 비슷하다는 사실입니다. 대체로 아이들에게 스트레스를 주는 요인은 다음과 같습니다.

- 새로운 상황이나 친숙하지 않은 것
- 예측할 수 없는 일이나 불안정한 상황

- 원치 않는 결과가 예상될 때
- 유치원이나 학교에 가기 위해 부모와 떨어질 때
- 점수에 대한 걱정과 경쟁
- 부모의 지나친 기대와 간섭
- 친구와 좋지 못한 관계
- 실패에 대한 두려움
- 부모의 불화와 이혼

아이들의 스트레스 요인은 어른들의 것과는 매우 다릅니다. 운동화에 그려진 동화 주인공의 얼굴, 휴대전화의 색상이 아이들에게는 매우 중대한 문제인 것처럼 말입니다. 어른에겐 사소한 일이 아이들에겐 큰 일이 될 수 있습니다.

어쩔 수 없는 스트레스 요인도 존재합니다. 부모가 직장에서 오랜 시간 일을 하기 때문에 함께 시간을 보낼 수 없는 경우가 그렇습니다. 만약 이런 경우라면 궁극적으로는 그것이 가족 모두를 위한 최선이라 할지라도 그로 인한 아이의 스트레스를 외면해서는 안 됩니다. 함께 시간을 보낼 수 없는 상황을 아이 수준에서 이해할 수 있도록 충분히 설명해주고, 함께할 수 있는 짧은 시간만이라도 최대한 같이 놀고 대화하면서 부모의 애정을 아이가 느낄 수 있도록 해야 합니다.

부모가 이혼한 경우 아이들은 그로 인해 과도한 스트레스를 받게 됩니다. 아이들은 세상을 바라볼 때 늘 자기 중심적이기 때문에 부모의 문제에 대해 스스로 비난하는 성향이 있습니다. 엄마와 아빠의 사이가 좋지 않은 것이 모두 자기 탓이라고 생각하는 것이죠. 청소년 정도가 되면 자신의 잘못이 아니라는 것을 알지만 부모의 싸움에 커다란 분노를 느끼게 됩니다.

우리나라 청소년들은 공부에 관한 스트레스가 가장 큽니다. 하루의 대부분을 학교에서 보내기 때문에 어쩌면 당연한 것인지도 모르겠습니다. 공부에 관한 스트레스 유형은 대략 다음의 다섯 가지로 나뉩니다.

- 성적이 떨어졌을 때: 결과가 기대 이하일 때 아이들은 좌절감과 불안감을 겪습니다. 이때 부모의 꾸중은 스트레스를 더욱 심화시킵니다.
- 시험 자체에 대해 불안해할 때: 대부분의 학생들이 시험을 앞두고 불안해합니다. 주의집중이 되지 않거나 두통, 소화불량, 손이나 팔, 어깨 등이 굳어지는 증상을 겪기도 합니다.
- 공부가 잘 안 될 때: 열심히 하려는 의지가 있고 실제로 책상 앞에 오래 앉아 있는데도 성적이 오르지 않는 경우입니다. 이런 경우 아이는 스스로 좌절감에 휩싸이며 지켜보는 부모 역시 안타까움을 갖게 됩니다.
- 공부하기 싫거나 왜 해야 하는지 모를 때: 공부가 하기 싫고 무의미하다고 느껴 소홀히 하는 겁니다. 이런 경우 아이는 자신이 받는 스트레스보다 부모나 선생님에 대한 스트레스가 더 심합니다. 간섭과 잔소리에 대한 반발로 불건전한 활동에 빠지는 경우도 간혹 있지만, 공부 외 취미생활에 더 큰 가치를 부여하며 공부를 소홀히 하는 경우가 대부분입니다.
- 공부 때문에 생긴 문제들: 지나치게 공부에 집착해서 친구들로부터 소

외되는 경우, 반대로 성적이 부진하다고 놀림받는 경우, 성적에 대한 지나친 경쟁으로 인해 생기는 갈등, 성적으로 인한 부모와의 갈등 등이 있습니다.

몸으로 나타내는 아이의 언어 이해하기

아이들은 스트레스 대처능력이 부족합니다. 그런 방법을 배운 적이 없을뿐더러 그 감정의 실체조차 알지 못하기 때문이죠. 반면 청소년들은 누군가에게 마음을 털어놓거나 다른 일을 함으로써 스트레스에 대처합니다. 스스로 스트레스 상황을 이겨내면 일종의 승리감을 느끼게 되고, 그다음에도 문제를 해결할 수 있다는 자신감이 생깁니다. 그러므로 아이 자신에게 맞는 스트레스 대처법을 가르치는 것은 매우 중요합니다.

아이들은 자신의 스트레스를 부모에게 명확하게 설명할 수 없으므로 사건을 묘사할 때 사용하는 언어와 표정 등으로 아이의 심정을 파악해야 합니다. 아이가 '슬프다, 걱정된다, 무섭다, 화가 난다, 싫증과 짜증이 난다'와 같은 단어를 자주 사용하거나 '실망, 불안, 두려움, 무기력함, 절망' 등의 감정에 빠져 있는 듯 보이면 관심을 기울여야 합니다. 아이들의 언어는 변할 수 있으나 느낌은 같다는 것을 잊지 마세요.

또한 아이들의 스트레스는 신체적인 증상으로 나타나기도 합니다. 갑자기 오줌을 싸거나 잠을 잘 이루지 못할 수도 있습니다. 두통, 복통, 피로 등이 심해져 학교를 갈 수 없는 상황에 이르기도 합니다. 아이들은 주목과 관심을 받기 위해 이런 증상으로 과장하는 경우도 많습니다. 만약 이런 증상이 나타난다면 아이가 스트레스를 받고 있다는 의미로 받아들여야 합니다. 아이가 스트레스에 잘 대처할 수 있도록 하기 위해 부모가 가장 먼저 해야 할 일은 아이의 말에 귀를 기울이고, 이러한 행동의 변화들을 알아차리는 겁니다.

그렇다면 내 아이의 스트레스 징후를 어떻게 판단해야 할까요? 일단 다른 사람과 이야기해보세요. 아이의 선생님 또는 가장 친한 친구의 부모를 만나 내 아이에게서 특별한 행동 변화를 발견한 적이 있는지 물어보세요. 선생님은 이미 아이가 수업시간에 집중을 잘하지 못한다거나, 숙제를 제때 해오지 않는 등의 징후를 알고 있을지도 모릅니다. 선생님이 아이의 스트레스를 줄여줄 수는 없겠지만 그에 대한 상담을 해줄 수는 있습니다. 거꾸로 만약 학교 때문에 아이가 스트레스를 받고 있다면 선생님과의 대화는 더욱 중요합니다. 아이가 가족문제로 고민하고 있을 때도 혹시 선생님에게 마음을 내비친 적은 없는지 물어볼 수 있습니다.

부모가 보기에 내 아이가 스트레스를 받고 있는 것이 확실하다 생각되더라도, 아이가 "모든 게 다 괜찮다"고 말한다면 믿어도 좋습니다. 과잉반응은 오히려 좋지 않습니다. 부모는 아이에게 무슨 일이 일어나고 있는지 최선을 다해 추측하고, 그에 맞춰 어떻게 행동할 것인지 결정해야 합니다. 그러나 부모가 도와줄 수 있는 일에는 한계가 있으므로 아이가 스스로 스트레스를 이겨낼 수 있도록 하는 것이 더욱 중요합니다. 스트레스는 단지 삶의 한 부분이며 필요한 변화라는 것을 알게 해야 합니다. 부모가 해야 할 가장 중요한 일은 아이들의 삶에서 스트레스 요인을 제거하는 것이 아니라, 이러한 상황을 어떻게 대처해나갈 것인지 아이가 직접 배울 수 있도록 도와주는 겁니다.

직접적으로 스트레스에 맞서게 하자

아이의 스트레스를 덜어주기 위해서는 먼저 아이의 말을 경청하고 공감해주는 것이 중요합니다. 아이가 스트레스 받았던 일을 털어놓을 때 옳고 그름의 기준으로 판단하지 말고, 다른 사건들과 비유해 하나의 경험으로 지나칠 수 있도록 도와주세요. 운동이나 취미활동 등 아이에게 익숙하고 편안한 주제부터 대화를 시작해 그것을 다른 곳에도 적용할 수 있도록 격려하는 것이 좋습니다.

　부모의 행동으로 본보기를 보여주는 것도 중요합니다. 가능하다면 부모가 먼저 지금 스트레스 받는 일에 대해 이야기를 꺼내보고, 스트레스를 받을 때 기분이 어떤지, 그리고 어떻게 대처해야 하는지를 보여줍니다. 꼭 잘 대처했을 경우에만 보여줄 필요는 없습니다. 좋지 않게 대처한 경우도 함께 공유하면서 그러한 경험으로 인해 어떤 교훈을 얻었는지 이야기해주세요.

　지나치게 높은 목표 대신 현실적인 목표를 세울 수 있도록 조언하는 것도 필요합니다. 예를 들어 중학교에 입학한 아이가 새로운 친구들을 사귀면서 예전 친구들과도 관계를 유지하고 싶어 두 그룹의 약속에 모두 참석하기 위해 무리를 한다고 가정해볼게요. 이럴 때는 어떻게 우선순위를 정하는 것이 좋을지 이야기를 나누는 것만으로도 아이의 스트레스를 줄여줄 수 있습니다. 그리고 같이 앉아서 아이가 져야 할 책임에 대한 목록을 작성하도록 합니다. 성적을 올리는 데 강박을 가지고 있거나, 지나친 책임감을 가지고 있는 아이에게는 이 방법이 효과적입니다. 무리한 목표를 정하지 않도록 도와주고, 어느 한 가지를 포기할 줄도 알아야 한다는 것을 깨닫게 해야 합니다.

학교생활과 친구관계가 아이에게 매우 중요하다는 점은 말할 나위가 없죠. 집에서는 아무 문제 없는 아이라도 또래 친구들과 적응하는 데 어려워할 수 있습니다. 학교생활에 대해 자주 이야기를 나누고 가급적 아이가 긍정적인 면을 볼 수 있도록 대화를 전개해나가는 것이 필요합니다.

마지막으로 스트레스에 대한 새로운 대처방법을 찾을 수 있도록 도와주세요. 청소년들은 스트레스를 받을 때 방에만 틀어박혀 있거나 과도하게 텔레비전을 시청하고 하루 종일 게임만 하는 등 간접적이며 소극적인 반응을 보이기 쉽습니다. 새로운 친구를 사귀거나 관심 있는 분야에 매진하는 등 스스로 결정할 수 있도록 알려주어야 합니다. 다시 말해 직접적으로 스트레스에 맞설 수 있도록 이끌어주세요.

스스로 해내지 못하는 아이를 만든 건 부모다?
의존성이 심한 아이

스스로 아무것도 못하는 조민우(10세, 남)
우리 아이는 스스로 뭘 하는 법이 없어요. 책을 한 권 볼 때도 엄마나 누나가 옆에 앉아서 읽어줘야 해요. 혼자 하라고 하면 그냥 다 어렵다고만 하고 손을 놓아버리네요. 이대로 둬도 괜찮은 걸까요?

아이들이 믿을만한 사람에게 의존하려는 것은 지극히 당연한 현상입니다. 나이가 어릴수록 더욱 그렇습니다. 특히 부모는 아이에게 있어 커다란 산과 같이 자신을 지켜주는 존재이기 때문입니다. 그러나 아이가 자기 자신을 믿지 못하고, 누군가 자신의 숙제를 대신 해주길 바라거나 혼자 판단하기 어려워하는 등 의존적인 성향을 보인다면 부모가 좀 더 신경을 써야 합니다.

의존적인 아이를 만드는 것은 부모의 태도다

특정한 상황에서만 의존적인 성향을 보이는 아이들도 있습니다. 유치원에서는 혼자서 신발을 잘 신던 아이가 엄마 앞에만 가면 못 신는 경우가 바로 그런 예입니다. 혼자 잘하다가도 더 어려운 일을 시도할 때 능력이 미치지 못해 어른에게 의존하기도 하고, 자신감이 없어서 뭘 하든 실패할 것이라는 생각에 아예 무기력해지는 경우도 있습니다.

이러한 의존성과 무기력증이 특정한 연령에 국한되어 나타나는 것은 아닙니다. 부모가 염두에 두어야 할 것은 최대한 빨리 자립심을 키워주어야 한다는 거예요. 사춘기에 일반적으로 겪는 정서적 혼란이 이를 더 어렵게 만들 수 있기 때문입니다. 아이를 의존적으로 만드는 부모의 양육 유형을 짚어보면 다음과 같습니다.

- 과잉보호하는 부모: 부모가 아이를 너무 감싸고 돌면 아이 스스로 '나는 아직 어리고 아무것도 할 수 없다'는 생각을 갖게 됩니다. 아이가 충분히 할 수 있는 일까지 부모가 빼앗은 셈이죠.
- 권위주의적인 부모: 아이가 아직 어리고 이해를 못한다고 생각해 부모에게 무조건 복종할 것을 강요하고 체벌하면 아이는 두려움을 느껴 그곳에서 벗어나기 위해 행동할 뿐 어떤 관계를 인식하여 행동하지 못합니다. 또한 기본적으로 아이의 인격과 경험이 존중되지 않으므로 스스로 사물을 파악하는 기회가 없어집니다. 오직 규칙과 금지사항을 어기지 않는 것에만 신경을 쓰기 때문에 자립심이 생기기 어렵습니다.
- 관심이 부족한 부모: "도와줘! 나를 돌봐줘!" 하는 아이의 과장된 애원

은 더 많은 관심을 받기 위한 것입니다. 자신의 존재를 알리기 위해 의존성을 수단으로 사용하는 경우라고 할 수 있습니다.
- 아이가 해달라는 대로 다 해주는 부모: 어떤 이유에서든 아이에게 안쓰럽고 미안한 마음이 들어 자꾸만 해달라는 대로 해주면 아이는 그것에 익숙해집니다. 부모의 지나친 걱정이 아이를 망치는 셈이죠.
- 소심한 부모: '텔레비전을 보기 전에 숙제를 모두 마칠 것'과 같은 규칙을 정했지만 그것을 지키지 않아도 상관없을 만큼 부모의 권위가 없거나, 아이가 부모를 싫어할까 봐 두려워 아이의 의존성을 묵인하는 경우입니다.

내 아이의 의존성 진단하기

의존성의 문제를 판단할 때는 절대적이고 객관적인 척도가 없습니다. 어떤 가정에서는 문제행동으로 보이는 것이 다른 가정에서는 정상적일 수도 있습니다.

다음의 체크리스트(60쪽)를 이용해 아이의 의존성을 평가해보세요. 6개 항목 중 4개 이상 해당한다면 의존성 문제를 가지고 있을 가능성이 큽니다. 학교생활에 관한 것은 선생님에게 도움을 구하고, 최소 6개월 이상 아이를 관찰한 후 판단해야 합니다.

스스로 할 수 있는 것은 절대로 대신하지 말라

아이의 의존적인 행동패턴은 하루아침에 변할 수 없습니다. 오랜 시간

초등학생	그렇다	아니다
다른 아이들과 함께 있기보다 구석진 곳에서 엿듣기를 좋아한다.		
선생님 옆에만 붙어 있으려고 한다.		
선생님의 충고를 따르기 위해 유별나게 노력한다.		
선생님의 지시를 따르기 위해 유별나게 노력한다.		
해야 할 숙제나 공부를 부모가 도와줄 때까지 계속 미룬다.		
학교에 가기 싫어한다.		
중·고등학생	**그렇다**	**아니다**
자신의 의견을 표현하기보다는 늘 다른 사람의 의견을 따른다.		
같은 또래의 아이들과 우정을 동등하게 주고받지 않는다.		
한두 명의 친구에게 정상적인 친구관계를 넘어서 지나치게 매달린다.		
클럽활동이나 취미활동을 하기보다는 집에 있기를 좋아한다.		
여러 사람이 있어도 공공연히 어른에게 의지한다.		
공동과제를 급우들과 함께하기보다 선생님에게 부탁하는 경향이 있다.		

에 걸쳐 길들여진 습관이기 때문에 몇 개월 이상 노력해야 바뀔 수 있죠. 부모 스스로 문제점을 파악하고 아이의 관심거리를 발견하는 것에서부터 첫 단추를 꿰어보도록 합니다.

아이의 공부에 대해 대화할 때도 "이번 주에 우리가 공부한 부분이 무척 어려웠니?" 하는 식으로 '우리'라는 단어를 사용하지 않습니다. 작은 언어습관부터 바꿔 부모와 아이가 각각 부모의 역할과 학생으로서의 역할이 분리된 실체로 보게 하는 것이 중요합니다.

꼭 기억해야 할 점은 아이 스스로 할 수 있는 일을 절대로 대신해 주지 않는 겁니다. 무관심하거나 방치하라는 의미가 아닙니다. 아이를 얼마나 사랑하는지, 그리고 얼마나 믿고 있는지 계속 알려주고 격려하면서 혼자 힘으로 생각할 수 있는 능력을 길러주도록 합니다. 칭찬의 대상은 결과보다는 그 과정이어야 합니다. 아이가 잘하든 못하든 스스로 시도해본 것을 자랑스럽게 표현해주는 것이 좋습니다. 부모의 일관성 있는 태도와 끝까지 포기하지 않는 의지가 필요합니다.

교실에서도 비슷한 모습을 보인다면 선생님과 상의해 대책을 강구하는 것이 가장 효과적입니다. 중요한 것은 부모와 선생님의 보상이 일관되게 이루어져야 한다는 겁니다. 다음 사항들을 명심하고 아이에게 적합한 활동을 모색해보세요.

- 어떤 행동을 기대하는지 명확하게 설명합니다. 부모가 아이에게 기대하는 행동과 그것을 지키지 않을 경우 얻게 될 결과를 정확히 일러주도록 합니다. 예를 들어 아침에 잘 일어나지 못해 자꾸 지각하는 아이에게는 알람시계 사용 방법과 일어나야 할 시간을 가르쳐줍니다. 시간에 맞춰 일어나지 못하면 지각하게 되고 그에 따른 결과가 어떻게 된다는 것을 깨닫게 해야 합니다.
- 확고한 결의를 보여줍니다. 어른들도 새로운 것을 배울 때는 실수합니다. 실패하지 않기 위해 애쓰기보다는 스스로 결과에 대해 정면으로 맞설 수 있도록 준비시켜야 합니다.
- 노력에 대한 보상은 자신감의 원동력입니다. 아이가 의존성에서 벗

어나 스스로 무언가를 해냈을 때, 그 결과에 대한 칭찬도 필요하지만 그 시도와 노력에 대해 더 많은 칭찬을 해주세요. 이러한 부모의 칭찬은 자신감의 원동력이 됩니다.

다음은 초등학생 아이들의 자립심을 위해 가정에서 시도해볼 수 있는 몇 가지 활동입니다.

- 가족 깨우기: 아이에게 알람시계 사용 방법을 알려준 후 일정 시간에 다른 가족들을 깨우도록 하는 책임을 부여합니다. 이것은 아이의 능력을 믿는다는 의미입니다.
- 학습상자 만들기: 학교에 가져갈 준비물을 잊어버리지 않도록 학습상자를 만듭니다. 완성한 숙제와 준비물을 챙기는 것은 결코 부모의 일이 아닙니다.
- 공부시간 정하기: 스스로 공부하기가 어려운 아이들은 일정 시간을 정해 공부하도록 합니다. 처음엔 시간을 짧게 잡은 후 흥미를 붙이면 점차 늘려가는 방식으로 합니다.
- 과제 쪼개기: 아이에게 주어진 과제를 잘게 나눠줍니다. 스스로 하는 공부는 세분화하는 것이 효과적입니다.
- 자립심 점검표 만들기: 혼자 숙제하기, 새로 사귄 친구에게 전화 걸기, 시간에 맞춰 잠자리에서 일어나기, 동화책 읽기 등 아이와 부모가 함께 구체적인 항목을 만듭니다. 아이 스스로 체크하도록 한 다음 얼마나 지켰는가에 따라 보상을 줍니다. 만약 지키기 어려워하면 목록을 수정하고 그다음 점차 발전시켜 나갑니다.

다음은 중·고등학생 아이들의 자립심을 위해 가정에서 해볼 수 있는 몇 가지 활동들입니다.

- 부모의 경험을 이야기해줍니다. 학창시절 스스로 하기 어려웠던 일은 무엇이었는지, 그것을 어떤 식으로 해결해나갔는지에 대해 솔직한 대화를 합니다.
- 최소 일주일에 한 번은 아이가 학교에서 했던 일들을 부모에게 이야기하는 습관을 갖도록 유도합니다. 어떤 문제든 가장 중요한 키워드는 바로 경청과 공감의 대화입니다.
- 일기를 쓰도록 합니다. 자립심을 키우기 위해 할 수 있는 실천 목표를 세우고, 얼마나 그것을 성취했는지 일기 형식으로 써봅니다. 실천하지 못한 것은 무엇인지, 어떤 문제가 있었는지, 이를 해결하기 위해 앞으로 어떻게 할 것인지에 대한 일기 쓰기를 통해 반성적 숙고와 자기 성찰에 의한 자립심을 키울 수 있습니다.

아이들만의 우정을 인정하는 것부터!
친구관계에 문제가 있는 아이

친구와의 관계가 서툰 안소라(9세, 여)
소라는 친구의 환심을 사기 위해 자기가 소중히 여기는 장난감이나 학용품을 그냥 줘버리는 경우가 많아요. 이번 주에도 또 그랬어요. 가장 아끼는 그림책을 학교에 가져가서 평소 친하지도 않던 친구에게 준 거 있죠. 남편은 소라가 착해서 그런 거라지만 전 좀 속상하네요.

학교만 보내놓으면 저절로 친구가 생길 거라고 생각하는 부모들이 많습니다. 하지만 친구 사귀는 것은 그렇게 단순한 문제가 아닙니다. 아이가 어릴 때 친구를 사귀고 그 관계를 유지하는 기술은 학교에서뿐 아니라 사회에 나가서까지 인간관계를 형성하는 초석이 됩니다. 그러므로 처음에 어떻게 시작하느냐가 매우 중요합니다.

아이들만의 우정은 따로 있다

아이들은 또래와의 관계 속에서 자아상, 세계관, 사회적 지위를 비교함으로써 생각을 발전시킵니다. 친구에 대한 정의, 그리고 그들과의 관계는 환경이 변하고 아이가 자라면서 조금씩 달라집니다. 즉 유치원 아이들의 우정과 중학생 아이들의 우정은 크게 다르다는 의미입니다. 또한 학교에서 사귄 친구와 발가벗고 뛰어다닐 때부터 알고 지낸 친구와는 차이가 있습니다. 아이의 발달단계에 따라 우정이 어떻게 변화하는지 간단하게 살펴보면 다음과 같습니다.

- 3~4세 아이들은 긍정적인 영향과 부정적인 영향 모두를 주고받습니다. 보통 많은 시간을 혼자 놀면서 보내고, 친구들과 모여 있더라도 함께 어떤 활동을 하기보다는 그냥 모여서 따로 놉니다.
- 5세쯤에는 다른 아이들과 함께 무언가를 하는 경우가 많습니다. 전체적으로 또래와의 접촉이 증가하면서 그룹을 형성하기 시작합니다.
- 6~11세 아이들은 또래와의 차이를 인식하며 의사소통 능력이 증가합니다. 또한 함께하는 활동에서 협동성이 증가하고 전체적으로 공격적 성향이 감소합니다.
- 12~13세가량의 청소년 초기 무렵에는 규범을 잘 따르며, 13세 이후에는 그룹에 문제가 생겼을 때 비교적 잘 대처합니다. 이 시기에는 동성 그룹을 형성하기 시작합니다.
- 청소년기가 되면 또래집단 내에서의 지위와 자아개념이 삶에 큰 영향을 미치기 때문에 자신의 가치를 공유할 수 있고 인생의 고민을 이해할 수 있는 친구를 찾게 됩니다.

우정에 대한 정의를 어떻게 내리든 아이는 '또래아이들이 수용할 수 있는 방법'으로 관계 맺는 법을 익혀야 합니다. 여기엔 두 가지 방법이 있습니다. 하나는 스스로 자신의 경험을 통해 익히는 겁니다. 또래들 사이에서 시행착오를 겪으면서 친구에게 호감을 주고 친구관계를 유지하는 방법에 대해 스스로 깨우치는 것이죠. 또 다른 방법은 부모나 선생님 같은 어른들이 새로운 친구를 사귀고 어울리는 모습을 보면서 배워나가는 겁니다.

내 아이의 친구관계는 문제 없을까

혹시 아이가 항상 혼자 있거나 친구를 잘 못 사귄다고 생각되나요? 다음 내용을 보고 해당 사항이 있는지 체크해보세요.

- ☐ 학교에 가기 싫어하고 야외활동에 참가하는 것을 꺼린다.
- ☐ 친구들 모두가 자신을 미워한다고 말한다.
- ☐ 친구 생일파티에 전혀 초대받지 못한다.
- ☐ 친구의 환심을 사기 위해 자신이 소중히 여기던 장난감이나 책 등을 준다.
- ☐ 자신의 장난감을 친구들과 함께 가지고 노는 것이 싫어 어울리지 않는다.
- ☐ 또래들과 잘 놀지 못하고 자신보다 어리거나 나이가 많은 아이들하고만 어울린다.
- ☐ 자주 또래들의 농담과 조롱의 희생양이 된다.
- ☐ 다른 애들이 너무 잘난 체해서 놀기 싫다는 핑계를 댄다.

유치원에서 초등학교 저학년 시기의 아이들이 엄마 아빠 놀이를 하고 노는 것은 자연스러운 일이죠. 그러나 늘 아기 역할만 맡는다면 문제가 될 수도 있습니다. 돌보는 역할을 한 번도 맡지 않으려 하는 아이는 장차 의존적인 성향을 띨 수 있기 때문입니다.

청소년기의 자녀를 둔 부모라면 다음의 항목들을 추가로 살펴봐야 합니다.

- 모임이나 이벤트가 있는 날에 종종 아프다고 말한다.
- 또래아이들과 전화를 주고받는 일이 거의 없다.
- 가족들과 어울리려고만 하고 친구들과 함께 노는 것을 꺼린다.

아이가 친구와 잘 지내다가 갑자기 사이가 안 좋아 보인다면 이에 관심을 가지고 아이와 대화를 해보는 게 좋습니다. 어른의 중재로 금세 화해할 수도 있지만, 혹시라도 우울증과 같이 더 심각한 원인이 있을 수도 있기 때문입니다.

호감 가는 친구가 되도록 돕기

친구를 잘 사귀는 아이들은 항상 미소를 띠고 인사를 잘하는 등 호감 가는 성격을 가지고 있습니다. 친구관계 형성과 유지에 필요한 호감 가는 친구가 되기 위한 덕목들은 다음과 같습니다.

- 자신을 표현하기: 친구에게 놀자고 초대하거나 새로운 사람에게 자신을 소개할 줄 압니다. 먼저 말을 건네고 진행 중인 활동에도 참여할 수 있을 만큼 친화력을 갖고 있습니다.
- 상대방 감정 파악하기: 누가 안 좋은 일을 당했을 때 안쓰러운 감정을 느끼고 그것을 표현할 수 있으며, 힘든 이야기를 들어주고 위로해주는 법을 잘 압니다. 또한 좋은 일은 함께 기뻐하며 잘한 일은 칭찬해줍니다.
- 우정에 책임지기: 친구들의 우호적인 제안을 적절히 받아들이고 이해할 수 있습니다. 부당한 규칙에는 적절히 의문을 제시하고 다른 사람의 물건을 사용할 때는 양해를 구하며, 집이나 교실을 벗어날 때 허락을 구할 줄 압니다.
- 협동하고 공유하기: 놀이할 때는 규칙을 따르고 친구들과 협동하며 필요한 경우엔 도움을 청하고 받을 줄 압니다.
- 자신을 조절하기: 자신에 대한 비판을 잘 받아들이고, 물리적 공격에 폭력적으로 대응하지 않습니다. 갈등이 있을 때는 스스로의 감정을 잘 조절합니다.

부모로서 아이의 친구관계에 적당한 관심을 갖는 것은 당연한 일입니다. 아이가 나이에 어울리는 옷을 입는지, 적절한 머리 모양을 하고 있는지도 체크해야 합니다. 매번 새로운 옷을 사주라는 것이 아니라 친구들과 일반적으로 어울릴 수 있는 적절한 수준인지를 확인하라는 겁니다. 혼자서만 너무 화려하거나 유별난 옷을 입으면 오히려 따돌림의 원인이 될 수도 있습니다.

만약 아이가 다른 애들에 비해 비만이라든가 몸에서 냄새가 나는 등 신체적인 문제가 있을 경우, 이에 대해 아이와 꼭 이야기를 나누는 것이 좋습니다. 어떻게 하면 좀 더 건강한 삶의 방식을 유지해나갈 수 있는지 충분히 대화를 나누고, 심할 경우 병원 의사의 진단과 처방을 받도록 합니다. 이런 대화 자체가 아이에게 상처가 될까 봐 두려워하는 부모도 있을 수 있지만 밖에서 부딪히는 것보다 가정에서 먼저 해결하는 편이 아이를 위해 더 좋습니다.

친구관계는 아이의 미래와 직결된다

먼저 부모 자신의 친구관계부터 돌이켜보는 것이 좋습니다. 부모의 친구관계 모습은 알게 모르게 아이의 친구관계에도 상당한 영향을 미치기 때문입니다. 다음과 같은 질문을 부모 스스로에게 던져보세요.

- 다양한 집단에서 생산적인 관계를 만들어나가고 있나요?
- 아이의 사회성 발달을 방해할 만큼 과잉보호를 하고 있지는 않나요?
- 직접적이든 간접적이든 아이의 친구를 무시한 적은 없나요?

위 사항과 함께 지금의 주거환경을 살펴보세요. 이웃을 선택하고 학교를 선택하는 것은 부모입니다. 그 안에서 아이는 친구를 만들어가죠. 아이에게 어떤 배경을 만들어주었나요? 이웃에는 아이들이 많이 있나요? 아이의 친한 친구들과 너무 멀리 떨어져 있지는 않나요? 그렇다면 친구들을 자주 만나게 해주나요?

부모가 친구를 대신 만들어줄 수는 없습니다. 그러나 내 아이의 미래와 직결되는 건전한 친구관계를 위해 최소한의 노력은 필요하겠죠. 아래 내용들을 실천해보세요.

- 아이가 친구들과 함께 있을 때 아이의 행동이 다른 친구들을 불쾌하게 만들지는 않는지 살펴봅니다. 그리고 아이와 이 문제에 대해 대화를 나누고, 이때 지적과 함께 칭찬도 반드시 해주어야 합니다.
- 아이가 스포츠, 연극, 보이스카우트 등 학교활동에 활발하게 참여하도록 장려하세요. 다양한 활동은 다양한 관계를 만듭니다.
- 그룹과제를 할 때 친구들을 집으로 초대합니다. 간식도 챙겨주면서 편안하게 과제를 할 수 있도록 도와줍니다.
- 만약 친구가 없다면 먼저 한 명의 친구를 사귈 수 있도록 아이와 함께 있어 주세요. 한 명을 집으로 초대해 함께 만화영화 등을 보여주는 것부터 시작해봅니다. 때론 상호작용이 별로 없는 활동이 더 편안한 방법이 될 수 있습니다.
- 친구가 없는 것, 혹은 나쁜 친구를 사귀는 것에 대해 아이가 어떻게 생각하는지 편안하게 대화를 나눠봅니다. 부모가 먼저 친구 문제에 대처했던 방법이나 관계를 유지하는 데 도움이 되는 방법들을 이야기해주세요.

만약 아이가 나쁜 친구들과 어울려 다닌다면 어떻게 하는 것이 좋을까요? 일단 부모가 과잉반응을 하는 것은 아닌가부터 파악합니다. 그에 대한 판단이 정확히 서면 아이에게 허심탄회하게 그런 친구들을 인정할 수 없는 이유에 대해 말해줍니다. 그리고 아이에게 기대하는 바와 절대 해서는 안 될 일을 명확히 알려주세요. 이때 강요하거나 윽박지르는 것은 반항심만 낳을 수 있으니 조심해야 합니다. 상황이 심각한 경우 학교에 도움을 청해 아이들이 어떤 장소에서 자주 어울리는지를 파악합니다. 아이가 다른 아이들로부터 따돌림이나 괴롭힘을 당하고 있거나, 반대로 아이가 다른 친구를 따돌리거나 괴롭히는 등 친구 관계에 심각한 문제가 있다고 판단되면 담임선생님이나 전문 상담교사의 도움을 받도록 해야 합니다.

부모가 받은 가정교육, 아이의 책임감을 결정한다!
책임감이 없는 아이

제멋대로 행동하는 이유빈(14세, 남)

유빈이는 너무 책임감이 없어요. 매일 숙제하는 것을 잊어버리고, 중요한 수행과제도 대충 처리해서 망치곤 해요. 요즘은 교실에서까지 사고를 친다니까요. 그러면 저는 항상 일을 수습하느라 담임선생님을 뵈러 가야 하고 민망하기 짝이 없습니다. 집에서도 시킨 일을 제대로 한 적이 없고요. 마무리는 항상 제 몫이죠. 앞으로 어쩌려고 그러는지 모르겠어요.

책임감이란 행동의 결과에 책임을 지고 다른 사람의 권리에 피해를 주지 않는 것입니다. 책임감 있는 아이는 스스로 판단하고 미래를 고려해 독립적으로 행동하기 마련입니다. 부모라면 누구나 자녀를 책임감 있는 아이로 키우고 싶어 하겠죠? 그러나 한번쯤은 아이의 대책 없는 행동에 속상했던 적이 있을 겁니다.

아이들은 발달단계에 따라 책임감의 수준이 다릅니다. 따라서 내 아이가 정말로 책임감이 부족한 것인지, 아니면 또래아이들이 다 그런 것인지를 먼저 판단하는 것이 필요합니다. 발달단계에 맞게 아이의 책임감을 키워줄 수 있는 적절한 방법을 알아보도록 하겠습니다.

규칙을 따르기만 하는 것이 책임감은 아니다

취학 전 아동부터 고등학생에 이르기까지, 학교와 가정에서 요구하는 책임감의 수준은 꾸준히 증가합니다. '책임감이 있다'는 것은 다음의 세 가지 항목을 충족시킨다는 의미입니다.

- 규칙을 따르는 것
- 올바른 판단을 내리는 것
- 타인과 그의 물건에 대해 존중과 예의를 보이는 것

'책임감'과 '단순한 순응'을 구분하는 것은 중요합니다. 만약 아이가 책가방을 쌀 때 부모가 시키는 대로만 한다면 그것은 준비물에 대한 책임감을 가지고 있다기보다 부모의 말에 순응하는 것으로 보아야 합니다.

물론 날 때부터 책임감을 가지고 태어나는 아이는 없습니다. 신생아들은 스스로 기본적인 욕구를 충족시키지 못합니다. 그래서 본능적으로 택하는 방법이 크게 울어 다른 사람이 자신을 돌보게 하는 것이죠. 이처럼 우리는 인생을 완전히 무책임한 방법으로 시작합니다.

아이에게 책임감을 가르치는 일은 부모가 어린시절 받은 가정교육과 밀접한 관계가 있습니다. 부모가 일방적으로 통제하는 가정에서 자라난 어른은 아이들에게 책임감을 잘 가르치지 못합니다. 부모가 고삐를 너무 세게 쥐고 있어서 아이들이 어떤 일에 책임을 질 기회가 없기 때문입니다.

부모가 리더의 역할을 하면서도 가족 구성원들 모두가 집안일과 가족사에 대해 책임을 공유하는 가정이 가장 이상적입니다. 책임감을 가르치려면 말로만 할 것이 아니라 아이에게 책임을 주어야 합니다. 스스로 행동한 결과에 따라 보상받거나 고통을 겪으면서 책임감을 배우는 것입니다. 부모가 일일이 잔소리를 하기보다 한 발 뒤에서 자연스러운 배움의 과정을 지켜봐주는 것이 필요합니다.

또한 자신의 실수에 대해 스스로 책임을 지도록 해야 합니다. 학교는 아이가 책임감을 배울 수 있는 최적의 장소입니다. 만약 아이가 숙제한 것을 깜박 잊고 학교에 갔다고 합시다. 이때 그 이유가 무엇이든 엄마가 학교에 숙제를 가져다준다면, 아이에게 책임감을 가르칠 수 없습니다. 무책임에 대한 결과를 감수하도록 그냥 두어야 합니다. 비록 숙제를 제출하지 못해 꾸중을 듣더라도 말입니다.

책임감을 배우는 것은 마치 기술을 익히는 것과 같습니다. 연습을 많이 하면 할수록 조금씩 나아지기 때문이죠. 집에서 더 많은 책임감을 배울수록 학교에서도 더 잘할 것입니다. 아이가 집안일에 더 많이 참여하도록 유도하고, 소지품을 스스로 챙기도록 이끌고, 시간 계획을 짜거나 옷과 음식에 대한 선택을 존중하는 등 작은 것에서부터 시작해보세요. 아이의 발달수준에 맞는 책임감을 조금씩 키워가도록 하는 것이 중요합니다.

유치원~초등학교 3학년
- [ ] 다른 아이들과 어울려 놀 때 규칙을 잘 지키나요?
- [ ] 화를 낼 때 상대방을 때리지 않나요?
- [ ] 소지품을 집으로 잘 챙겨오나요?
- [ ] 식탁을 정리하는 등 간단하고 일상적인 일을 스스로 하나요?
- [ ] 자신의 위생과 복장을 스스로 챙길 줄 아나요?

초등학교 4~6학년
- [ ] 학교 숙제를 스스로 하나요?
- [ ] 숙제를 끝낸 뒤 놀이를 하는 등 시간 계획을 잘 짜나요?
- [ ] 매일 조금씩이라도 집안일을 돕나요?
- [ ] 다른 사람의 소유물을 존중하나요?

중·고등학교
- [ ] 집안에 일손이 필요할 때 스스로 나서서 돕나요?
- [ ] 귀가 시간을 잘 지키고 계획보다 늦어질 때 부모에게 연락하나요?
- [ ] 과제를 혼자 하고 장기적으로 자신의 미래를 생각하나요?
- [ ] 타인의 권리를 존중하나요?

아이의 책임감이 또래아이들에 비해 현저히 떨어진다고 생각되면 관심을 기울여야 합니다. 아이의 행동을 보다 구체적으로 평가하기 위해 다음 지침을 사용해보세요.

- 책임감 없는 행동이 얼마나 자주 반복되나요? 어쩌다 한 번 숙제를 못 했다든가, 너무 바빠서 집안일을 빼먹는다든가 하면 그저 아이에게 주의를 주는 것만으로 충분합니다. 그러나 이것이 마치 버릇처럼 굳어진다면 문제입니다.
- 책임감 없는 행동을 지적했을 때 아이는 어떻게 반응하나요? 즉시 행동을 조금이라도 개선한다면 크게 걱정할 필요는 없습니다.
- 아이의 무책임으로 인해 다른 사람에게 피해를 주나요? 만약 아이가 학교에서 규칙을 잘 따르지 않아 전체 학생들에게 피해를 준다면 이는 문제입니다.

먼저 부모가 아이에게 기대하는 것이 무엇인지 생각해보세요. 그 기대가 아이의 행동과 어떤 차이가 있는지, 아이는 그 기대에 도달할 능력이 있는지, 아이에게 발달단계에 맞는 책임감을 발휘할 수 있는 기회를 충분히 주고 있는지 먼저 살펴보세요.

부모가 약속을 잘 지키고, 집안일을 먼저 끝낸 후 휴식을 취하는 등 책임감 있는 삶의 태도를 보여준다면 아이는 알아서 잘 따라 할 것입니다. 그러나 적절한 행동을 보여줄 수 있는 어른이 없다면 아이에게 책임감을 가르치기는 어렵습니다.

아이가 따를 규칙을 함께 정한 후 그것을 왜 지켜야 하는지 설명해주세요. 그러면 아이도 자신이 중요한 부분을 책임지고 있으며 독립적으로 무언가를 한다는 점에서 뿌듯함을 느낄 것입니다.

스스로 하게 내버려두자

아이이게 스스로 목표를 세우고, 선택하고, 문제를 풀 수 있는 기회를 주세요. 예를 들어 자기 방 청소하기, 설거지나 빨래 개기 등을 시키세요. 물론 그 시기와 양에 대해서는 아이와 협의를 하는 것이 좋습니다. 어린아이들에게는 최대한 정확히 알려주는 것이 좋으며, 그러한 책임을 맡을 수 있을 만큼 충분히 성장한 상태여야 합니다. 예를 들어 세탁기의 계기판을 보고 조절할 수 있을 만큼 키가 커야 하고, 재활용 신문지를 옮길 수 있을 만큼의 힘이 있어야 합니다.

초등학교 고학년 아이들에겐 다음과 같은 일을 스스로 할 수 있도록 하는 것이 좋습니다.

- 매일 준비물을 확인하고 잘 챙겨가기
- 이부자리는 매일 아침 스스로 정리하기
- 학교 갈 때 입을 옷 미리 골라두기
- 반려동물 사료 주기
- 매일 조금씩 취미활동(악기, 운동 등) 하기
- 숙제를 제시간에 마무리하기
- 빨래할 옷은 바구니에 담기
- 자기 방은 스스로 청소하기
- 엄마와 함께 장보기
- 재활용 쓰레기 분리하기
- 일주일 한 번씩 화초에 물주기

예시와 같이 아이들이 받아들일 수 있는 범위 내에서 선택권을 줘야 합니다. 앞에서 언급한 목록을 참고하여 연령대에 맞는 역할을 부여해보세요.

집안일을 도와준 아이에게 용돈을 줄 것인가 말 것인가 하는 문제에 정답은 없습니다. 가정마다 가치관과 삶의 방식이 다르기 때문이죠. 만약 따로 용돈을 줄 여유가 없다 해도 걱정할 필요는 없습니다. 중요한 것은 아이도 집안일에 책임감을 가져야 한다는 사실입니다. 용돈으로 보상을 해주고 싶다면 시간이 제한된 특정한 일에 대해서만 그렇게 하세요. 예를 들어 김장을 담그거나 부엌 바닥을 청소하는 일 등 의무는 아니지만 집안에 꼭 필요한 일회성 일 같은 경우 말입니다. 아니면 시키지 않았는데 아이가 스스로 나서서 도와주거나 본래 해야 하는 일 외에 다른 일을 더 했을 때에만 용돈을 주는 것이 좋습니다. 그렇지 않으면 아이는 자신이 하는 모든 일에 대해 용돈을 기대하게 될 겁니다.

다시 말해 아이에게 일주일 단위로 용돈을 준다면, 그것은 집안일과는 별도여야 합니다. 점심값을 주는 것은 또 다른 책임감을 가르치는 일이기 때문이죠. 아이가 자라면서 용돈은 늘어나고, 그 용돈의 용도도 함께 증가하는 것이 정상입니다. 학용품, 화장품 등은 자신의 용돈으로 알아서 사야 합니다.

요컨대 가장 중요한 일은 아이가 자신의 행동이 끼친 영향을 직접 체험하고 그 결과에 대해 책임지게 하는 겁니다. 자연적이고 논리적인 결과가 최고의 선생님입니다.

부모가 모든 결과를 예측할 수는 없습니다. 아이가 생각지도 못한 행동을 할 때, 그 순간 당장 어떤 행동을 취하지 않아도 됩니다. 대신 아이에게 부모가 얼마나 실망했는지, 걱정했는지, 화가 났는지를 이야기해주세요. 아이에게 제재를 가하는 것이 단순히 화가 났기 때문이 아니라 합리적인 규칙을 지키지 않았기 때문이라는 것을 알려준 후 하루나 이틀의 시간을 두고 어떤 제재를 내릴 것인지 결정해도 늦지 않습니다.

비난하거나 아이의 감정을 교정하지 말라!
불안해하는 아이

안절부절 못하는 한영애(16세, 여)

학교를 좋아하긴 하는데 시험 때만 되면 너무 불안해해요. 잠도 잘 못 자고 일주일에 한 번은 위통까지 겪고 있어요. 긴장해서 아는 문제를 틀리는 일이 잦고, 숙제도 몇 번이나 점검한 후에야 잠자리에 든다니까요. 열심히 하는 것은 좋지만 지나치게 불안해하는 게 좀 걱정되네요.

불안이란 앞으로 일어날 일에 대한 걱정 때문에 마음이 안정적이지 못한 상태입니다. 잘 모르는 것, 걱정스러운 무언가 때문에 위험을 느낄 때 불안감이 생깁니다. 이런 감정은 누구나 느낄 수 있는 자연스러운 것이며, 때론 인생에 긍정적으로 작용하기도 합니다. 과제로 수행한 미술 작품을 설명하는 데 심혈을 기울이거나 영어 시험을 위해 자투리 시간에도 공부하는 것은 바로 건전한 불안 때문입니다.

그러나 과도한 불안은 사람을 무기력하게 만듭니다. 심한 경우 아이의 학업과 사회생활 전반에 방해가 될 수도 있습니다. 불안을 좀 더 생산적인 방향으로 승화시키기 위해 감정의 실체를 파악해봐야 합니다.

아이들이 느끼는 불안과 공포를 구별하기란 쉽지 않지만, 일반적으로 불안은 미래의 사건에 대한 걱정이라 할 수 있습니다. 이에 반해 공포는 아주 확실한 위험이나 특정 사물 혹은 상황에 대한 것입니다. 예를 들어 특정 동물을 두려워하고 수업시간에 친구들 앞에서 말하는 것을 두려워하고, 또는 자신을 괴롭히는 사람을 두려워하는 것과 같은 감정입니다.

같은 상황에도 사람마다 느끼는 불안의 강도는 서로 다릅니다. 입학식 날이나 시험 때 유난히 긴장하는 아이들이 있습니다. 어린아이들이 엄마와 떨어져 있을 때 분리불안을 느끼는 정도가 각기 다르며, 초등학생 이상의 아이들도 불안한 상황에서 각자의 성격에 따라 반응하는 방식이 다릅니다. 청소년들은 종종 불안에 대해 극단적인 접근방식을 취하기도 합니다. "그래서 어쩌라고?"라는 식의 반항적인 성향을 보이거나 "그럴 리가 없어!"와 같은 부정의 태도를 취하는 것입니다.

어른에겐 사소한 일도 아이에게는 큰일이 될 수 있다

초등학교 4학년 은혁이는 항상 불안해 보이는 아이였습니다. 담임선생님이 지켜본 결과 "제가 잘할 수 있을까요?"라는 말을 입에 달고 살며, "친구들이 저를 무시해요"라고 말하는 등 친구관계도 원만하지 않았습니다. 선생님과 대화할 때 시선을 제대로 못 마주치며, 이름만 불러도 깜짝 놀라는 등 불안감이 심해 보였습니다. 시험 보는 날 아침에는 걱정이 많은 듯 굉장히 피곤한 얼굴이었고 시험이 끝나기가 무섭게 달려와 성적을 물어보기도 했습니다.

가정환경을 파악해보니 은혁이의 엄마와 아빠 모두 회사에 다니는 직장인이었습니다. 형과는 나이 차이가 많이 나는 늦둥이였으며, 부모님이 퇴근하기 전까지 은혁이의 스케줄은 꽉 차 있었습니다. 부모님은 집에 돌아와 은혁이의 숙제를 검사하고 제대로 하지 못했을 경우 혼을 냈습니다. 부모의 기대가 너무 높아 그로 인한 심적 부담 때문에 은혁이는 매사에 불안감을 보였던 겁니다.

담임선생님은 부모님을 만나 자세히 이야기를 나누며 아이에게 못한다고 다그치기보다 "최선을 다했구나" 혹은 "충분히 잘했어"라는 말을 자주 해줄 것을 부탁했습니다. 학교에서도 실수했을 때 "그럴 수도 있어. 다음부터 조심하자"라며 편하게 넘어가 주었습니다. 은혁이의 불안 증세가 쉽게 사라지진 않았지만 몇 달 뒤에는 훨씬 편안해진 모습을 볼 수 있었습니다.

아이들은 주로 학교에서 기본적인 것들을 따라갈 수 없을 때 불안해합니다. 수업시간에 선생님 질문에 틀리게 답할까 봐 손을 들지 못하는 아이도 있습니다. 또 어떤 아이에게 불안이란 준비물 살 돈을 잃어버리는 것을 의미할 수도 있습니다. 어른에게는 이러한 일들이 사소해 보일지 모르지만 아이에게는 큰 의미를 지닐 수 있습니다.

다음 사항 중에서 내 아이가 여러 개에 해당된다면 불안감에 시달리는 것은 아닌지 주의해볼 필요가 있습니다.

- ☐ 나쁜 일이 일어날 것만 같은 생각이 든다.
- ☐ 자주 심장이 두근거리고 손발이 떨린다.
- ☐ 신경이 예민하며 쉽게 겁을 먹고 무서움을 느낀다.
- ☐ 사고가 나거나 병에 걸릴지도 모른다는 병적인 두려움을 가지고 있다.
- ☐ 자주 학교에 가기 싫어하고 집에 있고 싶어 한다.
- ☐ 머리나 옷 등에 지나치게 신경을 쓴다.
- ☐ 위통 등 신체적인 고통을 자주 호소한다.
- ☐ 경련을 일으키거나 땀이 흥건하고 다친 것처럼 걷는 등의 행동을 보인다.
- ☐ 잠을 잘 자지 못하고 부모가 함께 있어 주길 원한다.
- ☐ 자주 얼굴이 빨개지거나 소화가 잘 안 되고 늘 뱃속이 불편하다.
- ☐ 편안하게 쉬지 못하고 침착하지 못하다.

그렇다면 아이가 이렇게 불안해하는 이유는 무엇일까요? 대표적인 원인은 다음과 같습니다. 우리 아이에게 해당하는 것은 없는지 확인해보세요.

- ☐ 부모의 기대 수준이 너무 높아 한계를 느낄 때
- ☐ 성취하고자 하는 개인적 욕구가 지나치게 높을 때
- ☐ 친구들에게 거부 혹은 배척당할 때
- ☐ 부모나 선생님의 일관성 없는 훈육태도 때문에 혼란스러울 때
- ☐ 끊임없는 비난을 들을 때
- ☐ 부모의 불안감이 아이에게까지 전달될 때
- ☐ 보호받고 있다는 느낌이 부족할 때

감정을 털어놓는 것만으로 불안감이 사라질 수 있다

가장 중요한 것은 바로 아이의 말을 진지하게 듣고 이해해주는 일입니다. 즉 적극적인 경청 기법이 중요합니다. 아이가 불안한 감정에 대해 자유롭게 말할 수 있도록 격려해야 합니다. 설사 변명한다 해도 절대 중간에 말을 끊지 말고, 느끼는 감정에 대해 말하거나 이유를 설명하려고 할 때 비난하듯 따지지 말아야 합니다. 또한 "네가 그렇게 느낀 것은 잘못된 거야"라고 아이의 감정을 교정하지 마세요. 부모가 아이의 말을 존중하고 이해한다는 것을 보여주는 것이 중요합니다.

또한 부모는 자신의 불안한 감정과 그것을 다루는 방법에 대해 아이와 함께 이야기를 나눌 수 있어야 합니다. 아무리 어려운 문제일지라도 해결책이 있다는 것을 알려주어 불안요소 중 하나인 무력감을 줄일 수 있도록 해야 합니다.

아이의 불안을 해소하거나 완화하기 위해 가정에서 시도할 수 있는 몇 가지 방법을 소개하면 다음과 같습니다.

- 아이의 긴장감을 이완시킵니다. 천천히 그리고 깊게 심호흡을 하는 것만으로도 큰 효과가 있습니다. 학교에 가기 전이나 잠자리에 들 때 아이를 눕히고 눈을 감도록 한 후 잠깐 긴장을 풀고 천천히 몸 전체를 움직이게 하면 좋습니다.
- 긍정적인 상상을 하도록 합니다. 불안을 야기하는 상황에 처했을 때 즐거웠던 추억을 떠올리면 쉽게 긴장이 풀립니다. 예를 들어 시험 전에 초조했던 기억을 떠올리며 애태우기보다는 바닷가에서 보낸

즐거웠던 하루를 상상하도록 하는 것입니다.
- 자신감 있는 말을 하게 합니다. "나는 절대 희재만큼 수학을 잘할 수 없어"라고 말하거나 "나는 항상 받아쓰기 점수가 최하야"라고 말하는 아이는 지금 불안을 느끼고 있는 겁니다. 아이가 자신의 장점을 이해하도록 "모르는 문제가 나와도 최선을 다하면 잘할 수 있어"와 같이 말하는 연습을 시켜보세요.
- 불안한 감정과 이유를 털어놓게 합니다. 때때로 자신의 감정을 털어놓는 것만으로도 불안감이 사라질 수 있습니다. 아이의 말을 들어주고 정서적인 위로나 지지를 해주세요.
- 자주 안아주고 사랑을 표현해줍니다. 불안감에 빠진 아이는 더 많은 애정과 보살핌을 필요로 합니다. 어린아이에게 하는 것처럼 애정 어린 스킨십을 해주면 좋습니다. 부모가 먼저 한 걸음 다가가서 신체적 접촉을 해주는 것이 어떤 말보다 강한 신뢰감을 형성하는 데 도움이 됩니다. 아이를 꼭 안아주면서 어려운 시간을 함께하리라는 확신을 주어야 합니다. 이러한 신체적 접촉은 아동뿐 아니라 청소년에게도 필요합니다.

아이의 불안상태가 가정에서 다룰 수 없을 정도로 심각하다고 느껴진다면 상담사를 찾아 그 원인과 해결 방법에 대해 전문적인 조언을 구하는 것이 좋습니다. 아이의 감정이 열등감이나 패배감 또는 무력감으로 굳어지기 전에 가급적이면 빨리 도움을 요청하는 것이 바람직합니다.

슬퍼 보이고 공부를 못한다? 혹시 우울증!?
우울증을 보이는 아이

감수성이 예민하고 무기력한 이지애(13세, 여)
지애는 평소 명랑하고 공부도 운동도 다 잘해요. 그런데 이번 달만 해도 자기 방에서 혼자 울고 있는 걸 여러 번 봤어요. 자기가 너무 뚱뚱하고 못생겨서 친구를 사귀지 못할 것 같다는 거예요. 한창 발랄해야 할 나이에 도대체 왜 그런 생각을 하는지 부모로서 이해할 수가 없네요.

대부분의 아이들은 기분이 안 좋거나, 슬프거나, 소위 말하는 슬럼프에 빠지는 시기를 겪기도 합니다. 종종 힘들거나 다른 사람과 부딪히고 슬픈 시기를 겪는 것은 특별한 일이 아닙니다. 이는 자라면서 겪게 되는 자연스러운 감정의 변화일 가능성이 높습니다. 하지만 아이가 우울하고, 짜증이 늘거나, 슬퍼하거나, 아무것도 즐기지 못하는 상태가 길어지는 것은 우울증을 겪고 있는 것일 수 있습니다.

　우울증은 어른들만 겪는 정신질환이라 생각하기 쉽지만 아이들도 우울증을 경험할 수 있습니다. 연구에 따르면 매년 아동과 청소년의 우울증이 증가하고 있는 추세에 있습니다. 그동안 아이의 우울증은 대체로 과소평가된 것이 사실이지만 이제는 관심을 기울여야 합니다. 만일 아이들이 우울증에 시달리고 있는데도 '그저 한순간이겠지'라고 생각한다면 심각한 문제를 초래할 수 있습니다.

오늘날 아이들은 가정과 학교에서 수많은 요구와 심적 압박감에 시달립니다. 또한 가정불화, 원치 않는 잦은 이사, 부모의 높은 기대 등이 아이들을 우울하게 만듭니다. 아직 아동기 우울증의 정도나 그 증상에 대해 전문가들 사이에서도 의견이 분분하지만, 부모가 문제의 신호를 감지하는 것이 무엇보다 중요합니다.

아이들을 우울하게 만드는 것

심한 우울증을 겪고 있는 아이들은 전체의 10% 이하이며, 여자아이가 남자아이보다 우울증에 빠지기 쉽습니다. 또한 단기적인 슬픔이 지속될 경우 장기간의 우울증으로 발전할 수 있습니다.

하지만 아이가 자주 슬퍼 보이고 공부를 잘하지 못한다고 해서 우울증에 걸렸다고 속단해서는 안 됩니다. 우울증은 복잡한 증상의 결합이기 때문에 진단하기 힘들고 그 원인과 결과를 분리하기도 쉽지 않습니다. 예를 들어 우울증 때문에 자존감이 낮아질 수는 있지만 자존감이 낮아서 우울해지기도 한다는 겁니다. 또한 단순한 우울증은 자존감과 아무런 관계가 없는 경우도 있습니다.

어려운 부분은 아이들이 부모의 예상대로 행동하지 않는다는 겁니다. 우울할 때 그저 슬퍼하기보다는 지나치게 흥분하거나 분노를 폭발하는 아이도 있습니다. 또한 충동적인 아이들이 다소간의 우울 증세가 있는 것으로 밝혀졌듯, 때때로 우울증은 다른 문제로 인해서 야기되기도 합니다.

심리학자들은 다음 두 가지 요인이 우울증에 영향을 줄 수 있다고 보고 있습니다. 하나는 생물학적 요인으로 쉽게 우울해지는 유전적 원인이고, 다른 하나는 심리적 요인으로 부모와의 관계에서 어려움이 있거나 자존감에 대한 위협, 아는 사람의 죽음이나 부모의 이혼, 이성관계에서의 실연과 같은 환경적 원인입니다. 대부분의 학자들은 우울증이 유전적인 요인과 환경적인 요인 모두에 영향을 받는다고 주장합니다. 부모가 우울증에 노출되어 있다면 유전적인 영향과 환경적인 영향 모두를 줄 가능성이 큽니다. 우울증에 노출되어 있는 부모는 유전적으로 취약성을 물려줄 수 있을 뿐만 아니라, 부모의 우울증으로 인해 자녀에게 부정적인 영향을 줄 수 있는 가정환경을 조성할 가능성이 높기 때문이죠.

입양아 및 쌍생아를 대상으로 한 연구에 따르면 유전적 요인보다는 환경적 요인이 더 중요하며, 특히 부모와 자녀의 관계가 우울증에 더 큰 영향을 미치는 것으로 나타났습니다. 남자아이와 여자아이 모두 약 15세에 부모-자녀관계에서의 어려움과 청소년기의 우울증이 높은 연관성을 보였다고 합니다.

지속적인 관심과 사랑을 보여주자

아이들의 우울 증상은 우울해하거나, 슬프거나, 쉽게 울거나, 짜증내는 것을 포함해 생활에서 전혀 즐거움을 느끼지 못하거나, 원래 즐겨 하던 활동을 하지 않는 것 등이 있습니다. 무기력해 보이거나 평소보다 수면 시간이 길어질 수 있으며, 많은 상황에서 자책하거나 집중하는 데 어려움을 겪기도 합니다. 우울 증상을 겪는 아이들은 자살을 고민하거나 죽고 싶다는 생각을 하기도 합니다.

최근 한 달 동안 아이에게서 다음과 같은 징후를 네 가지 이상 발견했다면 우울증을 의심해봐야 합니다.

- ☐ 학습에 흥미를 보이지 않습니다. 우울증에 빠진 아이들은 동기를 상실한 무기력한 상태이기 때문에 주의 집중하는 것을 어려워하고, 쉽게 좌절할 뿐만 아니라 흥분을 잘하며 자신을 도와주고자 애쓰는 사람들에 대해 폭언을 퍼붓는 경향이 있습니다. 또한 성적이 떨어지거나 과제를 잘 하지 않는 등 공부를 건성으로 하기도 합니다. 새로운 경험에 관심을 보이지 않고 좋아하던 과목이나 일상적인 놀이 또는 활동에 흥미를 잃기도 합니다.
- ☐ 쉽게 짜증을 내고 자주 화를 냅니다. 그 분노의 대상이 자신을 둘러싼 사람들과 관계가 없을수록 위험합니다. 예를 들어 선생님이나 같은 반 친구들에게 화를 내는 것이 아니라 그저 이유 없이 분노를 느끼는 것입니다.
- ☐ 매사에 지루해하거나 즐거워하지 않습니다. 자주 지루함을 느끼거나 평소 좋아했던 활동에 대해 흥미가 없습니다. 예를 들어 평소 하고 싶어 하던 합창단원으로 선출되었는데도 기뻐하지 않는다면 우울한 상태일 가능성이 큽니다.
- ☐ 자주 울거나 불편해 보입니다. 일부 우울증이 심한 아이들은 '울고 싶은데 울 수 없다'고 말하기도 하지만, 대부분은 평소보다 더 자주 웁니다.

- ☐ 사랑받지 못하고 있다고 느낍니다. 혼내거나 벌을 줄 때 부모가 자신을 사랑하지 않는다고 느끼는 것은 정상적인 것입니다. 그러나 우울한 아이는 그렇지 않을 때에도 그런 느낌을 갖습니다. 따라서 아이가 한 번이라도 "엄마가 나를 사랑하지 않는 것 같다"고 사무친 듯이 말하거나 부모의 훈계에도 아무런 반응을 보이지 않으면 관심을 기울여야 합니다.
- ☐ 스스로에 대해 부정적인 말을 합니다. 쓸데없는 죄책감을 느끼거나 매사 우유부단할 때 그리고 학업성취, 운동능력, 지능, 신체적 외모, 인성 등에서 자기 비하적인 발언을 자주 할 때 우울할 가능성이 큽니다. 부정적인 자기 평가는 자살과 밀접한 관계를 갖고 있기 때문에 더욱 신경 써야 합니다.
- ☐ 절망감을 자주 표현합니다. 노력해도 소용이 없다고 여기고, 다른 우울 징후와 함께 절망감을 표출하는 아이들은 자살할 위험이 높습니다.
- ☐ 다른 아이들과 어울리지 않고, 에너지 부족과 지속적인 피로감을 보입니다.

만일 아이가 위와 같은 징후를 여러 차례 보이고 죽음 혹은 자살에 대한 생각에 가득 차 있는 것처럼 보이면 즉시 전문가의 도움을 받아야 합니다. 특히 청소년인 경우 더욱 그러합니다. 이미 오랫동안 우울증에 시달려왔을지도 모르기 때문입니다.

아이가 우울증에 빠져 있다고 생각되면, 학교 상담교사나 신경정신건강의학과 전문의를 찾아가 자문을 구하는 것이 최선의 방책입니다. 또한 가정에서도 다음과 같은 방법을 통해 우울증에 빠진 아이가 세상에 대처할 수 있도록 도와주어야 합니다.

- ■ 자주 대화합니다. 대화 없이는 아이의 행동 변화나 우울증의 원인에 대해 알기 어렵습니다. 열린 마음과 수용하는 자세로 아이의 감정이

나 현재 겪고 있는 문제에 대해 물어봐야 합니다.
- 진심어린 칭찬을 반복합니다. 아이가 학교에서 잘할 수 있는 것을 강조합니다.
- 즐거운 일을 계획하고 아이가 긍정적인 관점을 갖도록 그에 대해 자주 이야기를 나눕니다.
- 변화로 인한 불안을 최소화하기 위해 미리 정해진 일정을 최대한 지킵니다.
- 주의집중과 문제를 통한 사고에 도움이 될만한 게임, 활동 및 토론에 참여하도록 합니다.
- 즐거운 경험과 스스로에 대한 확신을 갖도록 도와주고 우울하고 부정적인 느낌을 긍정적으로 바꿀 수 있게 합니다.
- 운동을 하게 합니다. 운동이 호르몬이나 신경물질에 영향을 주어 우울증을 완화시키기도 하지만, 운동을 통해 지속적으로 성공을 경험하면서 자기효능감이 높아져 우울증이 완화되기도 합니다.
- 아이의 반응이 더디더라도 조급하게 생각하지 말고 긍정적으로 대합니다. 스스로에 대해 부정적으로 생각하거나 따돌림을 받아 자존감이 부족한 아이일수록 지속적인 노력이 필요합니다.

우울증 진단 체크리스트

다음 각 문항을 읽고 내 아이에게 해당되는 것에 표시해보세요.

| 전혀 아니다 0 | 약간 그렇다 1 | 상당히 그렇다 2 | 항상 그렇다 3 |

1. 슬프거나 침울해 보인다. ☐
2. 미래에 대한 희망이 없다고 느낀다. ☐
3. 자신을 가치 없는 사람이라고 느낀다. ☐
4. 다른 사람과 비교하여 자신을 열등하거나 못난 존재라고 느낀다. ☐
5. 자신에 대한 불평과 자책을 한다. ☐
6. 어떤 결정을 내리는 데에 어려움을 갖는다. ☐
7. 자주 화를 낸다. ☐
8. 자신의 취미, 가족 또는 친구에 대해 흥미가 없다. ☐
9. 스스로 일을 시작하는 것이 힘겹다. ☐
10. 자신이 못생기거나 매력이 없다고 느낀다. ☐
11. 식욕이 없다. 혹은 강박적으로 과식을 한다. ☐
12. 잠을 잘 못 잔다. 혹은 지나치게 피곤해하고 잠을 너무 많이 잔다. ☐
13. 일상생활에 대한 흥미가 없다. ☐
14. 건강에 대해 지나치게 걱정을 한다. ☐
15. 인생은 살 가치가 없다거나 죽는 편이 더 낫다고 생각한다. ☐

총점이 31~45점이라면 매우 심한 우울상태이므로 가급적 빨리 전문가의 도움을 받는 것이 좋습니다. 21~30점이면 무시할 수 없는 정도의 상당한 우울 상태이므로 이를 극복하기 위한 적극적인 노력이 필요하고, 이러한 상태가 2개월 이상 지속된 경우 전문가의 도움이 필요합니다. 11~20점인 경우 가벼운 우울감을 가진 상태로 기분 전환의 계기를 만들도록 하고, 5~10점이면 정상적이지만 아이 스스로가 원하는 만큼 충분히 행복하다고는 볼 수 없습니다. 0~4점인 경우 전혀 우울하지 않은 상태라고 할 수 있습니다.

출처 Burns, D. D. (2013). *Ten days to self-esteem*(Reprinted ed.) New York: Harper Perennial.

최고가 될 수 없다면 하지 않는 게 나아?!
완벽주의 성향이 있는 아이

모든 것이 완벽해야 직성이 풀리는 신유희(12세, 여)
유희는 숙제 하느라 밤을 새기도 해요. 했던 것을 고치고 또 고치느라 시간을 지나치게 많이 들이죠. 그렇게 해놓고는 너무 못했다고 불평한다니까요. 제가 보기엔 훌륭한데 말이죠. 열심히 하는 건 좋지만 지나치게 완벽함을 추구하는 건 좀 걱정스러워요.

아이의 여러 기질 중에서도 가장 많이 접하게 되는 유형의 아이는 바로 완벽주의 성향입니다. 완벽주의 성향의 아이들은 태어날 때부터 기질적으로 완벽주의적인 성향을 가지고 태어나기 때문에, 아이가 가지고 있는 완벽주의 성향으로 인해 성장과정에서 많은 부딪힘을 경험하게 됩니다. 그렇다 보니 정서 및 사회성 발달에 부정적인 경험을 하게 되고, 이는 낮은 자존감과 우울감, 불안을 형성하게 하는 원인이 되기도 합니다.

아이의 기질적인 요인은 성장과정에서 부모의 양육 방식에 따라 충분히 조절될 수 있습니다. 하지만 기질적인 원인이 아닌 환경적인 원인인 경우도 있는데, 이는 부모의 성향이 완벽주의적 가치관을 가지고 있기 때문이죠. 아이는 그렇지 않았는데 부모가 성장과정에서 아이에게 완벽하게 해내도록 양육 태도를 보였다면, 아이는 자연스럽게 그러한 성향을 형성하게 되는 것입니다.

부모의 지나친 기대가 강박관념을 만든다

부모라면 당연히 아이가 공부를 열심히 하고, 숙제도 혼자 알아서 잘하기를 바랍니다. 그러나 이렇게 잘하려는 노력이 강박관념으로 바뀌면 힘들어질 수 있습니다. 지나친 행동은 주위 사람까지 힘들게 할 뿐만 아니라 아이 자신에게도 좌절감을 주죠. 먼저 완벽주의의 양상과 그 발달을 이해한다면 아이의 노력이 적절한 수준인지 아닌지를 파악할 수 있습니다.

완벽주의란 모든 일에 완벽함을 추구하는 경향이 병적으로 지나친 경우를 말합니다. 매사에 불완전하고 충분하지 않다고 생각하는 신경증적인 태도이며, 불완전한 것에 대한 두려움의 발현입니다. 이러한 경향의 사람들은 자신의 행동과 일의 결과에 대해 좌절감이나 열등감을 가지는 경우가 많고 때로 강박적인 증상을 보이기도 합니다.

완벽주의자들은 달성하고자 하는 목표를 지나치게 비현실적으로 높게 세우는 경향이 있고 자신의 성취를 엄격하게 평가합니다. 또한 '완벽하게 하지 못하면 실패한 것이나 다름없다'는 식의 극단적인 태도를 보이기도 합니다.

완벽주의에는 자기지향, 타인지향, 사회적 부과 이렇게 세 가지 유형이 있습니다. 자기지향적 완벽주의는 스스로 완벽해지려는 동기가 강해서 비현실적인 자기 기준을 설정하고 그것을 위해 애쓰는 것을 의미합니다. 타인지향적 완벽주의는 자기지향과는 유사하지만 자기를 위하는 대신 타인을 향해 행동하는 경우입니다. 마지막으로 사회적 부과 완벽주의는 다른 사람들이 자신에게 완벽하기를 바라는 기대를 가지고 있다고 믿는 경우입니다.

완벽주의의 이면에는 실수할까 봐 두려워하는 마음, 스스로에 대한 높은 기준, 부모의 기대와 잔소리, 질서와 조직을 선호하는 경향 등이 숨어 있습니다. 그중에서도 실수에 대한 두려움과 부모의 태도가 특히 관련이 큽니다.

능력이 뛰어난 아이들 가운에 완벽주의의 성향이 많으며, 그중 약 15~20% 정도의 아이들이 어느 시점부터 심하게 확대될 가능성을 가지고 있습니다. 신경성 식욕부진, 강박적 성격장애, 편집증, 불안신경증 등이 완벽주의와 관련이 많습니다. 완벽주의는 자신이 질적으로 우수하고 실수나 빈틈이 없어야 한다는 성격적인 특성, 주변 사람들의 지나친 기대와 칭찬, 사회적 학습 등으로 인해 나타나는 경향이 있습니다. 그러나 주로 한 가지 이유만이 아니라 성격적 특성과 환경과의 상호작용에 의해 이루어집니다.

아이들의 경우 어른을 보고 그대로 배우는 경우가 많습니다. 일종의 슈퍼키드 신드롬(Superkid Syndrome)과 일중독 아이(Workaholic Kid)로 표현될 수 있습니다. 이는 어릴 때부터 부모가 다른 아이들보다 더 많이 성취하도록 요구하고 기대했기 때문인 경우가 대부분입니다. 그 외에 텔레비전, 잡지 등 대중매체로부터 완벽한 것이 좋다는 메시지를 사회적으로 학습하는 것도 이유가 될 수 있습니다.

완벽주의 성향을 가진 아이들의 공통점

완벽주의가 항상 나쁜 것은 아닙니다. 노력을 통해 일을 완벽하게 마무리하는 데서 진정한 기쁨을 느끼는 것은 건전한 측면이기 때문이죠. 온전한 시각을 가진 완벽주의자들은 그 적정 수준을 지키며, 불가능한 상황에 맞닥뜨렸을 때 만족하고 포기할 줄 압니다. 그러나 자신을 잘 통제하지 못하는 완벽주의자들은 건강에 해로울 정도로 극단적인 탁월함을 추구합니다. 비현실적인 목표를 향해 노력을 쏟고 자신이 세운 기준에 얼마나 부합되는지를 엄격하게 판단하여 자신의 전체 가치를 평가합니다.

이러한 성향의 아이들은 자신이 세운 기준에 도달하지 못하면 고통을 느낍니다. 그래서 시무룩하고 억지로 하는 듯 보이며, 때로 큰 짐을 지고 있는 것처럼 보이기도 합니다. 모든 일을 꼼꼼하게 하려는 성향, 그리고 자신이 원하는 방법으로 일을 해야 한다는 강박과 함께 전반적인 회의감 같은 것들이 삶 자체를 부담스럽게 만들 수도 있습니다.

그렇다면 이런 아이들은 왜 완벽주의자가 될까요? 그 이유는 여러 가지가 있지만, 이런 성향을 가진 아이들에게는 다음과 같은 몇 가지 공통적인 특성이 있습니다. 잘 살펴보고 내 아이의 완벽주의 성향을 판단해보세요.

- 매우 엄격하고 당위적 사고와 이분법적 사고를 하는 경우가 많습니다. '어떤 일이든 완벽해야 해', '실수는 용납할 수 없는 일이야', '실패는 용서받을 수 없어' 등 '반드시 ~해야 한다'는 등의 사고방식을 갖고 있습니다. 성적표에 '우'를 받는 것은 실패를 뜻하며 '수'만 있어야 한다고 생각하는 것이죠. 이로 인해 완벽주의 성향의 아이는 자신이 뭔가 틀리는 것을 인정하지 못하며, 거부당하거나 실패 혹은 실수하는 것에 대해 분노와 같은 부정적인 감정을 경험하게 됩니다.
- 매우 총명하며 자신에 대해서 비이성적일 만큼 지나치게 높은 기준과 목표를 세우고 완벽함을 추구합니다. 이를 이루지 못해 좌절하는 경우가 많고, 그 결과에 대해 스스로를 비판하며 고통을 받기도 합니다. 이는 일부 아이들에게 섭식장애나 신경성 식욕부진 혹은 복통 등의 형태로 나타날 수도 있고 알코올 중독에 이르게 할 수도 있습니다. 심한 경우 우울증이 생기기도 합니다.
- 어떠한 일에 성공하더라도 완전히 만족하지 못합니다.
- 일을 할 때 지나치게 그 일에 매달리거나 아니면 전혀 그 일을 하지 않는 극단적인 태도를 보입니다. 완벽함을 추구하기 위해 애를 쓰기도 하지만, 한편으로 완벽하게 하지 못하거나 실패할 것이 두렵기 때문이죠.
- 무슨 일이든 잘 해내야 한다는 사고를 하다 보니 상당한 경쟁심과 과도한 책임감을 형성하게 되는 경우가 많습니다. 이는 비단 자신

- 지나치게 높은 기대 수준으로 인해 과도하게 자신을 몰아치게 되다 보니 스트레스에 취약하며 정신적인 피로감을 더 높게 경험하게 됩니다. 그래서 대체로 예민하고 까칠한 모습을 나타냅니다.
- 자신이 좋아하는 일을 원하는 대로 이루기 위해 자신만의 세계를 창조합니다. 이것에 많은 시간을 들이며 그 질서를 깨뜨리는 것을 매우 싫어합니다.

아이의 행동을 인정하고 일관성을 유지한다

아이의 완벽주의적인 성향이 걱정할 만한 수준인지 아닌지를 결정하는 기준에는 두 가지가 있습니다. 하나는 '이러한 성향 때문에 해야 할 일을 제대로 못 하는가'이며, 다른 하나는 '아이의 완벽주의가 성격상의 다른 곤란을 초래하고 있는가'입니다. 이것을 판단하는 데 절대적인 기준은 없지만 부모의 지속적인 관심이 중요합니다.

오른쪽의 예시(101쪽)를 보고 내 아이가 이와 비슷한 행동을 한 적이 있는지 생각해보세요. 해당하는 경우가 있다면 완벽주의 성향을 의심해볼 수 있습니다.

아이들이 갑자기 완벽주의자가 되는 것은 아닙니다. 이는 사회가 비현실적인 역할 모델을 제시했기 때문일 수도 있습니다. 아이들은 자기 주변의 가장 친한 사람으로부터 영향을 받기 때문에 완벽주의도 자신의 주변에서 배우는 경우가 많습니다.

- 어떤 팀에 소속되기를 거부하는데 그 이유가 '그 팀의 최고가 될 수 없기 때문'이라고 합니다.
- 대회 출전을 목표로 하는 학교 과제를 완성했습니다. 모두들 과제가 훌륭하다고 칭찬하며 대회에 나갈 것을 추천하는데, 아이는 자신의 작품이 형편없기 때문에 대회에 나가지 않겠다고 거부합니다.
- 시험에서 100점이 아니라 한 문제를 틀렸다고 스스로를 자책합니다.
- 수준이 맞지 않아서 다른 아이들과 그룹활동이나 과제를 할 수 없다고 불평합니다.
- 어떤 일을 완벽하게 하지 못할 것이 두려워 해야 할 일을 계속 미룹니다.
- 학교에서 자신이 잘하고 있는가 하는 문제로 초조해하거나 우울해합니다.

그러므로 부모가 먼저 스스로를 돌아보는 일이 중요합니다. 아이에게 얼마나 기대를 걸고 있는지, 아이를 어떻게 양육하고 있는지, 스스로의 인생에 어느 정도의 성취도를 가지고 있는지 점검해보세요. 부모가 완벽주의 성향을 가지고 있거나 아이에게 지나친 요구와 기대를 하고 있다면 아이의 문제를 고치기 전에 부모가 먼저 바뀌어야 합니다.

한 연구에 의하면 완벽주의 성향을 보이는 아이의 부모들은 대개 비슷한 양육 방식을 보인다고 합니다. 아이가 완벽하지 않은 행동을 보이면 잘 참지 못하고, 아이의 행동에 대해 좀처럼 인정해주지 않으며 일관성이 없습니다. 그래서 완벽한 성취를 했을 때에만 아이를 사랑하고 인정해줍니다.

부모로서 자신의 부정적인 모습을 스스로 깨닫는다는 것이 분명 쉬운 일은 아닙니다. 그러나 부모의 그러한 노력이 아이의 삶을 조금 더

풍요롭게 만들 수 있다는 것을 잊지 말아야 합니다. 다음과 같은 노력을 통해서 아이의 상태를 조금씩 개선해보길 바랍니다.

- 학업성취도에 대한 기대치를 어느 정도 낮추거나 혹은 적어도 합리적인 수준에서 명확히 해줍니다.
- 아이의 완벽주의적인 태도를 비난하는 것이 아니라 그 성향을 이해하고 설명해줍니다. 완벽주의 성향의 아이는 좌절감과 실패감을 좀 더 많이 경험하는 경향이 있으므로 부모의 비난은 좌절감과 실패감에 기름을 붓는 격이 됩니다. 아이가 짜증이나 화를 내며 자신의 실패감을 표출하고 있을 때, 그 아이가 완벽주의 성향임을 이해하고 잘 해낼 수 있도록 차근차근 방법을 알려주거나 스스로 해낼 수 있도록 독려합니다.
- 아이가 과제물을 완벽하게 하기 위해서 무한정 시간을 투자하지 않도록 선생님과 상의해 시간제한을 두게 합니다.
- 아이가 자신의 페이스를 조절하는 방법을 배울 수 있도록 시계를 잘 보이는 장소에 둡니다.
- 실수나 실패에 대해 아이가 보이는 감정을 읽고, 다시 도전할 수 있도록 지지해주고 격려해줍니다. 좀 더 여유를 가지고 감정을 추스른 후 재시도할 수 있도록 도와줍니다.
- 경쟁하지 않아도 되는 활동을 찾아 아이와 함께 참여합니다. 산책, 하이킹, 그림 그리기, 이야기 쓰기 등과 같은 일들을 함께합니다. 승부를 내는 보드 게임이나 카드 게임은 멀리합니다.
- 완벽한 결과보다는 과정을 중요하게 여기도록 합니다. 결과보다는 과정에 초점을 두고 과정에 얼마나 최선을 다했는지에 대해 긍정적

인 피드백을 해줍니다.
- 아이와 함께 많은 시간을 보내며 충분한 휴식 시간을 갖는 것이 좋습니다.
- 아이의 내적 인식을 바꿀 수 있는 말을 하려고 노력합니다. "내가 모든 과목에서 '수'를 받는다면 더 좋을지 몰라. 그러나 그것이 내가 훌륭한 사람이 되기 위해 꼭 필요한 것은 아니야" 혹은 "어떤 과목에서 '수'를 받는다면 더 좋겠지. 하지만 내가 '우'를 받더라도 나는 여전히 좋은 학생일 거야"처럼 아이가 자기 자신과의 대화를 긍정적으로 하도록 지도합니다. '~해야 한다', '~하지 않으면 안 된다'라는 말을 '만약 ~라면 더 좋을지도 몰라'와 같은 언어로 바꾸는 것입니다.

아이는 엄마 아빠의 행동과 태도를 먹고 자란다!
자신감이 부족한 아이

자신감이 없고 힘들면 회피하는 김도현(11세, 남)
우리 도현이는 너무 자신감이 없는 것 같아요. 어떤 일이나 과제를 수행함에 있어 '난 할 수 없어', '나는 못해'라는 반응을 너무 많이 보여 속상합니다. 매사 부정적이고 조금이라도 어려운 상황에 맞닥뜨리면 어떻게든 해보려고 하기보다는 피하고자 해서 걱정이에요.

자녀를 양육하면서 부모들이 종종 속상해하는 부분 중 하나가 자신의 아이가 자신감이 너무 없다는 겁니다. 대체로 자신감이 없어 보이는 모습을 처음 발견하게 되는 시기가 초등학교 입학 후입니다. 어린이집이나 유치원에 다닐 때는 자신감이 부족한 모습을 별로 보이지 않았던 아이가 초등학교에 입학한 후에는 점점 자신감 없는 모습을 하고 있음을 발견하게 되죠. 부모는 어떤 모습을 보고 아이가 자신감이 없다고 판단하는 걸까요?

자신감이 부족한 아이들은 도현이의 사례처럼 종종 "나는 할 수 없어", "나는 못해"라고 자신이 해야 할 과업을 수행하는데 어려움을 호소합니다. 학교나 학원에서 제시한 과제가 어렵다고 호소하거나 힘들어하는 모습을 보면 부모는 우리 아이의 자신감이 많이 부족하다고 여기게 됩니다. 또한 친구들과의 관계에서도 자신의 의견을 잘 표현하지 못하고 친구들 의견을 그대로 따르거나 수업시간에 발표하는 것에 대해 부담감을 느끼거나 어려워하는 모습을 보이기도 합니다. 이럴 때 부모는 아이가 자신감이 많이 부족하다 여기고 어떻게 해야 할지 고민하는 경우가 많습니다.

자신감이 부족해 보이는 아이를 어떻게 지도해야 할까요? 우선 자신감이 부족한 아이들의 행동양상과 그 원인에 대해 알아보도록 하겠습니다.

왜 자신감이 부족한 걸까

대체로 자신감이 부족한 아이들은 다음과 같은 모습을 보이는 경향이 있습니다.

- 새로운 경험에 대해 소극적인 자세를 보이고, 새로운 활동에 도전하거나 참여하는 것을 회피하려는 모습을 보입니다. 예를 들어 친구들과 노는 대신 혼자 있으려 하거나, 발표 또는 운동 같은 활동을 피하는 경우가 많습니다. 이는 실패에 대한 두려움에서 비롯되며, 도

전 자체를 포기함으로써 좌절감을 피하려는 심리적 방어기제일 수 있습니다.

- 자기 자신에 대해 "나는 바보야", "나는 할 수 없어", "내가 그걸 어떻게 해"와 같이 부정적인 말을 자주 합니다. 이는 자기효능감이 낮아졌음을 의미하며, 자신을 부정적으로 인식하는 경우가 많습니다. 이러한 아이들은 칭찬을 받아도 "운이 좋았을 뿐이야"라고 여기거나, 다른 사람의 도움이 없었다면 자신은 해낼 수 없었을 거라고 생각하는 경향이 있습니다.
- 자신의 외모나 태도 등에 대해 부정적으로 생각하고 위축된 모습을 보입니다.
- 어려운 갈등 상황을 만났을 때 스스로에 대해 피해자로 여기고 주변 환경이나 타인의 책임 탓으로 돌립니다.
- 숙제나 발표, 공연 등에 대해 지나치게 불안해합니다.
- 자기 자신을 수용하거나 신뢰하지 못하며 자존감이 낮습니다.
- 부모나 선생님, 혹은 친구들이 자신에 대해 부정적인 평가를 하는 것에 대해 민감한 반응을 보입니다. 즉 남이 자신을 어떻게 평가할지에 대한 걱정이 커서 쉽게 불안해하고, 대인관계에서 위축된 태도를 보입니다. 심한 경우엔 친구들과 어울리기보다 혼자 있는 것을 더 편하게 여기거나 집 밖에 나가는 것을 싫어하기도 합니다.
- 부모나 선생님의 반응에 과민하게 반응하기도 합니다. "잘했어"라는 칭찬에도 "진짜 잘한 게 맞아요?"라고 되묻거나, 작은 실수를 했을 때 "엄마가 실망할까 봐 걱정돼요"라고 말하는 경우가 있습니다. 이는 아이가 부모의 기대에 부응하지 못할까 봐 불안해하는 마음에서 비롯되며, 자신을 있는 그대로 수용하지 못하는 상태입니다.

- 어려운 상황이나 도전에 대해 회피하고자 하는 모습을 보입니다.
- 어떤 과제나 일을 성공적으로 수행할 수 있다고 여기는 자기효능감이 부족합니다.
- 완벽주의적 성향을 보이기도 합니다. 자신감이 부족한 아이들 중 일부는 실수를 두려워한 나머지 완벽하게 해내지 못할 것 같으면 아예 시도조차 하지 않으려 합니다.

자신감이 없거나 부족한 아이들은 앞에서 제시한 것과 같은 모습을 보임으로써 보다 성장할 수 있고 학습할 수 있는 기회를 놓치기 쉽습니다. 이렇듯 자신감이 부족하게 된 데에는 여러 가지 원인이 있을 수 있습니다.

첫째, 부정적인 자기상(self-image)을 가지고 있기 때문입니다. 앞에서 설명한 대로 자신감이 부족한 아이들은 소극적이고 부정적인 자기 평가를 자주 하는데, 이는 바로 부정적인 자기상을 형성했기 때문입니다. 어떤 과제나 행동에 대해 부정적 피드백을 자주 받거나, 실패나 실수에 대해 부모를 비롯한 주변 사람들로부터 부정적인 평가를 받게 되면 아이는 수치감을 갖게 되고 스스로에 대해 부정적인 자기상을 형성하게 됩니다. 주변 사람들의 비난이나 실망감, 거부적인 태도, 그리고 괴롭힘도 아이가 부정적인 자기상을 형성하는 데 영향을 주게 되죠.

둘째, 반복해서 실패 경험을 했기 때문입니다. 아이들은 성장과정에서 많은 도전적인 과제를 만나게 되는데, 이때 성공 경험을 자주 하게 되면 자신감이 생기지만 실패 경험을 하게 되면 좌절감과 수치감, 열등감을 경험하게 됩니다. 특히 자신의 실패를 부정적인 의미로 받아들이게 되면 더욱더 도전에 대한 두려움이 생기고 점점 더 소극적인 태도를 보이게 됩니다. 이로 인해 결국 자신감에 부정적인 영향을 주게 되는 것이죠. 이때 부모가 "괜찮아, 다시 해보자"라는 긍정적인 격려를 해주지 않고 "왜 이렇게 못하니?"라고 질책하면 아이는 더욱 위축될 수밖에 없고 자신감을 잃게 됩니다.

셋째, 아이를 따뜻하게 지지하거나 공감해주지 못하는 가정환경 때문입니다. 가정환경이 아이의 성장발달에 얼마나 지지적이고 수용적이며 따뜻한 상호작용이 이루어지는지 그 여부에 따라 아이는 스스로에 대한 자신감을 형성해 나가게 됩니다. 만일 가정 내의 분위기나 환경이 아이에게 별로 공감적이지 못하고, 공격적이거나 폭력적인 요소가 있거나, 혹은 부모가 아이에게 자신감 있는 모습을 제대로 보여주지 못할 경우 아이는 자신감을 형성하기 어렵습니다.

넷째, 학교에서의 부정적인 경험 때문입니다. 학령기의 아이들은 대부분의 시간을 학교에서 보내기 때문에 학교에서의 여러 경험이 아이의 자신감 형성에 영향을 줄 수밖에 없습니다. 특히 선생님과의 관계, 또래친구와의 관계, 학업성취 수준 등이 아이의 자신감 형성에 큰 영향을 줍니다. 선생님이나 또래친구와의 관계에서 부정적인 피드백을 받는 경험이 많아지면, 아이는 스스로에 대해 부정적으로 평가하기 쉽습니다. 또한 학업성취 수준이 낮게 되면 아이는 스스로에 대한 열등감을 형성하게 되고, 이는 자신감 상실로 이어집니다.

다섯째, 남과 비교하거나 경쟁을 부추기는 사회적 분위기 때문입니다. 아이는 주변 사람의 반응을 통해 자신의 능력을 평가하게 되는데, 부모가 지나치게 걱정하거나 보호하게 되면 아이는 "나는 혼자서는 할 수 없어"라는 생각을 갖게 됩니다. 반대로 부모가 아이의 시도를 비판하거나 비교하게 되면 아이는 자신이 부족하다고 느끼고 도전 자체를 꺼릴 수 있습니다. 예를 들어 형제자매나 친구들과 자주 비교당하는 아이는 "나는 쟤보다 못하니까 해도 소용없어"라는 생각을 가질 수 있죠. 성적, 운동능력, 외모 등 다양한 기준에서 비교당하는 일이 많아지면서, 아이들은 점차 자신을 있는 그대로 받아들이기보다 남과 비교하며 자신의 부족한 부분에 주목하게 됩니다. 이러한 환경에서 아이가 긍정적인 자아개념을 형성하지 못하면, 자신감과 자존감이 낮아지고 새로운 도전에 대한 두려움이 커질 수밖에 없습니다.

여섯째, 소극적이거나 완벽주의적 성향 때문입니다. 가정환경이나 학교환경 등 아이를 둘러싼 환경적인 영향도 중요하지만 아이 자신의 개인적 특성도 자신감 형성에 영향을 미치는 중요한 요인입니다. 외향적이고 적극적인 아이들보다 내성적이고 소극적인 아이들이 좀 더 낮은 자신감을 형성하게 됩니다. 또한 지나치게 완벽주의적인 기질을 가지고 있는 아이들은 스스로에 대한 평가기준을 높게 설정하고 있어 그만큼 경험하는 좌절감이 많을 수밖에 없고, 이로 인해 낮은 자신감을 형성하기 쉽습니다.

이 외에도 아이가 정신건강 면에서 우울증이나 불안장애를 갖고 있다면 이러한 병리적 요인들이 낮은 자신감 형성에 영향을 줄 수 있습니다. 또한 부모의 기대치가 너무 높거나 실패를 용납하지 않는 환경에서 자란 아이들은 쉽게 위축되거나 자신감을 상실할 가능성이 큽니다.

이처럼 아이들이 자신감을 잃는 이유는 매우 복합적이며, 부모는 아이의 성향과 환경을 면밀하게 살펴 올바른 방향으로 지원할 필요가 있습니다. 무엇보다도 아이가 자신을 긍정적으로 바라볼 수 있도록 돕는 것이 중요합니다.

자신감을 키우려면 어떻게 도와야 하나

아이의 자신감을 키우려면 구체적으로 어떻게 해야 할까요? 앞에서 살펴본 자신감이 부족한 아이들이 보이는 특징을 이해하는 것이 무엇보다 중요합니다. 아이가 보이는 행동양상을 단순히 소극적인 성향으로 치부하기보다 그 이면에 숨겨진 두려움과 불안을 이해하고 올바른 지원을 제공해야 합니다. 아이가 자신감이 없거나 부족해 보인다면, 부모로서 먼저 어떤 점에서 자신감이 없는 모습을 보이는지 살펴보는 게 좋습니다. 학업에 대해 자신감이 없는지, 또래관계에서 자신감이 없는지 등 어떤 부분에서 특히 낮은 자신감을 보이는지 살펴봄으로써 보다 명확한 원인을 파악하고 지도해야 합니다. 만약 생활 전반에 걸쳐 자신감이 부족하다면, 가정환경과 학교환경에 문제가 없는지 두루 살펴봐야겠죠.

자신감이 부족한 아이들은 대체로 자기 자신에 대해 부정적인 평가를 하는 경우가 많으므로 이런 아이에게는 긍정적인 피드백을 자주 제공해야 합니다. 부모는 아이가 잘한 것에 대해서는 속으로 생각하고, 못한 것에 대해서만 잔소리를 하는 경향이 있습니다. 아이가 잘되기를 바라는 마음에서 잔소리하는 것이겠지만, 정작 그 잔소리를 듣는 아이는 위축되고 좌절감을 느낄 뿐만 아니라 수치감을 경험하게 됩니다. 아이가 고쳤으면 하는 부분이 있다면 좀 더 긍정적인 단어를 사용해 일러주고, 잘한 것에 대해서는 아낌없는 칭찬과 격려를 해주세요. 아이가 나름대로 노력한 것에 대해서는 비록 보잘 것 없다 할지라도 결과보다는 과정에 초점을 맞춰 "정말 열심히 했구나!", "노력한 만큼 잘하고 있어!"라는 말을 자주 해주면서 노력한 점에 대해 충분히 인정과 지지를 보내주어야 합니다. 아이가 비록 실수나 실패를 했을지라도 이에 대해 질책하거나 비난하기보다 "괜찮아, 실수하면서 배우는 거야"라고 말하며 반성과 성장의 기회로 삼고 새로 도전하도록 격려해야 합니다. 즉 아이가 실수나 실패를 두려워하기보다 다음에 어떻게 하면 실수나 실패를 반복하지 않고 성공할 수 있을지 부모와 함께 논의하는 시간을 가질 수 있도록 도와주세요.

아이에게 성공 경험의 기회를 충분히 주어 성취감을 맛보게 하는 것은 자신감 형성과 발달에 큰 도움이 됩니다. 성공 경험이 아주 작고 사소한 것이라 할지라도 아이가 스스로 무언가를 해냈다면, 그것이 바로 성취감으로 연결될 수 있습니다. 예를 들어 아이가 시간 약속을 잘 지킨 것, 부모의 심부름을 잘해낸 것, 글씨를 예쁘게 쓴 것, 게임을 정해진 시간에 잘 마친 것, 양치질을 잘한 것, 학업이나 행동에 있어서 향상된 점 등의 성취 경험들이 차곡차곡 쌓이면 점점 아이의 내면에 자신감이 올라가게 될 겁니다. 아이의 성공 경험을 늘려 성취감을 맛보도록 하기 위해서는 부족하거나 못하는 것에 초점을 두기보다는 "너는 숫자보다는 그림을 정말 잘 그리는구나!"처럼 아이의 강점을 강조하고 잘하는 것부터 시작해 성공 경험을 늘려가세요. 자신감을 회복하다 보면 다른 영역에서도 참고해나갈 힘과 도전해볼 용기가 생기게 됩니다. 성공 경험을 늘려주기 위해서는 적절한 부모의 기대 수준과 아이의 목표 설정이 필요합니다. 아이의 능력에 비추어 부모가 지나치게 높은 기대를 하거나 아이가 높은 목표를 설정하게 되면 실패 경험을 하기 쉽습니다. 그러므로 아이의 능력을 고려해 아이가 조금만 노력하면 해낼 수 있는 그런 기대 수준과 목표 설정이 아이의 성공 경험을 위한 비결이 됩니다.

아이의 자신감을 높이기 위해 성공 경험을 할 수 있도록 조력하는 것도 중요하지만, 그 성공 경험이 자신감으로 이어질 수 있도록 부모가 도와주어야 합니다. 즉 성공한 것은 바로 아이 자신이고 자신의 노력이 이러한 결과를 가져왔음에 대해 피드백함으로써 성공 경험을 내면화하는 절차를 거쳐야 합니다. 목표를 세우고 노력을 기울여 그 목표를 성취한 것에 대해 아이가 지각하는 것이 중요합니다. 아이가 "어쩌다 보니 그렇게 된 거죠", "목표가 워낙 쉬워서 그렇게 된 것 같아요", "선생님이 도와주셨으니까요", "운이 좋았을 뿐이에요" 등과 같이 생각한다면 성공으로 지각하지 못하고 있는 겁니다. 성공 경험을 했더라도 성공으로 지각하지 않는다면 성공 경험을 했다고 보기 어렵고 당연히 자신감도 높아지지 않습니다. 따라서 성공이라는 점을 분명하게 표현해주고, 그 성공을 이끈 것은 다름 아닌 바로 아이 자신의 노력이라는 점을 피드백해야 합니다. 매번 성공할 때마다 작은 성공이라도 이런 부모의 개입을 통해 아이가 성공 경험을 내면화하도록 해주어야 이를 통해 자신감의 증진으로 이끌 수 있고, 나아가 열등감이나 무기력 상태에서 벗어날 수 있다는 점을 잊지 마세요.

아이가 스스로 선택하고 결정할 수 있는 기회를 주세요. 지나치게 보호하거나 대신 해결해주기보다는 아이가 직접 선택하고 경험할 수 있도록 돕는 것이 책임감은 물론 자신감을 키우는 데 중요합니다. 예를 들어 초등학교 저학년 아이에게는 가족의 저녁식사를 위해 수저와 젓가락 준비하기, 유치원 아이에게는 자신이 벗은 옷을 빨래통에 집어넣기 등 작은 선택과 결정부터 시작하면 좋습니다. 이를 통해 아이는 가족 안에서 어떤 기여를 했다는 긍정적 경험을 하게 되고 "나는 스스로 할 수 있어"라는 자신감을 가질 수 있게 됩니다.

아이가 자신감을 형성할 수 있는 취미나 특기를 개발해주는 것도 좋습니다. 아이가 어떤 영역에 관심이 있고 좋아하는지, 그리고 잘할 수 있는지를 살펴보고, 그 영역을 통해 성취감을 경험할 수 있도록 도와주는 것이 부족한 영역에 대한 자신감을 길러주는 데 도움이 됩니다. 아이가 학습에 흥미가 없고 낮은 학업성취 수준으로 인해 공부에 대해 열등감을 갖고 있지만, 유독 축구에 대해서만은 높은 관심과 열정을 보인다고 합시다. 이때 대개 부모들은 아이가 공부를 잘해야 한다는 생각으로 축구보다는 학습에 더 치중하는 경향이 있습니다. 그렇게 되면 아이는 계속 흥미를 잃고, 좌절감과 열등감을 느끼며 낮은 자신감을 형성할 수밖에 없습니다. 이럴 경우 부모는 오히려 지금은 학습이 조금 뒤처질지라도 아이의 자신감 향상을 위해 좋아하는 축구를 통해 성취감을 맛보게 하고 자신감을 회복하도록 도와주어야 합니다. 아이가 자신감을 회복하게 되면 학업성취에 대해서도 점차 관심을 보이게 될 가능성이 큽니다.

아이의 자신감 향상을 위해서는 부모가 자신감 있는 모습을 보여줌으로써 좋은 모델이 되어주어야 합니다. 아이 자신이 직접 경험하지 않았더라도 타인이 뭔가 달성한 모습을 관찰하는 것은 '나도 할 수 있다'는 신념을 낳을 수 있습니다. 그 상대가 자신과 가깝고 중요한 부모라면 롤 모델 효과는 더욱 높아집니다. 그렇기 때문에 부모가 좌절이나 실패 경험에 대해 어떻게 대처하고 반응하는가는 아이에게 좋은 본보기가 될 수 있고, 이때 만약 부모가 갈등이나 실패 경험에서 불안해하고 그 실패에 대해 부정적으로 평가하게 되면 아이 역시 그 모습을 보고 학습하게 될 겁니다. 부모 스스로가 실패를 도전의 기회로 삼고 문제 해결을 위해 노력하는 모습을 보여준다면, 아이는 그 모습을 보고 스스로에 대한 신뢰와 자신감을 형성할 수 있습니다. 이처럼 아이의 자신감은 부모의 단순한 말 한마디보다 부모의 행동과 태도를 통해 더욱 효과적으로 길러질 수 있습니다.

2부

아이를 바른 길로 이끌어주세요
문제행동 예방 및 대처

우리 집 최대 난적은 스마트폰이다!?
인터넷에 빠진 아이

밤낮없이 컴퓨터 앞에만 앉아 있는 장승호(16세, 남)
우리 애가 컴퓨터 게임에 너무 빠져 있어 걱정이 태산입니다. 시간을 정해 놓고 하라고 야단을 쳤더니 글쎄 한밤중에 몰래 컴퓨터를 켜고 게임을 하지 뭐예요. 그러다가 아빠한테 심하게 혼나고, 그 뒤로는 PC방에서 게임을 하는 것 같아요. 선생님 말씀으로는 승호가 수업시간에 종종 엎드려 잔다고 하는데, 아무래도 밤늦게 컴퓨터 게임을 해서 그런 것 같아요. 정말 어떻게 해야 할지 모르겠어요.

최근 인터넷은 초고속 인터넷, 스마트폰, 태블릿 등 첨단 기술의 발달로 우리 생활에 없어서는 안 될 필수적인 요소가 되었습니다. 하지만 그 발달과 함께 부작용도 점점 커지고 있는데, 그 대표적인 예가 바로 인터넷 중독입니다. 인터넷 중독이란 인터넷을 과하게 사용함으로써 가상공간과 현실 간의 구분이 모호해지고, 일상생활에 지장이 있는데

도 불구하고 인터넷을 그만두거나 조절하지 못하는 증상을 말합니다.

　부모와 자녀간 갈등 원인 중 가장 최상위를 차지하는 요인이 바로 인터넷 사용과 관련된 문제입니다. 대부분의 부모는 자신의 아이가 컴퓨터 게임을 너무 많이 하고, 스마트폰에 과도하게 의존하는 등 인터넷이나 스마트폰 사용에 대한 조절력이 부족한 중독 증상을 갖고 있다고 여깁니다. 여성가족부가 발표한 〈2024년 청소년 미디어 이용 습관 진단조사〉에 따르면, 청소년 124만 9천여 명 가운데 22만 1천여 명이 인터넷과 스마트폰 과의존 위험군으로 분류됐습니다. 학년별로는 중학생이 가장 많았고, 이어 고등학생과 초등학생 순이었습니다.

　이처럼 인터넷 중독은 현대사회에 들어 PC와 스마트폰 사용이 확산하면서 급속도로 파급된 새로운 형태의 중독 현상으로 사이버 중독이라고도 불립니다. 최근 들어서는 성인과 중·고등학생뿐만 아니라 초등학생에 이르기까지 문제가 커지고 있습니다. 또한 학교 무단결석, 집단폭력, 정신질환, 심지어 범죄로까지 확대되어 심각한 사회적 문제로 대두되고 있는 상황입니다.

생각보다 심각한 인터넷 중독

과도한 학업 스트레스와 경쟁적인 학교문화, 그리고 놀이문화가 부족한 요즘 아이들은 그들의 답답함과 스트레스 해소 창구가 부족해지자 자신들만의 탈출구를 찾게 됩니다. 이때 가장 쉽게 접근할 수 있는 도구가 바로 인터넷 혹은 스마트폰인 것이죠. 인터넷이나 스마트폰을 통해 검열되지 않은 자극적인 매체들에 노출되게 되면 아이들은 이를 검증 없이 수용하게 되고, 이러한 자극은 아이들에게 즐거움과 보상이라는 새로운 느낌을 경험하게 합니다. 이러한 느낌은 뇌에서 도파민을 과다 방출시키게 되는데, 도파민 과다 방출은 아이의 조절력에 부정적인 영향을 주어 점점 중독으로 빠져들게 만듭니다.

아이들이 유튜브나 게임, 소셜 미디어 등을 통해 상당한 영향을 받고 있지만, 실상 부모는 자신의 아이가 어떤 게임을 하고 있고 무엇을 주로 검색하며, 어떤 플랫폼에서 어떤 상호작용을 하는지 상세하게 알지 못합니다. 아이들이 하는 게임이 어떤 내용인지, 유튜브에서 시청하는 내용이 과연 적절한 내용인지 일일이 검증하기 어려운 것이 현실이죠. 그 때문에 아이들의 이러한 문화에 부모가 접근 혹은 관리하지 못하게 됨으로써 아이들의 인터넷 과몰입을 방치하게 됩니다.

인터넷에 빠진 어느 청소년의 일과를 살펴보면 쉽게 이해할 수 있죠. 밤에는 인터넷 게임이나 채팅에 빠져 있다가 아침에 충혈된 눈으로 학교에 지각하고, 수업시간에는 거의 엎드려 자다가 하교 후 다시 PC방이나 집에서 컴퓨터 앞에 밤새도록 앉아 있습니다. 이러한 생활이 반복되면 당연히 학교 수업에는 집중하지 못하고 진도도 따라가지 못해 성적은 점차 떨어집니다. 낮에도 멍한 상태로 있거나 계속 게임하고 싶다는 생각 때문에 또래와 대화를 하더라도 게임과 관련된 내용만 이야기하고 다른 활동들은 거의 마음에 두지 않게 됩니다.

인터넷에서는 사람들과 직접 대면하지 않기 때문에 상황과 상대방에 대한 현실적인 지각이 떨어집니다. 따라서 상대방에 대한 배려, 사회적 규범, 윤리나 양심에 의한 자기 검열이 사라지고 자신을 억제하지 못한 채 성적 혹은 공격적 욕구 등을 스스럼없이 표현하는 경향이 있습니다. 또한 부모에게까지 충동적인 언행을 하거나 편집중적인 집착을 보이는 등 그 문제는 매우 심각합니다.

인터넷이나 스마트폰에 빠진 아이들은 자신에게 PC나 스마트폰이 없는 상황을 쉽게 허용하지 않습니다. 그렇다 보니 지나친 PC나 스마트폰 사용으로 부모가 빼앗거나 이의 사용을 제한하게 되면 분노를 느끼게 되고 공격적인 모습을 나타내게 되죠. 자신이 보고 싶은 유튜브를 못 보게 된다거나, 게임을 할 수 없다거나, 친구들과 통화하고 메시지를 주고받을 수 없게 되면 아이들은 상당한 불안을 느끼게 되고 예민해지거나 공격성이 올라오기도 합니다. 또한 과도한 사용으로 인해 수면 패턴이 무너지게 되고 일상생활에서의 루틴이 깨지면서 건강에도 문제가 발생하게 됩니다.

가장 위험한 증상은 일시적으로 현실과 가상의 세계를 구별하지 못하는 착란 상태에 빠지거나 현실에 대한 적응과 대처능력이 떨어지는 겁니다. 인터넷 중독은 자극에 반사적으로 반응하게 만들고 과잉 몰입하도록 함으로써 자기조절 능력을 약화시킵니다. 또한 인터넷이라는 비현실 속에서의 만남이 현실에서는 전혀 이루어지지 않기 때문에 심한 경우 불안감이나 우울증과 같은 병적인 증상까지 나타나기도 합니다. 폭력적인 인터넷 게임에 심취한 중학교 3학년 학생이 자신의 동생을 흉기로 살해한 사건이 이를 잘 설명해주고 있습니다. 가족들의 증언에 따르면, 이 학생은 "가족의 해골을 보고 싶다", "장래에 살인 청부업자가 되겠다"는 등 괴기한 말을 서슴지 않았고, 먹다 남은 닭 뼈와 돼지 뼈를 방안 책꽂이에 진열하는 등 비정상적인 행동을 해왔다고 합니다.

아이가 인터넷 중독인지 아닌지 의심스럽다면 아이에게 다음 각 문항을 읽고 해당되는 것에 표시하게 해보세요.

인터넷 중독 진단 체크리스트

1	2	3	4	5
전혀 그렇지 않다.	대체로 그렇다	보통 그렇다	대부분 그렇다	항상 그렇다

1. 인터넷 사용으로 건강이 이전보다 나빠진 것 같다.
2. 인터넷을 너무 사용해서 머리가 아프다.
3. 인터넷을 하다가 계획한 일들을 제대로 못한 적이 있다.
4. 인터넷을 하느라고 피곤해서 수업시간에 잠을 자기도 한다.
5. 인터넷을 너무 사용해서 시력 등에 문제가 생겼다.
6. 다른 할 일이 많을 때에도 인터넷을 사용하게 된다.
7. 인터넷을 하는 동안 나는 더욱 자신감이 생긴다.
8. 인터넷을 하지 못하면 생활이 지루하고 재미가 없다.
9. 인터넷을 하지 못하면 안절부절못하고 초조해진다.
10. 인터넷을 하고 있지 않을 때에도 인터넷에 대한 생각이 자꾸 떠오른다.
11. 인터넷을 할 때 누군가 방해하면 짜증스럽고 화가 난다.
12. 인터넷에서 알게 된 사람들이 현실에서 아는 사람들보다 나에게 더 잘해준다.
13. 오프라인에서보다 온라인에서 나를 인정해주는 사람이 더 많다.
14. 실제보다 인터넷에서 만난 사람들을 더 잘 이해하게 된다.
15. 인터넷 사용 시간을 속이려고 한 적이 있다.

〈계속〉

16	인터넷 때문에 돈을 더 많이 쓰게 된다. ☐
17	인터넷을 하다가 그만두면 또 하고 싶다. ☐
18	인터넷 사용 시간을 줄이려고 해보았지만 실패한다. ☐
19	인터넷 사용을 줄여야 한다는 생각이 끊임없이 들곤 한다. ☐
20	주위 사람들이 내가 인터넷을 너무 많이 한다고 지적한다. ☐

총점이 80~100점이라면 인터넷 사용이 일상생활에 심각한 문제를 일으킬 정도로 인터넷 중독일 가능성이 있습니다. 50~79점이면 인터넷 때문에 일상생활 가운데 간혹 혹은 종종 문제를 경험할 가능성이 있으므로 인터넷 사용을 조금 줄이도록 지도해야 합니다. 20~49점이면 가끔씩 너무 오랫동안 안터넷에 시간을 소비한다 해도 대체로 아이가 자신의 인터넷 사용 시간을 잘 조절하고 있다고 볼 수 있습니다.

출처 김동일 외(2008), 〈간략형 청소년 인터넷중독 자가진단 척도 개발과 타당화〉, 상담학연구, 9(4), 1703-1722.

인터넷 중독에 빠지기 쉬운 유형의 아이들

아이들이 빠지기 쉬운 인터넷 중독의 원인은 다음과 같이 크게 세 유형으로 구분해볼 수 있습니다.

첫 번째 유형은 우울하고 소심하며 친구가 없어 학교나 가정생활, 친구관계에서 별다른 즐거움이 없는 아이들입니다. 현실세계에서의 즐거움 대신 게임이나 채팅을 통해 재미를 느끼는 것이죠.

두 번째 유형은 학업성적이 낮거나 부모·선생님·친구와 갈등이 있는 아이들입니다. 이런 아이들은 스트레스를 많이 받기 때문에 불안 수준이 높고, 스스로 갈등을 해결할 만한 대처능력이 부족한 경우가 많습니다. 스트레스에서 벗어나기 위해 또는 고통스러운 경험을 잊기 위해 인터넷에 빠지는 것이죠.

　세 번째 유형은 특별한 이유 없이 성격적으로 스릴을 즐기거나 새로운 자극을 찾아 나서고 남들 앞에서 자신의 능력을 과시하고 싶어 하는 아이들입니다. 이런 아이들은 새로운 게임이 나올 때마다 높은 단계에 오르고 숙달의 경지에 이르기까지 게임을 하면서 성취감을 즐깁니다. 또한 남들이 하지 못하는 것을 자신이 할 수 있다는 것을 드러냄으로써 또래들로부터 인정받거나 선망의 대상이 되고 싶어 합니다.

　인터넷에 중독되면 외출을 꺼리고 학교나 가정생활과 같은 현실생활을 멀리하게 됩니다. 뿐만 아니라 현실의 인간관계를 차단합니다. 일부 중독자들은 인터넷상에서 대인관계가 이루어진다고 반론하지만, 이는 왜곡된 형태로 피상적인 수준에서 일시적으로 이루어질 뿐 실제 관계라고 볼 수 없습니다. 컴퓨터상에서의 교류는 서로 직접적인 이해, 공감, 수용, 친밀감 등이 오가는 것이 아닙니다. 익명성을 기반으로 가상세계에서 만나 게임을 하거나 폭력적인 언어를 주고받다 보면 오히려 실제 인물을 만나는 것이 두려워지기도 합니다.

　인터넷 중독에 빠지면 다음과 같은 양상의 폐해가 나타납니다.

- 가상공간과 현실을 구분하지 못합니다.
- 인터넷을 한번 시작하면 그만두지 못합니다.
- 더 많은 시간을 인터넷을 하면서 보내고 싶어 합니다.

- 인터넷으로 인해 가족이나 친구를 비롯한 전반적인 대인관계에 갈등이 생깁니다.
- 인터넷을 하지 못하게 될 경우 우울하거나 초조해지며 공허함을 느낍니다.
- 인터넷을 하기 위해서 가족이나 다른 사람에게 거짓말을 합니다.
- 학업을 비롯한 전반적인 사회생활의 역할 수행이 뒤떨어집니다.
- 인터넷 이외에 다른 활동이 현저하게 줄어듭니다.
- 하루 종일 인터넷 생각만 합니다.
- 인터넷을 하느라 수면 시간이 줄어듭니다.
- 인터넷 사용에 대해 지나치게 긍정적으로 생각합니다.

스스로 조절할 수 있게 하자

오락 자체의 재미를 추구하는 어린아이들과 달리 중·고등학생 정도가 되면 인터넷 게임을 현실도피의 수단으로 이용하는 경우가 많습니다. 따라서 중독에서 벗어나려면 확실한 원인을 찾아 정서적 안정, 이해, 사랑을 느끼게 해주어야 합니다. 소심하고 수줍음이 많아 대인관계가 어려운 아이는 사회성을 길러주고 현실세계에서 친구를 사귈 수 있도록 도와야 합니다. 의지가 부족하고 주의가 산만하다며 아이를 몰아붙이는 것은 좋지 않습니다. 컴퓨터라는 대상과 형성된 관계를 다른 대상으로 옮겨주는 지혜가 필요합니다.

현대사회에서 인터넷은 필수도구인 만큼 아이에게 인터넷 사용을 금지시키거나 컴퓨터를 빼앗는 것은 적절한 대처방법이 아닙니다. 일시적인 효과는 얻을 수 있겠지만, 장기적으로는 오히려 부모와 자녀의 관계만 더욱 악화시킬 뿐이기 때문입니다. 중요한 것은 아이 스스로 자신의 인터넷 사용에 대한 조절능력을 기르는 것이 중요합니다. 그렇기 때문에 무엇보다도 아이 스스로가 자신의 인터넷 사용에 대한 심각성을 인식하고, 인터넷 게임이 자신에게 미치는 영향과 장단점을 스스로 생각해보도록 해야 합니다. 흡연자 모두가 폐암에 걸리는 것은 아니지만 그럴 확률이 높은 것처럼 인터넷 중독도 마찬가지입니다. 일부는 음란물 중독, 광과민성 발작, 가출, 신경쇠약 등으로 연결될 수 있습니다.

아이가 부모를 신뢰하도록 개방적인 태도를 보이고 게임을 스스로 통제하도록 하세요. "앞으로 게임은 생각도 하지 마" 하는 식의 명령과 강요는 심리적 수치심과 반항심만 불러올 수 있습니다. "왜 그런 짓을 한 거야?" 혹은 "누구랑 한 거니?"라고 캐묻는 것도 아이로 하여금 문제를 회피하거나 거짓말을 하게 만들 수 있습니다. 그보다는 인터넷 게임 시간을 제한하여 '숙제를 다 마친 후 평일에는 1시간, 주말에는 2시간'과 같이 규칙을 정해 자기관리를 할 수 있도록 지도하는 것이 좋습니다. 한두 번 약속을 어겨도 잔소리를 하거나 감시를 하기보다는 서운함과 실망감을 표현하면서도 기본적으로 아이를 믿고 있다는 느낌을 주어야 합니다.

평소 아이에게 현실성 있는 컴퓨터 사용 습관을 길러주는 것도 중요합니다. 아이들은 무료함 때문에 컴퓨터 게임이나 스마트폰을 사용하는 경우가 많습니다. 몸으로 하는 활동보다는 머릿속으로 활동을 상상하고 이를 게임을 통해 대리만족하는 것이 쉽고 재미있기 때문이죠. 그런 이유로 요즘 아이들은 외부에서 활동하는 것보다 집 안에서 게임하는 것을 더 선호합니다. 따라서 수면, 운동, 영화, 독서, 야외활동 및 놀이, 취미활동 등 다양하고 균형 잡힌 경험과 생활을 통해 게임 같은 한 가지 활동에만 몰두하지 않도록 이끌어야 합니다. 컴퓨터를 거실 같은 가족 공동의 공간에 두고 가족이 함께 게임을 즐기는 것도 하나의 방법입니다.

아이의 인터넷 사용에 대해 부모가 개입하기 위해서는 우선 아이가 무엇 때문에 컴퓨터나 스마트폰을 놓지 못하는지, 도대체 무엇을 하고 있는지 정확하게 파악해야 합니다. 아이가 하는 게임에 대해 부모가 자세히는 아니더라도 어떤 내용이며, 어떤 캐릭터들이 있는지, 게임 시간이나 진행방식이 어떻게 되는지 등의 정보 정도는 알고 있어야 합니다. 인터넷 중독에 빠진 대다수의 아이들에게 부모의 말이 잘 먹히지 않는 이유 중 하나가 부모는 자신들이 하는 것에 대해 하나도 모르면서 잔소리만 한다고 여기기 때문이죠. 하지만 부모가 좀 더 그 내용에 대해 알고 있다면 아이들과 훨씬 소통하기 쉽고 관리하기도 쉬워질 겁니다. 필요에 따라서는 부모가 함께 그 게임을 해보기도 하고, 아이가 보는 유튜브 채널도 함께 시청한다면 아이들의 문화를 이해하고 개입하는 데 훨씬 용이해집니다. 알지도 못하면서 나무라기만 하는 것은 효과가 없으며, 아이의 문화에 대한 부모의 관심과 공감적 대화가 수반되어야 합니다.

만약 인터넷 중독이 심해서 아이 자신의 노력이나 가족들의 도움으로도 조절이 어려운 때는 갈등이 증폭되기 전에 반드시 전문가의 적극적인 도움을 받는 것이 가장 효과적인 방법입니다. 또한 위안과 자신감을 얻고 관찰학습을 할 수 있도록 인터넷 중독 환자끼리 모임 기회를 갖도록 하는 것도 좋습니다. 청소년활동정보서비스(www.youth.go.kr)나 한국지능정보사회진흥원 스마트쉼센터(www.iapc.or.kr)에 가입해 자가진단을 해볼 수 있습니다. 검사 결과, 인터넷 중독이 의심되는 경우에는 종합상담 전화 1388 혹은 1599-0075, 지역별 치료 협력기관 등을 통해 상담 및 치료를 받을 수 있습니다.

착한 거짓말, 나쁜 거짓말? 대처방법도 달라야
거짓말하는 아이

자꾸 거짓말하는 양진영(12세, 남)
담임선생님한테서 전화가 왔는데 진영이가 이번 주 내내 숙제를 한번도 안 해왔다고 해서 얼마나 놀랐는지 몰라요. 저한테는 숙제가 전혀 없다고 했거든요. 애가 이렇게 아무렇지 않게 거짓말을 하리라고는 상상도 못 해 깜짝 놀랐어요.

부모라면 누구나 아이의 거짓말을 경험해봤을 겁니다. 아이의 거짓말을 처음 접했을 때는 나름의 이유가 있다거나 귀엽다고 그냥 넘어가기도 하지만, 형제나 친구에게 잘못을 떠넘기려 하거나 숙제를 안 하고도 했다는 식으로 당장의 위기를 모면하려는 등의 거짓말을 반복하게 되면 걱정이 커지기 마련입니다.

착하기만 한 줄 알았던 아이의 거짓말을 여러 차례 접하게 되면 부모는 큰 충격을 받습니다. 너무 실망한 나머지 야단을 치게 되고 그런

후엔 아이와의 관계 또한 악화됩니다. 아이의 거짓말은 인지발달 과정에서 보이는 자연스러운 현상이지만, 거짓말의 횟수가 빈번해질수록 부모의 근심도 깊어질 수밖에 없습니다. 아이가 거짓말을 하는 이유는 무엇이며, 이때 부모는 어떻게 대처해야 할까요?

그냥 넘어가면 더 큰 거짓말을 한다

초등학교 2학년 정욱이는 할머니와 함께 사는 아이였는데 뻔히 드러나는 거짓말을 자주 했습니다. 위로 5학년인 누나가 있었는데, 그 아이도 선생님들 사이에서 도벽이 있으며 거짓말을 잘하는 아이로 언급되고는 했죠. 어느 날 정욱이가 뒤에 앉은 친구의 가방에서 돈을 꺼내 자신의 주머니에 넣은 후 자기가 그러지 않았다고 거짓말을 했습니다. 담임선생님이 할머니에게 그 사실을 알리기 전 누나에게 먼저 이야기를 하자 "제가 그러면 안 된다고 여러 차례 얘기했는데…"라며 울먹였습니다.

거짓말하는 아이 앞에서 어른이 먼저 흥분해서는 안 됩니다. 아이가 고의로 거짓말을 하는 것인지 아닌지를 판단해야 하기 때문이죠. 어른들도 상대방이 흥분해 있는 상태에서 자신의 속내를 솔직하게 꺼내기란 쉽지 않은 일입니다. 교실 물품이 망가졌거나 물건이 없어졌을 때 선생님이 먼저 흥분하면 학생들은 모두 긴장하게 됩니다. 만일의 경우 의도치 않은 거짓말쟁이를 만들 수 있으므로 조심해야 합니다.

담임선생님은 정욱이를 어떻게 바로잡을까 고민했습니다. 먼저 전체 학생들에게 급훈인 '정직'을 가리키며 "실수로 유리창을 깼을 때 혼날까 봐 도망가는 것보다 본인이 실수한 것에 대해 떳떳하게 벌 받는 게 더 옳은 행동이에요"라고 말하면서 누구나 실수할 수 있다는 점을 강조했습니다. 그리고 나중에 정욱이를 따로 불러 최대한 침착한 분위기로 대화를 시도했습니다. 정욱이는 계속 자신이 그러지 않았다고 했습니다. 뻔히 보이는 거짓말이었지만 '선생님이 다 알고 있는데 어디서 거짓말을 해!'라고 다그치지 않고 아이에게 한번 더 기회를 주기로 했습니다.

정욱이의 경우 거짓말하는 이유가 가정에서 시작됐을 수 있습니다. 거짓말이 통용되는 가정에서 자란 아이는 거짓말을 쉽게 생각하기 때문이죠. 비슷한 행동을 보이던 정욱이 누나에게도 일부러 동생의 이야기를 해서 거짓말은 나쁘다는 것을 간접적으로 전달했습니다.

이후 담임선생님은 수업시간에 미켈란젤로가 스시티나 성당 벽화를 그릴 때의 이야기를 들려주었습니다. 남들이 쉽게 알아챌 수 없는 부분들까지 꼼꼼하게 색칠하는 미켈란젤로에게 주위 사람들은 "아무도 모르는데 힘들게 뭐 그렇게까지 해"라고 나무랐지만, 미켈란젤로는 "아무도 모르지만 내가 압니다"라고 답했다는 이야기를 해주죠. 거짓말이 다른 사람은 속일 수 있지만 자기 자신은 속일 수 없음을 예로 설명해주었습니다.

또한 담임선생님은 자신부터 "선생님이 어제 현진이 작품을 만지다 실수로 떨어뜨려서 옆부분이 좀 깨졌어. 정말 미안해. 대신 선생님이 새로 붙여줘도 될까?"라고 말하며 실수를 인정하는 모습을 보여주었습니다.

　어느 날 정욱이가 담임선생님을 찾아왔습니다. 처음에는 말하지 못하고 쭈뼛거리기만 했습니다. "정욱이가 선생님한테 할 말이 있는 모양이구나. 어떤 말이든 혼내지 않을 테니 이야기해보렴"이라고 말하면서 기다려주었더니 친구 가방에서 돈을 가져간 것이 자신이 맞다고 털어놓았습니다. 아이가 처음 용기를 냈을 때는 그 용기를 인정해주어야 합니다. 담임선생님은 "그 이야기를 하기가 겁났을 텐데 솔직하게 말해줘서 고맙다"고 다독여주었습니다. '차라리 끝까지 거짓말할걸. 그럼 선생님도 몰랐을 텐데'라는 인식을 심어주면 다시는 정직하게 말하지 않을 겁니다.

　그리고 더 이상 추궁하기보다는 사과하는 방법을 알려주었습니다. 반 아이들에게 이 사실을 알리지 않기로 하고, 피해 학생에게 직접 사과하는 것이 어떻겠냐고 정욱이의 의사를 물었습니다. 정욱이는 잠시 망설이더니 그렇게 하겠다고 했습니다. 혼자 찾아갈 용기가 나지 않고 어떻게 말해야 할지 모르겠다며 어려워하기에 "만약 선생님이라면 이렇게 말했을 거야"라고 조언하며 그 아이를 불러 사과할 수 있도록 도와주었습니다.

　정욱이의 경우 가정환경이 큰 영향을 미쳤기 때문에 완전히 고치기는 쉽지 않았습니다. 그러나 지속적으로 관심을 보여주다 보니 최소한 자신의 잘못을 인정하고 사과하는 법을 익히게 되었습니다.

거짓말의 유형과 그에 따른 대처방법

아이가 거짓말을 할 때 부모는 실망감을 갖게 됩니다. 하지만 이에 지나치게 반응하기보다는 아이가 거짓말을 한 의도를 먼저 이해해야 합니다. 아이의 거짓말이 어떤 유형이냐에 따라 부모의 대응방식도 달라져야 하기 때문입니다.

"우리 이모는 뚱뚱해"라고 말하던 아이가 "우리 이모는 체격이 좋아"라고 말하게 된다면 이는 사회적인 성숙을 의미합니다. 아이들은 있는 그대로 직설적인 말을 하지만 점차 사회적으로 수용할 수 있는 방향으로 대화하게 됩니다. 하지만 이는 사실상 아이가 덜 정직해지는 법을 배운 것뿐입니다. 그렇다고 해서 아이에게 거짓말쟁이라고 말할 수 있을까요? 거짓말이란 개념은 이처럼 단순하지 않습니다. 거짓말의 유형에는 여러 가지가 있는데, 각각에 대해 살펴보기로 하겠습니다.

- 도구적 거짓말: 꾸중을 피하고 보상을 얻고 누군가에게 해를 입히기 위해 고의적으로 하는 거짓말을 말합니다. 즉 자신의 이익과 원하는 것을 얻기 위해 거짓말을 하는 경우입니다. 학교에 빠지기 위해 배 아픈 시늉을 하거나 장난감을 얻기 위해 일부러 우는 척하는 것이 대표적인 예라 할 수 있습니다. 이는 가장 나쁜 거짓말이므로 질책해야 합니다. 이런 거짓말을 왜 하면 안 되는지, 그 행동으로 인해 다른 사람이 어떤 피해를 보게 되는지 정확히 알려주어야 합니다. 부모의 실망감을 그대로 표현하고, 함께 가려고 한 여행을 취소하는 등 특권을 박탈하는 벌을 주는 것이 좋습니다.
- 비도구적 거짓말: 여기엔 소망적 사고를 표현하는 거짓말과 충동적으

로 하는 거짓말이 있습니다. 소망적 사고를 표현하는 거짓말은 취학 전 아이나 초등학교 저학년 아이에게서 흔히 나타나며 자신이 바라는 바대로 말하는 겁니다. 예를 들어 아빠가 없는 아이가 "우리 아빠는 미국에 있고 나한테 인형을 많이 사주신다"라고 말하는 경우죠. 누군가를 해하기 위함이 아니고 자신의 소망을 사실인 것처럼 말할 뿐입니다. 충동적 거짓말은 아무 이유나 동기 없이 습관처럼 거짓말하는 경우입니다. 충동적으로 물건을 훔치는 것과 마찬가지로 통제하기가 어렵습니다. 다행히도 아주 드물게 발생합니다.

- **친사회적 거짓말**: 비록 의도적이기는 하지만 그 강도가 약하며, 다른 사람의 감정을 상하지 않게 하기 위한 긍정적 동기를 갖고 있습니다. 이런 거짓말은 다른 사람을 배려하기 위한 것으로 선의의 거짓말로 분류되기도 합니다. 못생겼다고 말하면 상대가 상처받을 것을 생각해 '귀엽다'거나 '착하다'라고 말하는 경우입니다. 예를 들어 친구가 머리 모양을 바꿨을 때 마음에 들지 않아도 "정말 예쁘다"고 말하는 경우죠. 이럴 때는 자신의 의견을 전달하는 대화의 기술을 알려주는 것이 좋습니다. "솔직히 말해 난 지난번 머리 스타일이 더 좋아. 하지만 그건 내 의견일 뿐이야"라고 말할 줄도 알아야 합니다.
- **무의도적 거짓말**: 환상과 자기 방어 및 그릇된 정보에 의한 거짓말입니다. 환상에 의한 거짓말은 어린아이들이 환상과 실재를 구분하지 못하고 이야기하는 경우입니다. 만약 초등학교 저학년 시기가 지났는데도 이런 행동이 계속된다면 바로 잡아야 합니다. 자기 방어에 의한 거짓말은 자신이 한 나쁜 일을 인정할 수 없어서 무의식적으로 억압하기 위해 거짓말을 하는 경우입니다. 혼나는 것을 피하고 자신의 잘못이 아님을 항변하기 위해 거짓말을 하는 경우도 있습니다.

예를 들어 엄마가 화난 목소리로 "숙제했어?"라고 물어볼 때 안 했다고 하면 자신에게 쏟아질 잔소리와 비난을 피하고자 "숙제 없는데요…"라며 거짓말을 하는 경우이죠. 사실대로 말하면 가해질 수 있는 부정적인 상황으로부터 자신을 지키려는 것인데, 이는 처음에는 죄책감이 들 수 있지만 결과적으로는 긍정적이었기에 거짓말하는 행동이 강화될 수 있습니다. 이럴 때 어른들은 "네가 왜 거짓말을 했는지는 이해하지만 그것은 나쁜 것이야"라고 일러주어야 합니다. 행위 자체가 나쁜 것이고 거짓말한 것도 나쁘다고 말해주어야 합니다. 이때 적절한 꾸중을 하되 아이에게 꾸지람의 이유를 분명하게 설명해야 합니다. 그릇된 정보로 인한 거짓말은 스스로는 사실이라고 생각하지만 실제로는 아닌 경우입니다. 이럴 때는 올바른 정보를 알려주면 됩니다. 예를 들어 아이가 미국의 인구밀도가 한국보다 높다고 친구들에게 자꾸 우긴다면, 함께 도서관을 방문하거나 인터넷 검색을 통해 정확한 정보를 가르쳐주는 겁니다.

이처럼 거짓말이 무조건 나쁜 행위라고 단정 지을 수 없는 상황도 있기 때문에 거짓말을 듣게 되는 부모의 입장에서는 즉각적으로 혼내기보다는 왜 그럴 수밖에 없었는지 인내심을 갖고 차근차근 들어주는 자세가 필요합니다. 다른 사람의 감정을 상하지 않게 하기 위한 거짓말, 다른 사람을 돕기 위한 거짓말, 혹은 이야기를 재미있게 하기 위한 거짓말은 큰 문제가 되지 않습니다. 그러나 만약 아이가 의도적으로 남에게 해를 입히기 위한 거짓말, 꾸중을 피하고 책임을 전가하기 위한 거짓말, 부당한 보상을 받기 위한 거짓말을 반복한다면 반드시 고쳐야 합니다.

혹시 아이에게 거짓말하도록 시킨 적은 없나요? 잘 생각해보세요. 예를 들어 아이가 친구 생일에 초대되었을 때 못 가게 하려고 다른 이유를 둘러댄 적이 있는지와 같은 것 말입니다. 아이들은 부모의 행동을 그대로 따라 하기 때문에 거짓말도 배울 수 있습니다. 의식적이든 무의식적이든 아이에게 거짓말을 모방할 기회를 주어서는 안 됩니다.

만약 아이가 거짓말을 했지만 나중에 사실대로 털어놓은 경우엔 어떻게 해야 할까요? 진실을 말한 것에 대해 칭찬해야 할까요, 아니면 거짓말한 것을 꾸중해야 할까요? 이 문제에 대해선 신중해야 합니다. 단지 진실을 털어놓은 것을 칭찬하기만 한다면 다음번에도 거짓말을 할 수 있습니다. 그렇다고 거짓말한 것만 꾸짖고 잘못한 행동을 혼내지 않으면 아이는 들키지 않기 위해 더 교묘한 거짓말을 지어낼 수 있습니다. 또한 부모가 너무 진실만 캐내려고 하는 것도 아이의 거짓말을 더 부풀릴 수 있습니다.

거짓말이 고의적일 때는 칭찬보다 꾸중에 초점을 맞춰야 합니다. 거짓말을 인정하고 실토하는 것에 대해서는 칭찬하되 원래의 잘못된 행동에 대해서는 분명하게 벌을 주어야 합니다.

그렇다고 아이의 모든 이야기를 추궁하지는 마세요. 싫어하는 반찬을 앞에 두고 "배 아파서 밥 안 먹을래요"라고 말하는 아이에게 "먹기 싫어서 거짓말하는 거지?"라고 다그치기보다 "엄마는 네가 몸에 좋은 영양소를 골고루 먹을 수 있도록 반찬을 만들었는데 그게 너에게 거짓말을 하게 했구나"라고 적당히 넘어가는 것도 필요합니다. 너무 몰아

붙이면 '엄마는 내 말을 믿지 않아'라고 생각해서 더 자주 거짓말을 하게 될 수도 있습니다.

만일 아이가 상습적으로 거짓말을 반복하거나, 부모로서 도저히 어찌할 수 없을 때 혹은 심리적인 문제를 동반할 경우 심리상담사나 신경정신건강의학과 전문의에게 조언을 구하도록 하세요.

부모의 관심 부족이 아이를 게으르게 한다!

게으름을 피우는 아이

항상 피곤하고 금방 지치는 세 아이

조민애(13세, 여): 민애는 늘 게으르고 뭔가 해보려고 애쓰는 것 같지도 않아요. 당연히 학교 성적도 떨어졌죠. 선생님 말씀으로는 학교에서도 자주 넋을 놓고 있어서 누군가 옆에서 말을 걸어도 방금 무슨 얘기를 했는지 잘 모른다고 하더라고요. 집에서도 언니나 동생은 집안일을 잘 돕는데 민애는 게으름만 피우고 피곤하다며 종종 자리에 누워버려요. 어느 날 병원에 데려갔더니 민애의 몸에 이상이 생겼다고 하더군요.

이은식(10세, 남): 우리 애는 너무 게을러서 공부에 관심조차 없는 것 같아요. 매일 저녁 알림장을 확인해봐도 자기 숙제가 뭔지 또 어떻게 해야 하는지도 잘 모르고 있어요. 은식이가 공부에 관심을 갖도록 혼내기도 하고 타일러도 봤지만 아무 소용이 없었어요. 표정도 항상 뚱하고, 일을 시켜도 머뭇거려서 너무 답답하기만 해요.

김형규(17세, 남): 형규는 비교적 활발한 편이에요. 학교에서도 운동하는 걸 좋아하고 체육대회에서 상도 받았어요. 그런데 이상하게 운동 이외의 다른 학교생활에 있어서는 의욕이 없고 게으름만 피우네요.

게을러 보이는 아이들이 있습니다. 공부하지 않고 자주 잠을 자고 늘 어져 있는데 이런 게으름 피우는 아이를 지켜보고 있는 부모의 속은 답답하기만 합니다. 솔직히 아이가 미워질 때도 있습니다.

 사례의 세 아이는 모두 게으른 듯해 보이지만 그 원인과 양상은 각각 다릅니다. 민애는 게으른 것이 아니라 몸이 아파 쉽게 지치고 피곤한 겁니다. 은식이는 전반적으로 태만하고 의욕이 없으며 흥미를 갖고 있는 분야가 하나도 없습니다. 형규는 한 가지 영역에서는 끈기가 있고 의욕적이나 다른 분야에는 무관심한 편입니다.

 따라서 어떤 아이를 단순히 '게으르다'라고 단정 짓기는 곤란합니다. 아이를 나무라기 전에 그 아이가 왜 그런지를 먼저 파악해야 합니다. 아이가 이상하게 자주 피곤해하고 기운이 빠져 있는지, 만약 그렇다면 매사에 그러한지 아니면 관심 없는 한 분야에서만 그러한지를 분명하게 파악하는 것이 중요합니다.

게으른 아이에게 부족한 것

아이가 게으르다고 단정 짓고 이를 나무라기 전에 아이가 왜 그런 태도나 행동을 보이는지 살펴볼 필요가 있습니다. 먼저 신체적으로 아픈 데는 없는지 살펴보세요. 아이가 아파서 몸이 늘어지고 피곤해 쉽게 지치는 건 아닌지, 이런 이유로 게으른 행동을 보이는 건 아닌지 객관적으로 봐야 합니다. 신체적으로 아픈 데가 없는데도 게으른 행동이 계속 나타난다면, 우울증이나 무기력증을 앓고 있는 건 아닌지 살펴보세요. 지나치게 두려움이 많고 조심스러운 성향을 보이는 아이라면, 아이가 무엇인가를 시작하며 주저할 때 주의 깊게 확인하는 시간이 필요합니다. 만약 이런 성향의 아이를 다그치게 되면 아이는 금세 자신의 목표와 의욕을 잃을 뿐만 아니라 노력할 생각도 하지 않게 됩니다.

또한 부모의 양육 방식이 지나친 요구와 통제로 점철되어 있지는 않은지 점검할 필요가 있습니다. 아이의 행동을 지나치게 감시하거나 아이에게 능력보다 더 높은 목표를 수행하도록 압박하게 되면, 아이는 무엇인가 하려는 욕구를 잃게 되고 아무것도 하지 않는 행동패턴을 보일 수 있습니다. 또한 아이의 행동을 심하게 통제하고 제한하는 것은 아이 스스로 자유롭게 배우려는 의지를 꺾게 되어 게으름을 유발하는 원인으로 작용할 수 있습니다.

중학생 상훈이는 머리와 배가 아프다며 자주 조퇴를 했습니다. 그러나 병원에서는 특이점이 없었습니다. 또 연락 없이 결석하는 날이 잦고 숙제도 해오지 않을 때가 많았습니다. 수업 중에는 늘 딴생각에 잠겨 있으며 공부에도 전혀 의욕이 없었죠. 키에 비해 비만한 편이어서 외모에서도 둔한 분위기를 풍겼습니다. 조퇴 결석이 많은 상훈이를 친구들이 좋게 볼 리 없겠죠. 같은 반 학생들은 상훈이가 조퇴 후 PC방에서 인터넷 게임을 할 거라고 말했습니다.

이렇게 학업에 대한 스스로의 태만과 의욕상실은 교우관계에까지 불신을 가져오게 되고, 결과적으로 상훈이는 늘 겉도는 모습만 보였습니다. 하지만 상훈이가 모든 것에 무관심한 것은 아니었습니다. 컴퓨터를 이용한 학습이나 이야기를 지어내는 일 등 자신이 관심 있는 분야에 대해서는 매우 흥분하고 즐거워했습니다.

　상훈이는 아버지와 둘이 살았는데, 아버지는 아침 일찍 일을 나가 밤늦게 귀가했습니다. 그때까지 상훈이는 컴퓨터를 하거나 텔레비전을 보는 것이 전부였습니다. 친구들도 교실에서만 만날 뿐 학교 밖에서는 교류가 전혀 없었습니다. 상훈이 아버지는 태도가 불분명하고 신뢰감을 주지 못했습니다. 상훈이가 무단으로 결석한 4일 동안 아버지는 전화를 받지 않았고 가까스로 연락이 되었을 때 "아이를 병원에 데려가느라 정신이 없었습니다"라고 변명했죠. 하지만 나중에 들으니 상훈이는 병원에 가지 않고 집에만 있었다고 합니다.

　상훈이가 게으른 것은 부모의 따뜻한 보살핌이 부족해 생긴 목표의식의 부재라는 것을 알 수 있었습니다. 아버지의 일관성 없고 불성실한 태도가 큰 영향을 끼친 것입니다.

　담임선생님이 보기에 상훈이가 자주 몸이 아프다고 하는 것도 가정에서 받지 못한 관심과 사랑을 선생님에게 원하는 것 같았습니다. 그래서 그럴 때마다 머리를 짚어주거나 배를 쓸어내리면서 적극적인 애정을 보여주었습니다. 또한 상훈이가 좋아하는 컴퓨터 능력을 계속 키울 수 있도록 유도하고, 지은 글을 발표하게 하는 등 자신감을 키워주려 애썼습니다. 상훈이는 방송국 프로듀서가 되는 것이 꿈이었습니다.

때문에 담임선생님은 "상훈이는 글을 잘 쓰고 세상 일에 관심도 많고 상식이 풍부하니까 꼭 프로듀서가 될 수 있을 거야"라고 말해주었습니다. 그러기 위해서는 관심 있는 분야뿐 아니라 다른 것도 열심히 해야 한다는 것도 알려주었죠. 선생님과 친구들에게 조금씩 칭찬과 관심을 받자 상훈이는 자신감을 얻었고 목표의식이 조금씩 생겼습니다. 조퇴나 결석도 거의 사라졌고 수업시간에 발표도 곧잘 하는 등 학교생활에 흥미를 보이기 시작했습니다.

　상훈이의 사례처럼 주변 사람의 따뜻한 보살핌이 목표의식과 성취감을 갖게 해 자신감을 불러일으키면 게으름에서 벗어날 수 있습니다. 본래부터 게으른 아이는 없습니다. 좌절과 절망의 경험 등 아이를 게으름의 늪에 빠지게 하는 요인을 찾아 해결해주어야 합니다.

믿고 인정해주면 게으름도 사라진다

아이가 특별한 일이 없었는데도 피곤함을 호소하고 쉽게 지친다면, 게으르다고 단정 짓지 말고 영양섭취의 불균형이나 신체적인 질병을 의심해보세요. 최대한 빨리 의사의 진단을 받아보고, 아이가 매일 밤 제시간에 잠을 자는지도 살펴보세요.

　아프지 않은데도 언제나 게으른 것이라면 무엇 때문에 의욕이 없는지를 눈여겨봐야 합니다. 건강한 아이라면 주변 사물에 호기심을 갖고 직접 겪어보는 등 시행착오를 하는 것이 정상입니다. 이때 부모가 아이의 시도를 인정하고 격려한다면 의욕적인 모습을 보일 겁니다. 그러나 아이의 행동에 질책과 잔소리를 반복하면 금세 뭔가 하고자 하는 동기가 저하됩니다.

부모의 신뢰감이 부족할 때도 아이가 게을러질 수 있습니다. 장점을 찾아 인정하고 믿어주면 아이는 더 열심히 노력합니다. 똑똑하지만 '바보'라는 말을 듣고 자란 아이보다 재능은 떨어지지만 칭찬받으며 자란 아이가 나중에는 오히려 더 발전하게 됩니다. 그러므로 아이가 가장 빨리 수행할 수 있고 인정받을 수 있는 활동을 찾아주세요.

아이에게 무리한 요구를 하는 것도 게으름의 원인이 될 수 있습니다. 아이가 나름의 놀이와 활동에 몰입해 있을 때 어른의 요구로 그것을 중단시키면 아이는 자기 활동에 전념할 수 없습니다. 다른 사람의 방해를 받지 않고 자기만의 시간을 갖고 싶어 하는 것은 태만한 것이 아니라 그 활동에 흥미와 의욕을 갖고 있다는 뜻입니다. 그러므로 아이가 학교생활에 게으른 것 같으면 해야 할 일이 너무 많지는 않은지 먼저 살펴보세요.

특정 분야에서 유난히 태만한 아이라면 그 분야에서 어른에게 인정받지 못했거나, 무리하게 높은 성적을 기대했거나, 아이의 행동에 칭찬보다는 비난을 많이 한 것은 아닌지 생각해봐야 합니다. 특히 아이가 어릴수록 혹은 발달이 더딜수록 부모나 선생님의 칭찬과 수용에 긍정적으로 반응합니다. 따라서 아이의 재능을 미리 짐작하고 과소평가 하는 일은 삼가야 합니다. 아이가 즐거워하는 일에서 긍정적인 자세를 배울 수 있도록 자신감을 길러주세요. 그렇게 하면 점차 모든 분야에서 의욕을 갖게 될 겁니다.

아이에게 잔소리, 지시, 강요, 꾸중, 벌 따위의 방법을 사용하는 것은 악영향을 미칠 뿐입니다. 일단 자신이 게으르다고 낙인찍힌 것을 알게 되면 이를 극복해야 할 의욕을 상실하게 됩니다. 변화는 오직 칭찬, 격려와 인정을 통해서만 이루어질 수 있습니다.

또한 아이의 능력과 가능성에 적합한 목표의식을 새겨주고 그와 함께 부모의 신뢰감을 보여주세요. 지나치게 기대하고 심하게 통제하여 아이로 하여금 배우는 즐거움과 창의성을 망가뜨리는 우를 범하지 않길 바랍니다.

끝으로 활동량이 적고 게으른 아이에게는 책임감과 성취감을 느낄 수 있도록 동기를 부여하는 게 중요합니다. 예를 들어 집 앞 슈퍼마켓에서 물건을 사오도록 심부름시키기, 반려동물에게 밥과 물을 챙겨주기, 화분 스스로 가꾸기, 자기 방 정리정돈하고 청소하기 등과 같이 아이가 어렵지 않게 성공할 수 있는 간단한 임무를 주어 책임감과 성취감을 맛보게 하는 것이 게으른 아이를 위한 좋은 지도 방법이 될 수 있습니다.

동생에 대한 질투가 말더듬을 일으킨다?
말을 더듬는 아이

말할 때 더듬거나 인상을 쓰는 한석호(15세, 남)
우리 석호는 말을 약간 더듬어요. 그게 창피한지 말을 잘 안하려고 하더라고요. 학교에서도 다른 아이들이 많이 놀리는 모양이에요. 말을 하고 싶을 때 머뭇거리면서 입을 찡그리는 듯 인상을 써요. 이것 때문에 교우관계를 비롯한 사람과의 관계에 문제가 생기지 않을까 너무 걱정스럽네요.

일정한 발음, 특히 첫 음절을 말할 때 '사사사사사과'와 같이 계속 반복하거나 말문이 막히는 아이들이 있습니다. 심할 경우 눈을 위로 치켜 뜨거나 인상을 쓰고, 어깨 근육 경련과 같은 신체적 움직임을 보이기도 합니다. 말을 더듬는 아이는 오히려 표출 욕구가 강하며 의욕이 앞서는 경우가 많습니다. 즉 말더듬이란 호흡을 다스리는 근육이 경직되어 유창하게 말을 하기 힘든 증상입니다.

특정 단어에서 말더듬을 보이는 경우도 있지만, 주로 다른 사람들 앞

에서 이야기하거나 부모나 선생님처럼 아이에게 영향력을 지닌 사람 앞에서 이야기할 때 말더듬이 발생하는 경우가 많습니다. 말더듬이 계속되면 말을 더듬는 상황에서 벗어나려고 발을 구른다든지, 갑자기 고개를 뒤로 젖힌다든지, 손으로 박자를 맞추는 등의 행동을 하거나 말을 더듬는 것 같은 상황을 아예 피하려고 합니다. 사람들과 마주하려 하지 않는다든가 자주 더듬는 단어를 다른 단어나 표현으로 바꿔 말하는 등 회피 행동을 보이기도 합니다.

말더듬은 만성적인 경우 호전과 악화를 반복하지만 심한 경우에는 학교생활과 친구관계에 어려움이 생기고 이후에는 직업 선택 및 사회생활에도 악영향을 끼치기도 합니다. 이로 인해 좌절, 불안, 우울감에 빠질 수 있으며 음성장애, 표현성 언어장애, 주의력결핍 과잉행동장애가 동반될 수도 있습니다. 많은 아이들이 말을 배우는 과정에서 말을 더듬는 경우가 있지만, 말을 자주 더듬거나 6개월 이상 지속될 때는 관심을 갖고 지도해야 합니다.

말을 더듬는 이유, 대체 뭘까

말더듬 증상은 왜 생기는 것일까요? 그 원인은 아직 뚜렷하게 밝혀지지 않았지만 보통 기질적 원인, 심리·환경적 원인 등이 언급됩니다. 다만 한 가지 원인보다는 여러 원인이 복합되어 나타나는 증상으로 보고 있습니다. 기질적 원인으로는 뇌의 좌·우반구 청각과 언어 정보처리의 부조화 등이 제기되고 있으며, 심리·환경적 원인으로는 아이가 자라온

환경과 여기서 기인한 이상 심리의 형성에 큰 비중을 두고 있습니다.

　기질적 원인으로는 신체 이상 때문입니다. 말을 더듬는 아이는 말을 조절하는 것이 일반인과 다릅니다. 말을 하기 위해서는 성대의 근육 운동이 필요한데 성대 근육이 긴장하고 있으면 말이 잘 나오지 않습니다. 또한 호흡을 자연스럽게 해야 말이 술술 나오는데 호흡 자체가 제대로 되지 않기 때문입니다. 이러한 기질적 원인이 언어·심리적 원인, 환경적 원인과 결합하면 말을 더듬을 가능성은 매우 높아집니다.

　심리·환경적 원인으로는 아이가 심리적으로 불안해지거나 스트레스를 받는 상황 때문입니다. 아이가 다른 사람과의 관계나 상황에서 불안감이나 스트레스를 받으면 말을 더듬기도 합니다. 유치원이나 학교에서 친구나 선생님과의 관계가 좋지 않거나 부모에게 크게 야단을 맞아 심리적으로 위축되거나 공포가 생겼을 때 말을 더듬을 수 있습니다. 동생이 생겼을 때도 말더듬이 나타날 수 있습니다. 아이가 부모의 관심을 끌기 위해 계속 말을 더듬는 경우도 있으며, 간혹 영재인 아이가 아는 것은 많은데 그것을 말로 잘 표현하지 못해 더듬는 경우도 있습니다. 이 외에도 부모가 말을 더듬거리거나 친구나 주변 사람 중에 말을 더듬는 사람이 있을 때 은연중에 모방함으로써 말을 더듬기도 합니다.

욕구의 대립이 말더듬을 가져온다

말더듬의 심리적 원인과 크게 관련되는 것으로는 욕구의 대립을 들 수 있습니다. 말을 하고 싶은 강한 의욕과 표현에 대한 두려움이 충돌할 때, 그리고 무언가를 표출하려는 욕구와 해서는 안 된다는 통제력이 대립될 때 아이는 무의식적으로 방황하며 말을 더듬게 됩니다.

그렇다면 왜 이런 내적 갈등이 생길까요? 예를 들어 부모가 아는 사람을 심하게 욕하다가 다음번에는 또 친절하게 아부하는 모습을 아이에게 보였다고 해보죠. 이런 경험이 반복되면 아이는 그 사람을 감정상 동일시해야 하는 상황 자체에 대한 강한 혐오감과 동시에 공격적인 행동을 자제해야 한다고 느끼게 됩니다.

성에 관한 아이의 호기심을 묵살하는 것도 좋지 않습니다. 어릴 때부터 "그런 얘기는 하는 게 아니야" 혹은 "그런 건 몰라도 돼"라는 말을 듣고 자란 아이는 성을 점잖지 못한 것으로 생각하게 됩니다. 성장과정에서 당연히 접하게 되는 성에 대한 호기심과 그런 이야기를 했을 때 어른들로부터 듣게 되는 부정적인 반응이 서로 대립하게 됩니다. 이러한 갈등이 아이로 하여금 쓸데없는 죄책감과 함께 스스로 방치되고 있다는 느낌을 갖게 합니다.

또 다른 예로 첫째 아이가 새로 태어난 동생을 질투하는 감정은 자연스러운 것인데, 이것을 나쁘게 평가하고 비난하면 말더듬의 원인이 될 수도 있습니다. 질투를 표출하고 싶은 타당한 욕구와 부모의 사랑을 잃을까 두려운 마음이 서로 갈등을 일으키기 때문입니다.

이 외에도 아이 스스로 무언가를 해보고 결정을 내리고자 하는 의지가 꺾이는 경험을 반복하게 되면 자아발달이 저지되어 말더듬이 생길 수 있습니다.

"너 왜 계속 말을 더듬니?"라며 말 더듬는 행동을 자꾸 지적하거나 "말을 천천히 똑바로 해야지" 혹은 "더듬지 말고 다시 말해봐" 하는 식으로 말을 똑바로 하도록 강요하거나 윽박지르는 것은 아이에게 치명적일 수 있습니다. 이는 '지금 너는 말을 더듬고 있다'는 메시지를 전달하는 것이므로 긴장과 불안감이 더 커지고 구강 근육이 경직되어 결국 말하는 것 자체가 힘들어지기 때문입니다.

주변 사람들의 인내심이 가장 중요하다

영국의 정치가이자 웅변가로 잘 알려진 윈스턴 처칠(Winston Churchill)은 어릴 때 심각한 말더듬 증상을 가지고 있었습니다. 처칠은 자신의 단점을 극복하기 위해 연설할 때는 말 한마디뿐 아니라 동작 하나하나에 신경을 쓰는 등 부단한 노력을 기울였습니다. 그의 말더듬을 고치는 데 가장 큰 역할을 했던 사람은 바로 어머니였습니다. 어린 처칠이 "엄마, 친구들이 제가 말을 더듬거린다고 놀려요. 저는 왜 말을 더듬을까요?"라고 물으면 "네가 너무 똑똑해서 너의 혀가 너의 머리를 따라가지 못하는 것뿐이란다"라고 말해주었습니다. 어머니의 이런 긍정적인 생각과 태도가 처칠에게 자신감을 심어주었고, 결국 그는 위대한 연설가가 되었습니다.

이렇듯 아이가 말을 더듬는다고 해서 사회적으로 적응하기 힘들 것이라 지레 부정적으로 판단해서는 안 됩니다. 부모로서 말을 더듬는 것에 집중하고 그것을 지적하기보다 아이의 재능과 장점을 찾아 칭찬하고 격려해주는 것이 말더듬을 교정하는 데 훨씬 효과적이라는 점을 명심해야 합니다.

언어발달 단계상 스스로 생각을 표현하는 것이 어려운 시기가 있습니다. 이때 말하는 요령을 배우고 있는 아이의 이야기를 부모가 참을성 있게 들어주지 못하거나 부모 쪽에서 말을 너무 많이 하게 되면 아이는 자신의 생각을 끝까지 표현하지 못합니다. 아이의 미숙한 언어표현을 못마땅하게 여겨 고쳐주거나 대신해 주려는 어른의 개입이 오히려 역효과를 불러올 수 있습니다. 이 시기의 말더듬 증상은 오히려 모른 척하는 것이 좋습니다.

아이의 모든 언어적 시도를 격려해주어야 합니다. "너와 이야기하니까 참 재미있다"와 같은 칭찬의 말을 해보세요. 미소 지으면서 자주 머리를 쓰다듬어주고, 고개를 끄덕여주면 아이는 말할 때 자신감을 갖게 되고 말 더듬는 것이 나아지는 경우가 많습니다.

무엇보다도 주변 사람들의 인내심이 가중 중요합니다. 아이의 말더듬을 되도록 지적하지 말고 경청해주어야 합니다. 또한 "다시 말해봐"와 같은 재촉을 삼가고 자연스럽게 대화할 수 있는 분위기를 만들어주세요. 부모를 비롯한 가족 모두가 되도록 천천히 부드럽게 말하는 모습을 보여주어야 합니다. 아이가 빨리 말하면 말이 막히고 더듬기 쉽습니다. 조급하게 고치려고 하기보다 서서히 풀어나가는 것이 좋습니다. 아이가 최대한 침착하게 자세히 표현할 수 있도록 용기를 북돋아주세요.

내면에 쌓인 불만이나 화가 말을 더듬는 행동으로 나타나기도 합니다. 이럴 땐 아이가 어떤 불만을 갖고 있는지, 어떤 어려움 때문에 적응하기 힘들어하는지 살펴봐야 합니다. 아이가 큰 아이들 반에 다닐 때, 동생이 태어났을 때, 전학이나 이사 등 환경 변화가 있을 때, 부모가 자주 싸울 때 말을 더듬을 수 있습니다. 이런 경우 아이에게 스트레스를 주는 원인을 해결하도록 도와줘야 말더듬도 교정할 수 있습니다.

화가 날 때는 참지 말고 왜 화가 났는지 이야기하도록 하고, 항상 자신의 감정을 솔직하게 표현하도록 하는 것이 필요합니다. 아이가 공격성을 나타내고 싶어 하는 대상이 부모나 선생님일지라도 그런 욕구를 어느 정도는 들어주는 것이 좋습니다. 놀 때 마음대로 놀고 심하지 않은 범위 내에서 욕도 해볼 수 있는 기회를 주세요. 욕할 때는 대부분 말을 더듬지 않기 때문입니다. 그리고 부모는 아이가 자신의 이야기를 할 때 언제 어떻게 힘든지 세심하게 들어주는 것이 필요합니다.

또한 가족 간에 대화할 때 좀 더 천천히 말하고 체계적으로 해야 합니다. 부모는 빨리 말하면서 아이에게 천천히 말하라고 하기보다는 가족 모두 말을 천천히 하는 것이 필요합니다. 가족이 말을 천천히 하면 아이도 자연스럽게 말을 천천히 하고 호흡이 제대로 조절되어 점차 말을 더듬지 않게 됩니다. 가정에서 아이의 이야기를 귀담아 듣고, 아이의 입장에서 대화하는 것도 큰 도움이 됩니다.

말을 더듬는 시기가 길어지면 갈수록 교정하기가 어렵기 때문에 말더듬이 심할 경우 가급적 빨리 언어치료 전문가를 찾는 것이 좋습니다. 어린아이의 경우는 직접적인 발성 훈련이 어려우므로 심리치료를 병행해야 하는 경우가 많습니다.

성적에 대한 스트레스가 부정행위로 이어진다!
부정행위를 하는 아이

시험 때 답안지를 베끼거나 보여주는 김수현(15세, 남)

담임선생님으로부터 전화가 왔는데, 수현이가 시험시간에 친구의 답안지를 그대로 베꼈다고 하더라고요. 정말 당황스러웠어요. 공부를 아주 안 하는 아이도 아닌데 대체 왜 그랬을까요? 단순히 성적 때문만은 아닌 것 같아요. 계속 이러면 안 될 텐데 걱정이에요.

부정행위란 아이가 시험 점수를 조작하기 위해 감독선생님 몰래 미리 준비한 답을 보고 쓰거나 남의 것을 베끼는 것을 말합니다. 아이가 학교에서 이런 부정행위를 하다가 들켰다는 전화를 받는다면 어느 부모든 절망하고 가슴을 쓸어내릴 겁니다. 상습적인 경우가 아니라면 한 번쯤의 부정행위는 실제로 성격의 결함이라기보다는 발달단계에서 나타나는 일종의 과정 혹은 학습상의 문제일 수 있으니 크게 걱정하지 않아도 됩니다.

한 설문조사에서는 학창시절에 부정행위를 해봤다고 대답한 사람이 40~50%에 이른다고 밝힌 바 있습니다. 커닝페이퍼를 사용했다던가, 다른 사람의 답안지를 베꼈다던가, 혹은 자신의 답안지를 친구에게 보여주었던 경험을 가지고 있다는 거죠. 그러므로 한 번의 부정행위를 가지고 아이가 완전히 비뚤어졌다고 여기는 것은 지나친 생각입니다. 그러나 부정행위가 되풀이되면 부모로서 아이가 부정행위를 하게 된 배경을 알아보고 적절한 대처를 하는 것이 중요합니다.

부정행위를 하게 되는 복합적인 요인들

부정행위 자체를 아이의 성격적 결함으로 보고 부모가 화를 내거나 지나친 꾸중을 하는 경향이 있습니다. 아이가 왜 부정행위를 했을까요? 부정행위 자체보다 더 복합적인 이유들이 이면에 숨어 있을 가능성이 큽니다.

부정행위를 한 아이들을 상담해 보면 공부를 잘하거나 못하거나 공통점이 있는데, 그것은 모두 성적에 대한 스트레스를 많이 받고 있다는 겁니다. 공부를 잘하면 잘하는 대로 과도한 관심과 기대를 받고, 못하면 못하는 대로 더 잘해야 한다거나 잘하는 대상과 비교당하기 때문에 학업에 대한 스트레스가 큽니다.

이 외에도 부모나 친구들로부터 소외되었다고 느낄 때, 자신이 무능하다고 느끼거나 친구들보다 뛰어나지 못하다고 생각할 때, 실패에 대한 불안과 두려움이 심할 때, 부모나 선생님으로부터 인정받고 싶은 욕구가 강할 때, 즉각적인 만족에 대한 욕구가 강할 때, 부모의 강압적이고 폭력적인 양육 방식이나 반응에 불안과 공포를 느낄 때 부정행위를 저지르는 경향이 있다고 합니다. 집이나 학교에서 과도한 압력을 받을 때, 혹은 학교공부가 너무 어려울 때도 부정행위를 할 수 있습니다. 이처럼 부정행위를 하게 된 외적 요인, 즉 배경을 살피는 일이 중요합니다.

가장 먼저 아이의 도덕성 발달단계를 파악해봐야 합니다. 아이들은 수많은 사회적 기술과 개념을 배우는 동시에 도덕적 행동규범을 배웁니다. 아이가 너무 어려서 부정행위의 도덕적 의미를 잘 알지 못해 그런 행동을 한 것일 수도 있습니다.

다음으로 아이 스스로 부정행위라는 행동을 어떻게 생각하는지 살펴봐야 합니다. 부정행위가 전혀 잘못이 아니라고 굳게 믿는 아이는, 그것이 잘못인 걸 알지만 유혹을 뿌리치지 못하는 경우와는 다릅니다. 그런 아이는 심각한 문제를 지니고 있을 가능성이 큽니다.

끝으로 무엇 때문에 아이가 학급에서 부정행위를 했는지 알아봐야 합니다. 친구가 하기 때문에 따라 했거나, 교실에서 감시와 감독이 제대로 이루어지지 않았을 수도 있습니다.

과잉반응하지 말고 서로의 기대에 대해 이야기하자

아이가 부정행위를 했을 때 어떻게 해야 할까요? 부모로서 이 문제에 대해 과잉반응을 보이는 것은 좋지 않습니다. 아이가 직접 이야기하거나 선생님을 통해 아이가 부정행위를 한 사실을 듣게 된다면, 당연히 그냥 넘어가서는 안 됩니다. 하지만 부모의 지나친 태도가 아이를 더 엇나가게 할 수도 있다는 것을 유념해야 합니다. 한두 차례 일어난 일이라면, 아이가 다시 그러지 않도록 도와주는 것으로 족합니다. 아이의 잘못을 자꾸만 상기시키기보다 한 번 따끔하게 이야기한 뒤 다시는 말하지 않는 것이 좋습니다.

그럼에도 불구하고 아이가 시험을 잘 보기 위해 계속해서 부정행위에 의존하거나 또 그것이 유일한 선택이라고 느낀다면 다른 대책이 필요합니다. 부정행위를 계속하고 그 수법을 점점 발달시키며 적발된 후에도 양심의 가책을 느끼지 않는다면 다른 형태의 문제행동으로 이어질 수 있기 때문입니다.

먼저 부모가 아이를 여전히 사랑하고 존중한다는 것을 알게 해야 합니다. 아이의 행동이 여전히 맘에 들지 않아도 부모가 아이와의 긍정적 관계를 시작하려 노력하는 것이 중요합니다. 벌을 주기만 하는 것은 아이에게서 배울 기회를 박탈하는 것과 마찬가지입니다. 적당한 수준의 벌을 주고, 가능한 한 그 일이 일어난 직후에 벌을 주는 것이 좋습니다. 예를 들어 아이에게 왜 부정행위를 했는지, 왜 그 과목에서 부정행위를 했는지, 그리고 왜 부정행위를 해서는 안 되는지 간단하게 글로 작성하도록 하는 겁니다.

부정행위를 한 이유에 대해서 아이와 자세히 대화를 나누는 게 좋습니다. 아이에 대한 부모의 기대, 아이 스스로에 대한 기대, 그리고 선생님의 기대에 대해 서로 이야기해보세요. 만약 아이가 학급에서 경쟁의식이나 성취에 대한 압박을 심하게 느낀다면 대화를 통해 아이의 마음을 헤아려보세요. 스스로 공부할 시간이 있는지, 학원이나 과외활동이 너무 많지는 않은지 아이의 일과를 살펴보세요. 아이가 효과적인 공부습관이나 공부기술을 잘 모르고 있을 수도 있습니다.

부정행위를 하게 되면 학습내용 중 무엇이 중요한지 제대로 알 수 없으며 긍정적인 자아개념을 발달시키지 못한다는 사실을 분명하게 인식하도록 해주세요. 또한 정학 등의 징계처분을 받을 수도 있다는 것을 일깨워주어야 합니다.

부정행위에 대한 대처에 있어서 무엇보다도 중요한 것은 아이에게 제대로 책임을 지고 배움의 기회를 갖도록 이끌어야 한다는 점입니다. 부모가 안타깝고 걱정스런 마음에 부정행위를 별것 아닌 것처럼 여기거나, 또는 재수가 없어 우리 아이가 걸렸다는 식으로 흘려 넘겨서는 안 됩니다. 물론 아이가 왜 부정행위를 하게 됐는지 그 부담과 스트레스를 공감하고 위로해주는 태도는 필요하지만, 다른 선택을 할 수도 있었다는 점을 생각할 수 있도록 도와주어야 합니다. 어떤 일이든 일어날 수 있으며 누구나 잘못할 수 있다는 것, 잘못의 결과를 감당하고 더 나은 방향으로 나아갈 수 있다는 것 등 잘못 이후의 행동에 따라 그 사람의 가치가 달라질 수 있다는 점을 알려주어야 합니다. 그 과정에서 다른 사람들의 곱지 않은 시선이나 낙인이 있을 수 있지만, 그것조차도 견뎌야 한다는 것도 알려주세요.

그리고 다른 아이들이 자신의 답안지를 베끼려고 할 때 어떻게 거절하는 것이 좋을지에 대해서도 이야기를 나누세요. 아이가 고자질쟁이라는 낙인이 찍힐 수도 있으므로 선생님에게 이르는 것이 능사는 아닙니다. 친구관계에 해를 끼치지 않으면서도 부정행위에 가담하지 않는 선에서 적절한 대처를 취할 수 있도록 하는 것이 중요합니다.

아이의 문제행동에 대해 선생님과 대화하는 법

만약 아이의 담임선생님으로부터 부정행위와 같은 문제행동에 대해 대화를 나누고 싶다는 말을 들었을 때 어떤 반응을 보여야 할까요? 전화상으로 문제를 해결하기보다 직접 만나는 것이 좋으며, 이때는 선생님을 불쾌하게 하지 않도록 해야 합니다.

다음의 예시문을 보면서 선생님과 대화할 때 어떤 태도를 취해야 할지 생각해보세요.

이렇게 말하지 마세요

화를 낸다
→ 무슨 말씀이세요? 아이 말로는 선생님이 자신을 나쁜 아이로 취급한다던데요.

방어적으로 말한다
→ 전화로 이런 말씀을 하시다니 불쾌하군요.

무작정 부정한다
→ 우리 애가 얼마나 말을 잘 듣는데요. 정말 착한 아이라고요.

비난하거니 책임을 전가한다
→ 선생님의 지도와 노력이 혹시 부족했던 것은 아닐까요?

선생님을 의심한다
→ 선생님은 제 아이를 잘 모르시는 것 같아요.

이렇게 말하세요

→ 저도 선생님을 뵙고 싶었어요. 언제 시간이 괜찮으신지요?

→ 예전 선생님도 그렇게 말씀하신 적이 있어요. 아이가 아직도 그런다니 속상하네요. 하지만 나아질 수 있는 방법이 있다고 생각합니다.

→ 집에선 안 그런 아이가 학교에서 말썽을 부리다니 믿어지지 않네요. 하지만 선생님의 말씀이 옳은 것 같아요. 제가 찾아뵙고 해결 방법에 대해 말씀 나누면 좋겠습니다.

→ 아이가 학교에서 그렇게 행동하다니 받아들이기 힘드네요. 제가 어떻게 하면 좋을까요?

→ 인정하고 싶지 않지만 선생님의 말씀을 믿습니다. 아이가 언제 어떤 식으로 행동하는지, 그리고 왜 그런다고 생각하시는지 선생님의 의견을 듣고 싶습니다.

바늘 도둑이 소 도둑? 이런 훈육은 절대 NO!
도벽이 있는 아이

남의 물건에 손을 대는 최민호(10세, 남)

자꾸 제 지갑에서 돈을 몰래 훔쳐요. 왜 엄마 지갑에서 돈을 빼갔냐고 물어보면 아니라고 거짓말을 해요. 최근에는 가게에서 물건을 훔쳤다며 주인에게 연락이 온 적도 있어요. 그러면 안 된다고, 나중에 더 큰 도둑질을 하게 된다고 몇 번이나 알아듣게 얘기했지만 나아지지 않네요. 이러다 경찰서까지 드나들게 되는 건 아닌지 정말 걱정이 돼요.

아이를 양육하면서 자주 겪게 되는 아이의 문제행동 중 하나가 도벽입니다. 일반적 의미의 도벽은 '훔치는 행동'으로 남의 물건을 훔치는 습관화된 버릇, 주인의 눈을 피해 남의 것을 가지는 행동을 의미합니다. 아이가 엄마나 아빠의 지갑에서 몰래 돈을 꺼내 가거나, 슈퍼마켓이나 문구점에서 몰래 물건을 가져오거나, 친구의 물건을 몰래 들고 오거나 혹은 저금통에서 돈을 꺼내가기도 합니다.

아이가 이러한 행동을 할 때 부모는 내 아이가 도둑질을 했다는 사실에 적잖이 충격을 받아 호되게 혼을 내게 되는데, 한 번으로 끝나는 경우도 있지만 잘 고쳐지지 않는 경우도 있습니다. 물건을 훔치는 아이는 거짓말을 동반하는 경우가 많습니다. 아이는 부모나 주변 사람이 남의 물건을 훔친 사실을 알기 원하지 않으며, 부모가 이를 알아차리고 질문할 때는 그런 적 없다고 부정하면서 거짓말로 그 위기를 모면하고자 하기 때문이죠.

아이가 원하는 물건을 이미 가지고 있거나, 부모의 사랑과 관심이 충분한 가정에서도 이런 도벽 행동은 일어납니다. 도벽은 아동과 청소년 비행의 가장 대표적인 유형으로, 거짓말을 비롯한 다른 문제행동으로까지 이어질 수 있기 때문에 처음부터 확실하게 바로잡아야 합니다.

도벽을 하는 환경·심리적 이유

아이들은 대체 왜 남의 물건을 훔치는 걸까요? 아이들이 남의 물건에 손을 대거나 허락받지 않고 들고 오는 이유는 발달 수준에 따라 좀 차이가 있습니다.

어린이집이나 유치원에 다니는 시기의 아이들은 자신이 마음에 들어 하는 친구의 물건을 들고 오는 것에 대해 처음엔 나쁜 행동이라는 사실을 인지하지 못하는 경우가 많습니다. 자기중심적 사고가 강한 시기이다 보니 자신이 마음에 들어 한다는 점에 더 초점이 맞춰져 있어 타인의 입장에 대해 고려하지 못해 일어나는 것이죠. 다시 말해 자신이 마음에 들어서 가져오는 것에 대해 그것이 남의 물건이고 가지고 오기 전에는 꼭 상대방의 허락을 구해야 한다는 점을 제대로 인지하지 못하고 있기 때문입니다. 또한 이 시기의 아이들은 너무 어려서 도덕적으로 미숙하기 때문에 남의 물건을 가져오는 일이 나쁘다는 걸 모르기도 합니다. 아이들은 어린이집이나 유치원에서 자신이 좋아하는 크레파스를 집에 가져오거나 친구네 집에서 놀다 장난감을 그대로 들고 오는 등 물건을 빌리는 것과 훔치는 것을 구별하지 못합니다.

초등학교 시기의 아이들이 남의 물건이나 돈을 훔치는 것은 대체로 그 물건이나 돈을 보고 자신의 욕구를 조절하는 데 실패했기 때문인 경우가 많습니다. 즉 자기조절력이 부족하거나 충동성 때문에 그와 같은 행동을 한 겁니다. 평소 자기조절력이 부족하고 충동조절이 잘 되지 않는 아이들은 갖고 싶은 물건을 목격한 순간 자기도 모르게 손이 나가게 됩니다. 청소년 시기 아이들의 도벽은 단순히 행동의 문제라기보다는 정신적인 문제인 경우가 많습니다. 품행장애나 반항성 행동장애 등의 정신장애 진단을 받을 수 있으며, 절도와 사기 등 보다 큰 사회적 문제로 이어질 수도 있습니다.

이처럼 아이들이 남의 물건에 손을 대는 것은 어떤 물건이 갖고 싶거나 필요하다고 느끼기 때문인데, 자기조절력이 부족하거나 충동적인 아이, 도덕적 억제력이 약한 아이, 과잉보호를 받으며 자란 아이, 지나치게 빈곤한 아이들이 충동적 소유욕으로 그런 일을 저지릅니다. 그 외에도 애정 결핍이나 인정욕구와 같은 사회적 관계에서의 욕구불만이 원인인 경우도 있습니다. 부모로부터의 인정이 부족하다고 여기거나 친구들과의 사이에서 잘 어울리지 못하고 따돌림을 당하는 경우, 아이는 이를 남의 물건에 손을 대는 행동 등의 극단적인 방식으로 해결하려 할 수 있습니다.

또한 아이가 물건을 훔치는 원인은 부모의 그릇된 가정교육으로 아이의 도덕관념이 잘못 정립되어 있기 때문일 수도 있습니다.

대부분의 경우 도벽은 심리적인 이유에서 발생합니다. 애정 결핍으로 열등감을 가진 아이는 친구들에게 물건을 주고 인기를 얻고 싶어 합니다. 아이들은 때때로 친구들의 관심을 얻기 위해 서로 물건을 바꾸기도 합니다. 처음에는 자신이 가진 연필, 공책 등으로 시작하지만 나중에는 집에 있는 물건을 가져와 나눠줍니다. 어른이 그런 행동을 꾸짖으면 다른 물건을 훔쳐서 주는 경우도 발생합니다. 몸이 왜소해 힘이 없다거나 친구들에게 따돌림을 받는 아이들이 이런 행동을 많이 하는 경향이 있습니다.

정서적으로 불안하거나 부모에 대한 불만 때문에 물건을 훔치기도 합니다. 즉 꾸중을 듣거나 벌을 받았을 때 그에 대한 반항과 복수의 표현으로 그 같은 행동을 하는 것이죠. 일부 아이들의 경우 기존 사회의 규칙을 시험하는 수단으로 도벽을 저지르기도 합니다. 기성세대를 향한 일종의 게임으로 생각하고 들키지 않았을 때 자기 도취에 빠지거나 쾌감과 스릴을 느끼는 겁니다. 이 밖에도 성격분열이나 히스테리, 생리전증후군(PMS: Premenstrual Syndrome) 때문에 물건을 훔치는 병적인 도벽도 있습니다.

중요한 것은 처벌이 아니라 사랑

도벽에는 용의주도하고 계획적인 도벽, 쉽게 발각되며 구체적인 계획 없이 하는 도벽, 아무 생각 없이 우발적으로 행하는 도벽, 습관적으로 반복하는 도벽, 혼자서 행하는 도벽, 집단적으로 행하는 도벽, 특정한 물건만을 훔치는 도벽, 무엇이든 가리지 않고 닥치는 대로 훔치는 도벽, 가택침입·공갈·강도 등의 폭력을 이용하는 도벽 등 여러 유형이 있습니다.

이처럼 도벽의 유형은 다양하고 아이의 발달단계에 따라 다르기 때문에 그에 따른 대처방법도 달라야 합니다. 물건을 훔치는 아이의 행동을 사소한 것으로 간주하면 더욱 문제가 커질 수 있기 때문에 절대 그냥 넘어가서는 안 됩니다. 그렇다고 해서 무조건 벌로 다스릴 것이 아니라 아이가 왜 그런 행동을 했는지 파악하는 것이 급선무입니다.

유치원이나 학교에서 친구의 물건을 가지고 왔다거나 허락받지 않은 물건이 아이의 가방에 들어있는 경우, 부모는 먼저 물건의 출처와 경위에 대해 아이에게 차분히 물어봐야 합니다. 이때 물어보는 자세가 마치 경찰이 범인을 취조하듯 해서는 안 되며, 정말 궁금해서 알고 싶어 한다는 느낌으로 친절하면서도 차분하게 물어봐야 합니다. 자기중심적 사고가 강한 시기의 아이는 자신이 원하는 것이고 가져오는 것은 정당하다고 여기기 때문에 꼭 상대에게 허락받을 필요가 없다고 여기기 쉽습니다. 따라서 이런 아이들에게는 내 것과 남의 것의 구분, 그리고 남의 것을 원하거나 요구할 때는 어떻게 해야 하는지에 대해 명확하게 가르쳐주어야 합니다. 아이에게 "너에게 정말 중요한 장난감인

데, 갑자기 누가 가지고 갔다면 네 마음이 어떨 것 같니?"라고 아이 중심으로 물어보는 것이 좋습니다.

이처럼 도벽의 이유가 파악된 다음엔 왜 남의 물건을 훔쳐서는 안 되는지, 자신의 물건을 잃어버린 사람의 기분은 어떨지 설명해주어야 합니다. 아울러 이후 어떻게 해야 하는지를 알려주세요. 직접 사과하고 돌려주는 등의 행동을 하도록 지도해야 합니다. 친구 집에서 물건을 가져왔다면 아이와 함께 가서 돌려주고, 가게에서 훔쳤을 경우 같이 가서 값을 치르도록 해야 합니다. 즉 물건을 훔친 행동에 대해 사과하고 배상하는 등의 책임을 지도록 해야 합니다. 그런 다음엔 창피하고 어려운 일임에도 불구하고 책임을 다한 아이의 노력을 칭찬해주세요. 반성과 함께 스스로 받은 상처를 치유할 수 있도록 도와주는 것이 중요합니다.

아이의 도벽을 예방하거나 대처하기 위해서는 무엇보다도 올바른 가치관과 소유 개념을 길러주어야 합니다. 정직이란 무엇이고, 남의 물건을 왜 소중히 여겨야 하는지 평소에 가르쳐야 합니다. 부모도 아이의 물건을 허락 없이 함부로 사용하지 말고, 물건을 빌리고 돌려주는 규칙을 명확하게 일러주어야 합니다. 자신의 물건을 밖으로 가지고 나가는 것도 일정한 규칙을 정해주면 좋습니다. 중요한 것은 처벌이 아니라 사랑입니다. 아이의 올바른 성장을 방해하는 요소를 없애는 것이 부모가 해야 할 일입니다.

때론 아이를 믿어주는 것이 가장 좋은 치료약이 될 수 있습니다. 부모가 아이의 도벽에 대해 지나치게 과잉반응을 보이면 오히려 아이의 불안을 증폭시키고 스스로를 부정적으로 낙인찍는 계기가 될 수 있습니다. 이럴 땐 아이에게 '넌 그런 아이가 아니야'라는 부모의 믿음을 보여주어야 합니다.

또 평소 아이의 습관에 세심한 관심을 가져야 합니다. 이는 감시하라는 의미가 아닙니다. 용돈을 알맞게 쓰는지, 시간 관리를 잘 하는지, 물건을 잘 챙기는지 주의 깊게 점검하고 도와주어야 합니다. 용돈을 잘 관리하지 못하는 아이는 함께 상의하여 기간과 금액을 정하고, 구두를 닦거나 청소를 도왔을 때 용돈을 주어 '노력해서 버는 기쁨'을 알려주세요. 아이가 쉽게 유혹에 빠지지 않도록 부모의 지갑이나 저금통 등을 확실히 관리하는 일도 중요합니다.

만약 친구들에게 인정받기 위해 물건을 훔친 경우에는 아이의 자신감을 키워주는 것에 중점을 두세요. 아이가 주된 관심사와 취미에 전념할 수 있도록 하여 성취감을 높여줄 필요가 있습니다.

도벽은 아이가 물건을 훔칠 때 분비되는 도파민으로 인해 중독적인 성격을 띠게 됩니다. 그렇다 보니 도벽 증상이 습관적으로 나타나게 되면 아이는 스스로 이를 제어하고 행동을 고치는 데 상당한 어려움을 겪을 수 있습니다. 또한 정서적으로 불안하거나 심한 내적 갈등상태에 빠지기 쉽습니다. 그러므로 아이가 습관적으로 도벽을 하는 모습을 보인다면 전문가의 도움을 받는 것이 바람직합니다.

어떤 부모도 자유로울 수 없는, 학교폭력!
학교폭력의 가해 혹은 피해 아이

때리고 다니는 아이, 맞고 들어오는 아이

이진석(12세, 남): 진석이가 어린애들에게 싸움을 걸고 물건까지 빼앗았다고 합니다. 이번 달만 해도 세 번이나 제가 학교에 불려갔어요. 진석이 아빠는 그럴 때마다 애를 때립니다. 뭐가 문제인지, 어디서부터 고쳐줘야 할지 정말 모르겠어요.

권수현(12세, 남): 수현이가 요즘 학교에 안 가려고 해요. 이유를 물어봐도 대답을 안 하고 표정도 항상 어두워요. 학교에 가는 걸 두려워하는 것 같은데 왜 그런지 알 수가 없으니 답답하기만 합니다.

아이가 안전하게 학교생활을 하는 것은 모든 부모의 바람입니다. 하지만 안타깝게도 학교폭력을 견디다 못해 극단적 행동을 하는 사례가 간혹 발생하면서 교육적·사회적 이슈가 되고 있는 게 현실이죠. 내 아이가 학교폭력의 가해자 혹은 피해자라는 얘기를 들으면 부모는 어찌

해야 할지 몰라 매우 불안하고 걱정하기 마련입니다. 학교폭력이란 인간의 존엄성을 파괴하고 인권과 생명의 소중함을 무시하는 행위로 형사 처벌까지 받을 수 있는 범죄입니다. 학교폭력예방및대책에관한법률에서는 학교폭력을 '학교 내·외에서 학생 간에 발생한 폭력, 협박, 따돌림 등에 의해서 신체적·정신적으로 또는 재산상의 피해를 수반하는 행위'로 정의하고 있습니다. 구타, 물건 갈취, 감금 등 신체적·물리적 폭력은 물론 언어폭력, 위협, 따돌림, 비방, 헛소문 퍼뜨리기 등과 같은 심리적 공격행동 등이 모두 포함됩니다.

최근 이러한 학교폭력은 특정 비행 학생뿐만 아니라 일반 학생들에게서도 발생하고 있는 추세입니다. 중·고등학교 청소년들만의 문제가 아니라 초등학교 아이들까지 연령대를 가리지 않고 발생하며 점점 그 연령대가 낮아지고 있는 상황입니다. 이와 같은 학교폭력의 문제는 학교만의 노력으로 해결되기 어렵고 가정과 사회가 함께 노력하고 협력해야만 실질적인 효과를 거둘 수 있습니다. 무엇보다도 아이들이 학교폭력으로부터 벗어나 안전한 학교생활을 할 수 있도록 하기 위해서는 부모가 학교폭력에 대해 정확하게 알고 현명하게 대처하는 것이 중요합니다.

학교폭력의 기준과 유형

'빵셔틀'이란 말을 들어보셨나요? 힘센 아이가 약한 아이에게 빵이나 담배 등을 사오도록 심부름시키는 것을 지칭하는 말입니다. 이는 학교폭력을 배경으로 탄생한 신조어로, 단순히 못살게 구는 것에서 끝나지 않고 돈을 빼앗거나 신체에 해를 가하는 경우도 있기 때문에 매우 심각합니다.

교육부가 17개 시도 교육청과 함께 실시한 〈2024년 1차 학교폭력 실태조사〉와 〈2023년 2차 학교폭력 실태조사〉 결과를 종합한 발표에 따르면, 학교폭력을 겪었다고 응답한 학생이 6만 8천 명에 달합니다. 피해 유형별로는 언어폭력이 가장 많았고, 다음은 집단 따돌림과 신체폭력, 사이버폭력, 성폭력, 강요 순이었습니다. 푸른나무재단에서 실시한 〈2024년 전국 학교폭력·사이버폭력 실태조사〉에 따르면, 학교폭력 피해경험 대상자의 64.1%가 '고통스러웠다'라고 응답했고 학교폭력 피해로 인한 자살·자해 충동 경험률이 최근 3년간 26.8%에서 39.9%로 꾸준히 증가해왔습니다.

학교폭력의 유형으로는 언어폭력과 따돌림을 비롯해 금품 갈취, 상납, 보복폭행까지 매우 다양합니다. 직접적인 피해를 당하지 않은 나머지 아이들도 '가해학생에게서 찍힐까 봐', '보복이 두려워서' 폭력을 묵인하거나 재미로 하는 '묻지 마 폭행'에 연루되지 않을까 두려워합니다. 자신이 당하지 않기 위해 모른 척해야 한다는 무의식적인 공포감과 강자에게 비굴해야 하는 비인간성이 또 다른 상처가 될 수 있습니다. 학교폭력은 개인적으로나 사회적으로 매우 심각한 문제가 아닐 수 없습니다.

학교폭력의 기준이 되는 행위나 유형은 다음과 같습니다.

신체폭력

- 신체를 손, 발로 때리는 등 고통을 가하는 행위(상해, 폭행)
- 일정한 장소에서 쉽게 나오지 못하도록 하는 행위(감금)
- 강제(폭행, 협박)로 일정한 장소로 데리고 가는 행위(약취)
- 상대방을 속이거나 유혹해서 일정한 장소로 데리고 가는 행위(유인)
- 장난을 빙자한 꼬집기, 때리기, 힘껏 밀치기 등 상대방이 폭력으로 인식하는 행위

언어폭력

- 여러 사람 앞에서 상대방의 명예를 훼손하는 구체적인 말(성격, 능력, 배경 등)을 하거나 그런 내용의 글을 인터넷, SNS 등에 퍼뜨리는 행위 (명예훼손)
- 여러 사람 앞에서 모욕적인 표현(생김새에 대한 놀림, 병신, 바보 등 상대방을 비하하는 내용)을 지속적으로 하거나 그런 내용의 글을 인터넷, SNS 등에 퍼뜨리는 행위(모욕)
- 신체 등에 해를 끼칠 듯한 언행("죽을래" 등)과 문자 메시지 등으로 겁을 주는 행위(협박)

금품 갈취(공갈)

- 돌려줄 생각이 없으면서 돈을 요구하는 행위
- 옷, 문구류 등을 빌린다며 되돌려주지 않는 행위
- 일부러 물품을 망가뜨리는 행위

강요

- 속칭 빵셔틀, 와이파이셔틀, 과제 대행, 게임 대행, 심부름 강요 등 의사에 반하는 행동을 강요하는 행위(강제적 심부름)
- 폭행 또는 협박으로 상대방의 권리행사를 방해하거나 해야 할 의무가 없는 일을 하게 하는 행위(강요)
- 돈을 걷어오라고 하는 행위

따돌림

- 집단으로 상대방을 의도적·반복적으로 피하는 행위
- 싫어하는 말로 바보 취급 등 놀리기, 빈정거림, 면박주기, 겁주는 행동, 골탕 먹이기, 비웃기
- 다른 학생들과 어울리지 못하도록 막는 행위

성폭력

- 폭행·협박을 하여 성행위를 강제하거나 유사 성행위, 성기에 이물질을 삽입하는 등의 행위
- 상대방에게 폭행과 협박을 하면서 성적 모멸감을 느끼도록 신체적 접촉을 하는 행위
- 성적인 말과 행동을 함으로써 상대방이 성적 굴욕감, 수치감을 느끼도록 하는 행위
- 정보통신망을 이용하여 타인의 의사에 반하는 딥페이크 영상 등을 제작·배포하는 행위

사이버폭력

- 사이버 언어폭력, 사이버 명예훼손, 사이버 갈취, 사이버 스토킹, 사이버 따돌림, 사이버 영상 유포 등 정보통신기기를 이용해 괴롭히는 행위
- 특정인에 대해 모욕적 언사나 욕설 등을 인터넷 게시판, 채팅, 카페 등에 올리는 행위로 특정인에 대한 저격글이 그 한 형태임
- 특정인에 대한 허위 글이나 개인의 사생활에 관한 사실을 인터넷, SNS 등을 통해 불특정 다수에 공개하는 행위
- 성적 수치심을 주거나 위협하는 내용, 조롱하는 글, 그림, 동영상 등을 정보통신망을 통해 유포하는 행위
- 공포심이나 불안감을 유발하는 문자, 음향, 영상 등을 스마트폰 등 정보통신망을 통해 반복적으로 보내는 행위
- 정보통신망을 이용하여 타인의 의사에 반하는 딥페이크 영상 등을 제작·배포하는 행위

폭력적인 환경이 폭력적인 아이를 만든다

신체적으로나 언어적으로 괴롭힘을 당한 아이는 공격적인 성향을 띠기 쉽습니다. 폭력성의 경우 일반적으로 남자아이들이 더 빈번하지만 여자아이들도 예외는 아닙니다.

폭력성을 갖게 되는 데에는 여러 가지 이유가 있습니다. 아이 자신이 선천적으로 폭력적인 기질을 타고났을 수도 있고, 폭력적인 부모의 행동을 보고 자랐을 수도 있습니다. 또한 아이에게 직접적으로 신체적

인 벌을 가혹하게 주는 경우 아이는 강한 사람이 약한 사람에게 폭력을 휘두르는 것이 정당하다는 인식을 갖게 됩니다. 어른들에게 칭찬보다 비난을 더 많이 듣고 자란 아이는 부정적인 자아개념이 생기기 쉽습니다. 그러면 폭력으로 맞서거나 다른 사람을 괴롭히면서 우월감을 느끼려고 합니다. 또한 폭력을 휘두르는 친구들과 어울리기 위해서 혹은 더 거친 집단에 대항하기 위해 그런 행동을 하는 경우도 있습니다.

피해 학생의 종류에는 두 가지 형태가 있습니다. 하나는 무저항적인 피해 학생이고, 다른 하나는 저항적인 피해 학생입니다. 무저항적인 피해 학생은 겁이 많고 늘 불안하며 자신을 보호할 능력이 없어 공격의 대상이 됩니다. 학교에서도 친구가 거의 없는 편이고, 정서적으로나 신체적으로 약해 보입니다. 상대를 자극할 만한 행동도 하지 않지만 자신을 방어하지도 않습니다. 주위 사람들로부터 관심을 얻고 싶어 하며, 부모에게 과잉보호를 받아 스스로 대처할 능력을 배우지 못한 아이일 수도 있습니다.

반면 저항적인 피해 학생은 화를 잘 내고 다른 사람을 자극하는 성격을 갖고 있습니다. 잘난 척하거나 이기적이고 친구들을 무시하는 경향을 가진 경우가 많으며, 공격받았을 때 가만히 당하지 않고 저항합니다.

또한 선생님의 사랑을 독차지하여 친구들로부터 질투를 산다거나, 외모가 특이하거나, 따돌림을 당하는 친구의 편을 들어주거나, 지능이 낮거나, 장애가 있는 아이들도 괴롭힘을 받기 쉽습니다. 아이가 다음과 같은 증후를 보이면 피해 상황을 의심해볼 수 있습니다.

- 옷이나 운동화, 안경 등을 자주 잃어버리거나 망가뜨린다.
- 혼자 외출하는 것을 두려워한다.
- 몸에 상처나 멍 자국이 자주 난다.
- 표정이 없고 평소보다 기운이 없다.
- 가방, 공책 등에 '죽어라', '죽고 싶다'와 같은 낙서가 있다.
- 이름만 불러도 놀라는 등 사소한 일에도 크게 반응하고 평소보다 예민하다.
- 용돈이 늘 모자라거나 몰래 부모의 돈을 가져간다.
- 의기소침하며 자기 방에서 나오려고 하지 않는다.
- 자기 스스로를 비하하는 말을 한다.
- 입맛이 없다며 평소에 잘 먹던 음식에도 손을 대지 않는다.
- 두통, 복통 등을 호소하며 학교에 가기 싫어하거나 두려워한다.
- 친구의 전화를 받기 싫어한다.
- 특별한 이유 없이 갑자기 성적이 떨어진다.
- 학교생활에 대해 말하는 것을 꺼린다.
- 잘 때 식은땀을 흘리거나 잠꼬대를 한다.
- 갑자기 전학이나 이사를 가자고 조른다.

한편 아이가 다음과 같은 증후를 보일 때는 가해 상황을 의심해볼 수 있습니다.

- 매사에 이유와 핑계가 많다.
- 매사에 충동적이고 반항적이다.
- 성미가 급하고 화를 잘 내며 공격적이다.

- 가족에게 거친 말을 하거나 난폭하게 행동한다.
- 갑자기 돈 씀씀이가 커진다.
- 평소 집에서 사주지 않은 비싼 물건을 가지고 있다.
- 담배, 술 등을 한다.
- 귀가 시간이 부쩍 늦어지고 외출이 잦다.
- 신체적으로 힘을 과시하는 것을 좋아한다.
- 공부와 학교생활에 관심이 없어진다.

가해 학생과 피해 학생 모두에게 필요한 보살핌

내 아이가 학교폭력에 가담하거나 피해를 당하게 되는 상황을 상상하는 것만으로도 기분은 좋지 않습니다. 그렇지만 누구나 학교폭력의 가해자 혹은 피해자가 될 수 있기 때문에 부모는 어떻게 대응해야 할지를 잘 알아야 합니다.

학교폭력의 가해 학생이든 피해 학생이든 부모의 관심과 도움은 반드시 필요합니다. 엄마와 아빠가 함께 나서 지속적이고 적극적인 행동을 취해야 합니다. 내 아이가 가해자가 되지 않도록 하기 위해서는 평소 다음과 같이 지도하는 것이 좋습니다.

- 긍정적으로 평가하기: "또 시험을 망쳤구나!"와 같은 부정적인 언행은 삼가고, "네가 열심히 공부했다는 거 잘 안단다"처럼 긍정적인 칭찬을 많이 해야 합니다.
- 훈육방식 바꾸기: 아이가 폭력적인 행동을 했을 때 체벌로 다스리기

보다는 다른 방법으로 제재하는 것이 좋습니다. 집안일을 하게 하거나 특권을 박탈하는 정도가 적당합니다.
- 아이의 행동 조절하기: 아이가 폭력을 행사한다면 그 즉시 멈추게 하고 적절한 행동을 알려주세요. 예를 들어 장난감을 빼앗기 위해 친구를 때렸을 때는 그것을 빌리기 위해 해야 할 말들을 세 번 이상 연습시키세요. 또한 상대방과 입장을 바꿔 생각해보도록 하세요. 단순한 장난이라도 상대방은 괴로워할 수 있으며, 자신도 다른 사람에게 폭력으로 괴롭힘을 당할 수 있다는 점을 알려주세요. 화가 날 때는 그 자리를 피하거나 하던 말 혹은 행동을 멈추게 하세요. 화를 가라앉히기 위해 심호흡을 크게 여러 번 해보게 한다거나, 화가 난 이유에 대해 생각해본 후 상대방에게 천천히 이야기하도록 하여 감정을 조절하는 습관을 갖도록 해보세요.
- 부모의 행동 고치기: 아이들은 집에서 배운 행동을 그대로 따라 합니다. 부모끼리 싸움이 잦고 공격적이라면 반드시 개선해야 합니다.
- 적절한 통제: 학교 측과 연계하여 아이의 행동에 관심을 쏟아야 합니다. 폭력서클에 가입한 친구나 폭력을 많이 쓰는 친구와 어울리지 않도록 해야 합니다.

만약 내 아이가 학교폭력 가해자라면 어떻게 해야 할까요? 먼저 아이가 학교폭력의 가해자라는 사실을 모른 척하거나 아이를 감싸기보다는 잘못을 정확하고 객관적으로 파악해야 합니다. 아이가 폭력을 행사한 주변 상황과 그 원인이 일시적인 것인지, 아니면 가정문제나 성격장애 등과 같은 오랜 구조적 문제인지를 파악하고, 학교폭력에 가담한 다른 아이가 있는지 확인하여 관련 부모와 긴밀하게 협조하세요.

아이에게 피해자의 피해 상황과 고통을 객관적으로 알려주고 피해자에게 정식으로 진심을 다해 사과하고 자숙하도록 지도해야 합니다. 피해자의 피해를 확인하여 치료나 배상에 대한 책임을 인정하고 성심성의껏 책임을 다하세요. 그리고 재발 방지를 위해 피해자의 상처와 고통에 대해 아이와 함께 이야기 나누고, 피해자와 입장을 바꿔 생각해보도록 해야 합니다. 또한 내 아이가 학교폭력의 피해자가 되지 않도록 하기 위해서는 평소 다음과 같이 아이를 지도하는 것이 좋습니다.

- 긍정적인 자아상 심어주기: 자아개념이 긍정적이어야 문제 상황에 대한 대처능력도 갖출 수 있습니다. 아이가 못하는 것을 지적하지 말고 잘할 수 있는 것에 대해 칭찬해주세요.
- 어른의 도움 받게 하기: 혼자 있다 보면 공격을 당하기 쉽습니다. 선생님이나 다른 어른 근처에 있을 것을 권유하세요. 외출할 때는 가족에게 만나는 사람과 장소, 목적, 귀가 시간을 사전에 알리도록 하세요.
- 자신의 의사를 표현하게 하기: "나를 그만 괴롭혀!"라고 똑똑하게 말할 수 있도록 일러주세요. 불평과 분노를 표현하면 폭력을 가하는 아이는 주춤하게 됩니다. 단호한 태도로 괴롭힘에서 벗어날 수 있도록 하세요.
- 위험한 환경 차단하기: 인적이 드문 길은 피하고 여러 명의 친구와 함께 다니도록 권유하세요. 청소년 유해업소 지역에 출입하거나 거리를 배회하지 않도록 하세요. 이 밖에도 자신을 방어할 수 있는 호신술을 익히거나 호루라기 등 호신용 도구를 지니고 다니도록 하고,

폭력 발생 시 신고할 수 있는 전화번호 등을 반드시 알아두도록 하세요. 비싼 물건은 가지고 다니지 않도록 하고, 소지품이나 돈을 자랑하지 않게 하세요.
- 유머감각과 대범함 가르치기: 아이가 비웃음을 무시하고 유머로 넘길 수 있는 여유를 갖도록 도와주세요. 또한 적극적으로 단체활동에 참여하고 친구를 사귀도록 하세요.
- 부모의 행동 고치기: 부모가 너무 소극적이거나 피해의식에 사로잡혀 있지는 않은지 태도를 점검해보세요. 그렇다면 무의식적으로 아이에게도 영향을 미쳤을 가능성이 있습니다. 아이에게 지나치게 튀는 옷을 입히는 등의 행동도 삼가야 합니다.

만약 내 아이가 학교폭력 피해자라면 어떻게 해야 할까요? 우선은 부모 자신의 마음을 다독이는 것이 무엇보다 중요합니다. 부모가 불안해하며 허둥거리거나 당황하면 아이는 더욱더 놀라고 불안해합니다. 부모가 언제나 내 편이라고 느낄 수 있도록 차분히 정서적 지지와 격려를 하며 문제를 끝까지 잘 해결할 수 있다는 믿음과 확신을 심어주는 것이 필요합니다. 아이가 괴롭힘을 당하는 상황과 감정을 말로 표현할 수 있도록 도와줍니다. 괴롭힘을 당함으로써 발생하는 소외감, 자신감 저하, 우울감 같은 부정적인 감정에서 빠르게 벗어날 수 있도록 해야 합니다.

아이가 자해를 하거나 죽음에 대해 구체적인 계획을 세운 적이 있는지 확인하는 것도 필요합니다. 죽음에 대해서 부모가 편안한 태도로 물어보면 아이도 그런 마음이 들 때 보다 편안하게 말할 수 있어 오히려 죽음을 행동으로 옮기는 경향이 줄어듭니다. 만약 일상생활에 지장을 초래할 정도로 증상이나 자해 충동이 있는 경우, 부모가 노력해도 개선되지 않는 경우에는 즉각 전문가에게 도움을 요청하세요.

그리고 빠른 시간 내에 피해 상황에 대한 정확한 사실을 확인하고 기록해 두어야 합니다. 가해자의 신분을 확인한 후 피해가 경미하다면 아이 스스로 해결할 수 있도록, 즉 가해자를 직접 만나 잘못을 인정하고 사과받을 수 있도록 격려하세요. 피해자의 회복을 위해 가장 중요한 것이 가해자의 진심어린 사과이기 때문입니다. 피해가 큰 경우엔 언제, 어디서, 누가, 어떻게 했는지, 얼마 동안 일어난 일인지 아이에게 물어본 후 기록해 두고, 아이가 상해를 입었다면 보건선생님이나 의사에게 자문을 구해 피해 사실을 입증할 객관적 자료를 준비하세요. 주변 친구의 증언과 물증(사진이나 녹음 등), 의사의 진단서 등 증거자료를 확보하는 것도 중요합니다. 아울러 아이의 신변 안전을 보장하기 위해 학교에 알리고 도움을 요청해야 합니다.

학교폭력 발생 시 알아두어야 할 법률적 대응

학교폭력이 발생하면 학교에서는 일정한 절차에 의해 처리된다는 것을 알아둘 필요가 있습니다. 해당 절차에 따른 여러 방면의 노력에도 불구하고 합의에 의한 해결이 어렵거나 학교 내에서의 처리에 대해 피해 학생이나 부모가 만족하지 못할 경우 경찰서에 신고함으로써 취해질 수 있는 것이 법적 조치입니다. 학교폭력 관련자가 경찰서에 직접 신고한 경우에도 법적인 절차에 의해 사건이 처리됩니다.

경찰서에 신고되면 경찰이 가해자와 피해자, 목격자를 중심으로 수사를 진행하며, 수사가 종결되면 사건은 검찰로 송치됩니다. 송치된 사건은 검사에 의해 기소 유예 처분이 내려지거나 법원에 기소될 수 있습니다. 가해자의 연령과 사안의 종류에 따라 가정법원이나 지방법원 소년부에 송치되어 재판이 진행되고, 법원에서 내려진 판결에 따라 가해자는 보호 처분을 받게 됩니다.

형사 재판이 상해와 같은 범죄 행위 자체에 대한 것이라면, 치료비나 손해 배상은 주로 민사 소송에 의해 진행됩니다. 피해자가 먼저 민사 소송을 제기할 경우 변호사를 선임하고 재판 과정이 진행되는데, 재판 결과에 따라 피해자와 가해자의 책임 여부와 정도가 결정됩니다. 최근 판례를 보면 학교뿐 아니라 가정에서 부모의 관리·감독 책임도 강조하고 있습니다.

학교폭력을 법적으로 처리·해결하려고 할 경우 피해자와 가해자 모두 아직은 미성년의 학생이기 때문에 심리적으로 큰 상처를 받게 될 가능성이 큽니다. 또한 사건이 처리되기까지 오랜 시간이 소요되고, 조사를 위해 경찰서나 법원에 오가는 일이 생길 수 있습니다. 물론 법적 조치에 따른 변호사 비용이나 법률 자문의 경제적 비용도 만만치 않죠. 따라서 가능하다면 법적 조치 이외의 방법으로 문제를 해결하는 것이 바람직하다고 할 수 있습니다.

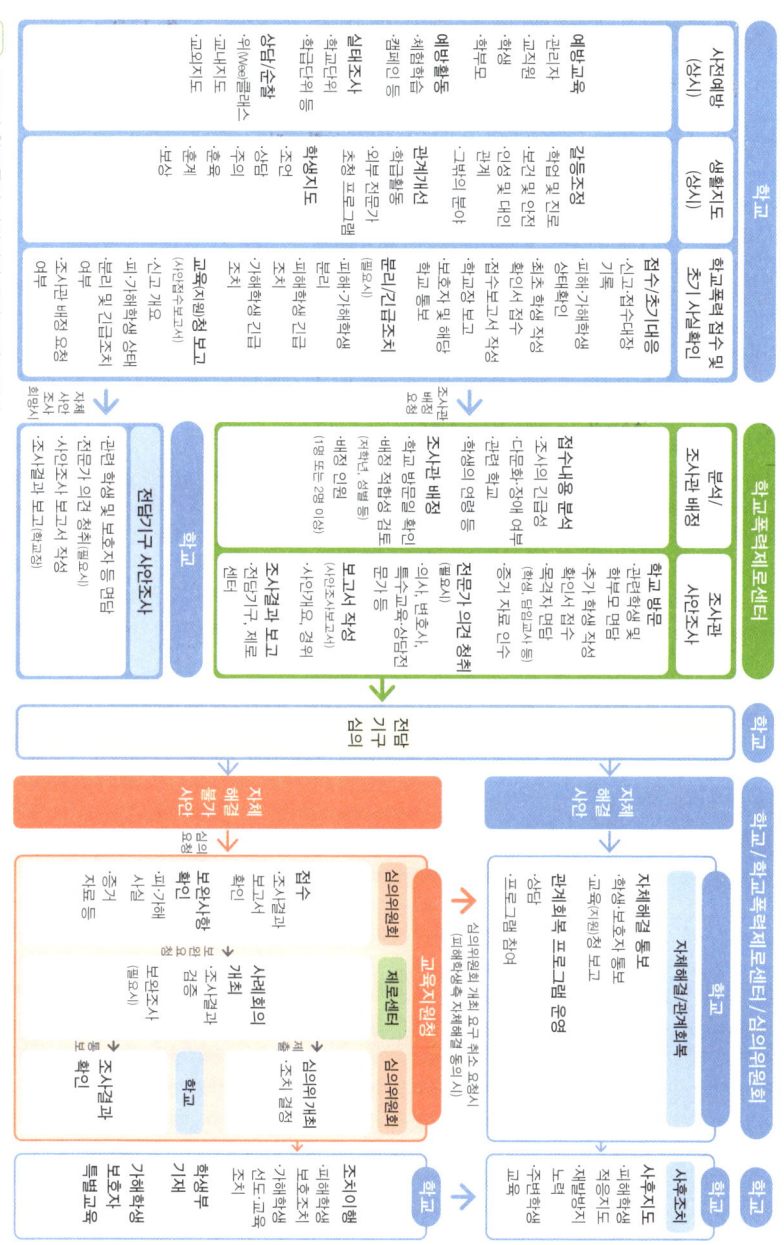

출처: 2025년 학교폭력 사안처리 가이드북(교육부).

2부 아이를 바른 길로 이끌어주세요: 문제행동 예방 및 대처

가정생활의 완벽함이 등교 거부를 부른다?
등교를 거부하는 아이

학교에 가기 싫어하는 이태호(11세, 남)
아침마다 태호의 고함소리는 아마 온 동네에서 다 들을 수 있을 거예요. 어쩌면 그렇게 학교에 가기 싫어하는지 매일 숨바꼭질을 합니다. 학교까지 제가 데려가서 강제로 교실 안으로 들여보내야 해요. 그렇게 하고 돌아오는 길엔 제가 다 눈물이 나요. 아직 3학년밖에 안 됐는데 뭐가 그렇게 끔찍한 것일까요?

학교 등교를 거부하거나 학교 부적응을 호소하는 아이들의 수가 증가하고 있습니다. 대략적으로 초등학교 학생의 5% 정도, 중학생의 경우 약 2% 정도가 등교거부증을 보인다고 합니다. 등교거부증이란 아이들이 학교에서 경험한 어떤 일 때문에 학교에 가는 것을 꺼리거나 아예 가지 않으려 하는 행동 증상을 말하며, 학교거부증, 학교기피증, 학교공포증이라고도 부릅니다. 이것은 학교에 가야 한다고 생각하면서도

그러지 못하는 일종의 강박 상태라고 할 수 있습니다.

남의 이야기 같은 이런 일이 내 아이에게 일어난다면 얼마나 심란하고 당황스러울까요? 등교거부증은 아이들의 불안이나 공포와 연결되어 있습니다. 아이들에게는 익숙한 집과 부모를 떠나 학교에 가야 한다는 사실 그 자체만으로도 불안과 공포, 두려움을 느낄 수 있으며, 이러한 불안으로 인해 학교 등교를 거부하게 되는 것이죠. 등교거부증은 처음에는 단순한 학교 거부와 회피로 시작하지만 이후 장기 결석으로 진행되고 심한 경우 학교 중퇴로까지 이어질 수 있습니다.

등교 거부의 신체적 증상과 이유

등교거부증은 특히 초등학교 아이들에게 많이 나타나며, 학교에 가기를 두려워하거나 거부하고, 등교를 앞두고 두통, 복통, 메스꺼움, 어지럼증, 구토 등의 증상을 호소합니다. 꾀병인 경우도 있지만 실제로 이런 고통을 느끼기도 합니다. 신체적인 징후 외에도 선생님이나 학교생활, 친구들에 대해 심하게 불만을 터뜨리는 등의 행동을 하기도 합니다. 보통 이런 증세는 등교 전에 나타나며 학교에 가지 않아도 된다는 결론이 내려지는 순간 사라집니다. 그러므로 등교거부증은 무의식적인 불안에 기인한다고 할 수 있습니다.

등교거부증으로 발전되는 양상은 아이마다 다릅니다. 그러나 중요한 것은 그것이 특별한 성격적 요인에서 비롯되는 것이 아니라는 점입니다. 6~10세 사이의 아이들에게 가장 빈번하게 나타나지만 연령이나 성별에 큰 관련은 없습니다.

　아이가 단순히 학교에 가는 것을 두려워하는 것인지, 아니면 학교에 있는 무언가를 두려워하는 것인지 먼저 알아야 합니다. 실제로 등교거부증은 부모 등 애착의 대상과 떨어져야 할 때 일반적으로 느끼는 공포인 분리불안을 견디는 과정에서 더 많이 발생합니다. 그래서 학교공포증이라는 표현보다는 등교거부증, 혹은 학교거부증이나 학교로 인한 불안이라는 말을 더 많이 사용하는 것이죠. 분리불안은 초등학교 저학년 때 많이 나타나는 원인 중 하나이며, 부모와 장시간 떨어져 있는 것이 생소한 저학년 아이들에게는 부모와 분리되는 것 자체가 공포로 다가올 수 있습니다.

　가정에서 아이의 모습을 관찰하면 등교거부증을 해결할 단서를 얻을 수 있습니다. 지나치게 과잉보호하는 가정에서 자랐거나, 가정생활에서 완벽함을 느끼는 아이가 그럴 수 있습니다. 학교라는 새로운 세상에서 다른 아이들과 능력을 겨루고 과제와 같은 책임이 생기기 때문에 그것이 위협으로 다가오는 것입니다. 아니면 질병이나 사고로 오랫동안 집에서 보낸 뒤 무방비 상태로 학교에 돌아가 어려움을 느끼는 아이일 수도 있습니다.

　학교에서 놀림을 당하거나 싸움이 잦을 때, 아이 자신이 심각한 질병을 갖고 있거나 가족 중 한 사람이 아프거나 세상을 떠났을 때, 부모가 이혼했거나 재혼해 가족 구성에 변화가 있을 때도 등교거부증이 나타날 수 있습니다. 선생님을 싫어하기 때문일 수도 있고, 무언가 부담스러운 역할을 맡았거나 수업시간 중 특정 활동(소리 내어 책 읽기, 숙제, 체육활동 등)을 두려워할 수도 있습니다. 아니면 친구와 싸웠거나 등 하굣길에 누군가에 의해 따돌림이나 괴롭힘을 당하고 있기 때문일 수도 있습니다.

또한 학교에 가지 않음으로써 얻어지는 이차적 이득과 관련된 원인으로 말미암아 등교를 거부하는 경우도 있습니다. 이런 아이들은 등교 거부를 함으로써 부모의 관심을 더 받게 되거나, 학교에 가지 않고 집에서 편하게 쉴 수 있는 이차적인 이득과 관련되어 학교에 가는 것을 더 강하게 거부하게 됩니다. 이차적 이득 때문에 등교를 거부하는 아이들은 저학년보다는 좀 더 높은 연령의 아이들에게서 자주 나타나며 더 심각하게는 학교를 기피하는 경향을 갖고 있습니다.

등교 거부에는 확실한 하나의 원인만 있는 것이 아닙니다. 아이에 따라 다양한 심리적 원인이 존재하며 이러한 여러 가지 원인들이 복합적으로 작용하는 경우가 많습니다. 평소 아이의 학교생활과 교우 및 선생님과의 관계에 관심을 갖고 등교 거부 증상이 나타났을 때 부모 입장이 아닌 아이의 입장에서 그 원인을 살펴보는 것이 중요합니다.

우선 등교거부증인지 아닌지를 파악하자

등교거부증은 무단결석 혹은 단순한 결석과는 다릅니다. 다음의 사항들은 이를 구별할 수 있는 좋은 예입니다. 내 아이를 가장 잘 묘사하는 항목을 골라보세요.

① 간헐적으로 결석한다.
② 복통이나 두통 등을 호소하며 집에 있으려 하지만 실제로 아픈 것은 아니다.
③ 학교에 결석하고 부모가 만나기를 허용하지 않는 친구들과 밖에서 어울린다.
④ 집에 돌아왔을 때도 불안해 보인다.
⑤ 공부에는 관심이 없는 것 같고 학교에도 별 관심이 없다.
⑥ 일주일에 몇 번씩 결석한다.
⑦ 결석하고도 죄책감을 느끼는 것 같지 않다.
⑧ 부모 몰래 결석한다.
⑨ 원래 학교생활에 충실한 아이였다.
⑩ 등교할 땐 특히 행동이 느리다.
⑪ 학교에서 심한 공격을 받은 경험이 있다.

②, ④, ⑥, ⑦, ⑨, ⑪에 해당한다면, 아이는 단순한 무단결석에서 등교거부증으로 진행되었다고 볼 수 있습니다. 단순히 무단결석을 하는 아이는 집에 있는 것과 학교에 가는 것 모두를 꺼리며, 부모 몰래 결석하고 반사회적 행동을 하는 등의 특징을 보입니다. 반면 등교거부증을 가진 아이는 본래 선량한 편이며 집에 있는 것을 더 좋아하고 장기간 결석한 아이일 가능성이 높습니다.

위 항목 외에도 아이가 점점 학교생활에 수동적이고 소극적으로 변하거나, 예전보다 자주 싸우거나, 울면서 도움을 청하거나, 집에 있고 싶어 하지만 학교 공부를 동시에 걱정하는 등의 행동을 보인다면 등교

거부중일 확률이 높습니다. 또 늘 우울하고 불안해 보이며, 꾀병을 자주 부리고 때때로 자기 비하적인 말을 하거나, 완벽주의적인 성향을 보이는 아이도 위험합니다.

조금씩 서서히 불안감 없애기

내 아이가 등교거부중이라면 어떻게 지도해야 할까요? 먼저 부모 자신의 인식부터 점검하세요. 학교에서 어떤 일이 벌어질지 항상 걱정되나요? 선생님을 믿지 못하거나 무시하는 등 부정적인 태도를 가지고 있지는 않나요? 대부분의 아이들은 부모의 기분을 쉽게 알아차립니다. 만약 아이가 다니는 학교에 대해 부모가 좋아하지 않으면, 아이는 덩달아 학교에 가지 않는 것이 부모를 기쁘게 하는 것이라 생각할 수 있습니다. 또한 부모 스스로 학창시절에 대해 불쾌한 이미지를 갖고 있다면, 무의식적으로 아이에게 일어난 일들을 과장하거나 곡해할 수도 있습니다. 친구들에 대해 부정적인 언급을 하는 것도 아이의 걱정이나 불안감을 키워줄 수 있습니다.

부모와 떨어지는 것에 대한 두려움, 즉 분리불안으로 인해 등교를 거부하는 경우 아이의 불안 해소를 위해 점진적으로 접근하는 것이 효과적입니다. 예를 들어 일정 기간 동안 부모가 아이를 학교에 데리고 가서 수업 중에는 밖에서 기다리고 있다가 수업이 끝나면 데리고 오도록 하고 점차 부모가 학교에 머무는 시간을 줄여가는 방법입니다. 또한 평소 분리불안을 악화시키는 가정 내의 요소가 있다면, 이를 빨리 해소하도록 하고 혼자 등교하기, 심부름 보내기, 잠자리 분리와 같은 시도들이 도움이 될 수 있습니다. 배가 아프다, 어지럽다 등 신체 증상에 대해서는 무관심하게 대하되 아이가 학교에 가는 것에 대해서는 칭찬과 격려를 아끼지 않아야 합니다.

 등교거부증으로 인해 아이가 학교에 가지 않는 날이 많아지면 학습부진이나 학습실패, 또래관계의 어려움 등이 발생하기 때문에 가능한 학교로 빨리 돌아가게 해야 합니다. 하지만 공포와 불안을 갖고 있는 아이를 부모의 노력과 설득으로 학교에 보내는 것은 쉽지 않습니다. 이러한 때는 전문가에게 도움을 청하고, 공포와 불안의 원인과 실체를 파악하여 빨리 치료하는 것이 좋습니다. 또한 신체적인 고통을 지속적으로 호소하는 경우 의학적 진단을 받아 아이 자신과 부모의 불안감을 함께 떨쳐버리도록 하는 것이 좋습니다.

 치료의 목적은 되도록 빨리 아이를 학교로 돌려보내는 것입니다. 아이가 심리치료를 받기 위해 등교하지 않게 되면 오히려 결석에 익숙해질 수 있습니다. 최소한의 출석을 유지하면서 서서히 학교에 대한 불안감을 없애주는 접근이 필요합니다. 그러므로 아이를 무조건 받아주거나 책망해서는 안 됩니다. 전문가와 함께 학교에 대한 아이의 부정적 정서를 치유하기 위해 노력해야 합니다.

아이들은 사소한 이유로도 가출을 결심한다!
가출하는 아이

반항이 심해지면서 집을 나가는 이지연(16세, 여)

지연이가 얼마 전 편지 한 통 달랑 써놓고 가출한 적이 있어요. 아빠가 너무 강압적이고 융통성이 없어서 도저히 견딜 수가 없다면서요. 일주일 만에 찾아서 데리고 오긴 했지만, 학교에 자꾸 결석하고 성적도 뚝 떨어졌어요. 애 아빠는 그걸 가지고 또 꾸중을 하더군요. 그랬더니 지연이가 다시 가출을 해버렸어요. 너무 속상하고 걱정스러운데 뭘 어찌해야 좋을지 모르겠네요.

여성가족부의 〈2024 청소년 통계〉에 따르면, 청소년 인구는 782만 4천 명으로 총 인구의 15.1%를 차지합니다. 2023년 한 해 동안 초(4~6학년)·중·고등학생의 가출 경험률은 2.7%로, 무려 21만 1,248명의 아이들이 가출을 경험한 것으로 조사되었습니다. 가출 청소년의 숫자가 생각보다 많다는 것을 알 수 있죠. 주된 가출 이유는 부모와의 갈등(52.0%)이

가장 많았고, 다음으로 학업문제(21.8%), 친구들과 함께하기 위함(10.8%) 순이었습니다. 이 통계는 부모와 가정의 역할이 무엇보다 중요하다는 걸 보여줍니다.

가출이 잦아지면 학업성취에 어려움을 겪게 되고 계속적인 학업이수가 어려워집니다. 또한 결석이 많아 징계를 받게 되거나 무단가출로 인해 자퇴나 퇴학 처리되어 학교에 다니지 못하게 될 수도 있습니다. 심지어 가출로 집 밖에서 배회하다 보면 다른 비행에 연루되거나 약물남용에 노출될 가능성도 많습니다.

그렇다면 가출을 예방하거나 대처하기 위해 부모로서 어떻게 해야 할까요? 먼저 아이들이 왜 가출을 하는지 구체적으로 살펴보겠습니다.

가출을 결심하는 아이들, 뭐가 문제일까

청소년기의 가출에는 여러 원인이 있지만, 심리적 혼란 때문인 경우가 많습니다. 사춘기 때는 가족관계에 특별한 문제가 없다 해도 자신이 성인이 되었다는 느낌과 함께 독립심과 반항심이 커집니다. 이러한 상황에서는 사소한 동기에도 가출을 결심할 수 있습니다.

일방적이고 엄격한 양육 태도와 교육방식은 아이로 하여금 거리감을 느끼게 합니다. 규율을 중시하고 그것에 적응하기를 강요하기 때문에 바람직한 부모와 자녀관계를 형성하지 못하게 만듭니다. 강압적이며 체벌 위주의 분위기로 인해 아이들은 집을 견딜 수 없는 곳으로 규정하고 다른 곳에서 사는 것이 더 낫다고 생각합니다.

가정에서 보내는 시간보다 점차 밖에서 보내는 시간이 많아지는 시기에 더 강한 구속감을 느끼며, 이에 대한 반발로 가출을 하게 되는 겁니다. 반면 방임되어 있던 아이들은 가출해도 부모가 자신을 걱정하지 않을 것이라 생각합니다. 자신은 혼자이고 버려졌다는 느낌을 받기 때문이죠.

가족 간의 갈등도 가출의 원인이 될 수 있습니다. 부모는 자신들의 갈등이 아이에게 미치는 영향을 간과하는 경우가 많은데, 아이는 부모의 불화를 매우 심각하고 위협적으로 느낍니다. 부모가 부부싸움을 자주 하거나 이혼 직전에 있으면 아이는 심한 혼란을 느끼고 가출에까지 이르게 되는 겁니다.

아이들은 학교생활에 문제가 있을 때 가출하기도 합니다. 전반적인 학교생활에 잘 적응하지 못하고, 친구들에게 소외되거나 성적이 나빠 스트레스를 받고 선생님으로부터 꾸중을 들을 때 아이는 힘들어합니다. 결과적으로 이러한 상황을 피하기 위해 무단결석을 하고, 어른이 이를 두고 혼내게 되면 반항심이 커져 가출에 이르게 됩니다. 그러므로 학업이 조금 부진하다고 해서 심하게 나무라거나 질책하면 부모가 자신을 사랑하지 않는다는 불안과 두려움을 느끼게 되므로 조심해야 합니다. 아이가 어떤 잘못을 저질렀을 때 혹독한 벌보다는 이해와 보살핌이 필요합니다.

아이들의 가출 원인과 유형은 이처럼 매우 다양합니다만, 이를 정리해보면 다음과 같습니다.

- 학교가 싫어서 가출하는 경우: 학업에 관심이 없고 친구들과 어울리면서 무단결석을 자주 합니다. 성적이 떨어져 점점 더 학교에 흥미를 잃고, 선생님이나 부모에게 면목이 없어 가출하는 경우입니다.
- 친구를 따라 가출하는 경우: 이성친구나 동네친구 등 친한 친구들이 가출해 거리를 방황하는 것을 돕다가 함께 가출하는 경우입니다.
- 부모의 관심을 얻기 위해 가출하는 경우: 정서적인 혼란과 함께 스스로의 열등감이나 부모에 대한 적대감이 쌓여 이유 없이 짜증을 내거나 부모의 관심을 끌기 위해 가출하는 경우입니다.
- 현재 상황을 벗어나기 위해 가출하는 경우: 가정 내 불화와 폭력, 가난한 집이 싫거나 부모의 방임이나 학대에서 벗어나고 싶어 가출하는 경우입니다. 현재 상황에서 탈피하고 싶은 욕망이 큰 탓입니다.

아이는 가출하기 전에 부모에게 다음과 같은 신호를 보냅니다. 이러한 신호는 가출의 가능성을 보여주는 징후이므로 관심을 갖고 지켜봐야 합니다.

- 부모와의 대화가 점점 없어진다.
- 집에 있는 것을 따분해하고 짜증을 자주 부린다.
- 귀가 시간이 점점 늦어지고 가끔 외박도 한다.
- 거짓말이 늘어난다.
- 밤늦은 시간에 친구들이 전화해서 불러내면 핑계를 대서라도 꼭 나가려고 한다.
- 결석을 자주 하거나 학교 다니기 싫다는 소리를 자주 한다.

가출을 막는 가장 좋은 방법은 관심과 대화

가출하는 아이들은 대체로 공격적이고 반항적인 행동을 보이며, 가정에서 심한 갈등을 겪은 경우가 많습니다. 이들 가출 청소년 중에는 13~15세 아이들이 가장 많다고 합니다. 가출은 무단결석을 동반하며 특별한 일 없이 방황하다가 다른 비행에 빠질 위험이 있기 때문에 큰 관심이 필요합니다.

가출의 원인은 대부분 가정이나 학교 때문입니다. 그러므로 반드시 아이의 주변 환경 개선이 선행되어야 합니다. 아이의 환경과 상황, 그리고 심정을 충분히 이해해야 하며, 가출 후의 행적을 살펴 아이가 원하는 것이 무엇인지를 알아볼 필요가 있습니다. 가출은 주변 환경에서 오는 의무감과 스스로의 의지를 제대로 조화시키지 못해 생긴 것이므로 아이 스스로 책임감을 갖고 자립하도록 도와주어야 합니다.

아이에게 무리한 책임을 지운 것은 아닌지, 현재의 학업방식이 아이에게 적합한지 살펴보세요. 관심과 흥미에 맞는 활동을 찾아주는 등 방황의 원인에 걸맞은 대책을 강구해야 합니다.

가정은 아이의 무조건적인 보호막이 되어주어야 합니다. 올바른 관심과 따뜻한 이해심을 받으며 자란 아이는 가정에 소속감과 연대감을 느낍니다. 가장 큰 예방책은 충분한 애정과 보살핌입니다.

가출과 관련해 상황별로 대처할 수 있는 부모의 자세와 태도에 대해서는 다음의 내용을 참조하세요.

아이가 가출했을 때

- 먼저 침착하게 아이가 갈만한 곳을 백방으로 알아봅니다. 평소 친했던 친구, 선배들에게 연락해 어디에 있는지 혹은 알고 있는지 묻고 행방을 찾아봅니다.
- 만약 함께 가출한 아이들이 있다면, 부모들의 연락처를 알아두고 평소 친했던 친구들에게 아이가 집으로 연락할 수 있도록 부탁해 두는 것이 좋습니다.
- 아이와 직접 연락이 안 되더라도 아이의 휴대전화 등에 부모의 애타는 마음과 사랑을 전달하세요.
- 경찰서에 가출 신고를 하는 것도 하나의 방법입니다.

가출한 아이와 통화가 됐을 때

- 흥분하거나 화를 내지 말아야 합니다. "너 어디야! 당장 집에 들어오지 못해?", "너 다신 집에 들어올 생각 하지마!" 등의 자극적인 표현은 금물입니다. 어디에서 지내며 밥을 굶고 있지는 않은지 먼저 아이의 안부를 물으세요.
- 아이가 집으로 돌아올 준비가 되어 있지 않은 경우엔 가출 청소년들을 위한 쉼터나 관련기관의 전화번호를 알려주는 것도 좋은 방법입니다. 아이의 입장에서는 부모가 "당장 들어와!"라고 소리 지르며 당연히 화를 낼 것이라 생각했는데, "엄마가 너무 걱정되니까 밖에서 방황하지 말고 잠은 쉼터에서 자는 게 좋겠어"라고 말하면 더 미안한 마음이 들고 집에 들어가야겠다는 생각을 하게 됩니다.

가출한 아이를 밖에서 찾았을 때

- 집에 들어가자고 애정어린 호소와 설득을 해야 합니다. 만약 절대 가지 않겠다고 고집을 부리면 억지로 집에 끌고 가기보다는 친한 친구나 선배 등에게 설득해달라고 부탁하는 게 좋습니다.
- 온갖 노력에도 불구하고 아이가 집으로 가는 것을 거부할 경우 강제로 데려가는 것은 역효과를 낼 수 있습니다. 친척 집이나 친구 집, 청소년 쉼터 등 안전하게 있을 만한 곳을 마련해주고 아이의 마음을 진정시킬 시간을 주는 것이 좋습니다. 대신 서로 전화 연락은 꼭 하겠다는 약속을 받아내세요.
- 혹시 아이가 요구 조건을 내걸고 그 조건을 들어주면 집에 가겠다고 한다면 당장 그 자리에서 "그래, 알았다"라고 하기보다는 함께 의논해보자고 하는 게 좋습니다. 요구 조건 이면에 있는 아이의 감정을 진지하게 들어보고, 진정으로 아이가 원하는 것이 무엇인지를 확인한 후 타협안을 찾도록 하세요.

아이가 가출해 유흥업소 등에서 일하고 있을 때

- 아이를 유흥업소 등 다른 위험한 곳에서 발견했을 때는 아이의 안전을 위해 일단 강제적으로라도 데려와야 합니다.
- 이때 아이에게 부모의 좌절감과 실망감을 대놓고 표현하지 않아야 합니다. 그런 곳에서 생활한 아이 역시 표현은 못하더라도 커다란 수치심을 느끼고 있을 가능성이 크기 때문입니다.
- 만약 아이가 자유로운 몸이 아닐 경우 유흥업소 주인을 만나 아이를 돌려보내도록 권고하고, 필요한 경우 청소년보호법 위반으로 경찰에 신고해야 합니다.

가출한 아이가 집에 돌아왔을 때

- 집으로 돌아온 아이를 편안하고 따뜻하게 맞이해주세요. "가출이라니 엄마는 너무 실망했다", "엄마는 가출을 꿈도 꿔본 적이 없는데, 넌 누굴 닮아 그러니?"라고 가출을 거론하며 아이의 마음을 상하게 하지 않도록 하세요. 가출해 있는 동안 있었던 일을 꼬치꼬치 캐묻는다든지, 아이 눈치만 보며 어쩔 줄 몰라 하는 식의 태도는 서로 스트레스를 더 크게 할 뿐입니다. 일단 아이에게 걱정하지 말고 푹 쉬라는 말을 전하고 무엇보다 "네가 집에 돌아와서 엄마 아빠는 안심되고 무척 기쁘다"는 표현을 많이 해주는 게 좋습니다. 아이도 집을 나가서 여러 가지 혼란스러운 감정을 느끼고 돌아왔기 때문에 부모가 헤아려주기를 바랄 겁니다.
- 아이의 몸 상태를 관심 있게 살펴봐야 합니다. 어디서 다치진 않았는지, 잘 먹지 못해서 영양 상태가 나빠진 것은 아닌지 체크해보세요.
- 어느 정도 아이의 마음이 풀렸다고 생각되면 가출하게 된 진짜 이유와 속마음을 조금씩 알아보세요. 오히려 아이와의 관계를 새로 시작할 수 있는 좋은 계기가 될 수도 있습니다. 그동안 하지 못했던 이야기를 풀어놓고 아이가 왜 가출할 수밖에 없었는지 허심탄회하게 대화하는 게 좋습니다. 이때 아이에게 변명이나 해명하게 하지 말고, 아이가 부모에 대해 오해한 일이 있다면 진심으로 사과하는 모습을 보여줄 필요가 있습니다.
- 아이와 오해가 풀리면 그다음은 이제 부모가 원하는 것을 분명히 전달해야 합니다. 그것은 '하루에 학원 한 군데는 꼭 다녀야 한다' 혹은 '공부는 몇 시간 이상 해야 한다'와 같은 식이어서는 안 됩니다. 먼저 부모 자신이 가정 내의 변화를 위해 어떤 노력을 할 것인지에

대해 이야기하는 게 중요합니다. 또 가출할까 봐 두렵다고 해서 아이의 요구를 다 들어줘서도 안 됩니다. 아이의 의견을 먼저 물어보되 스스로 자신과 약속하고 그것을 지켜나갈 수 있도록 도와주는 것이 좋습니다.

- 가출 후 다시 일상으로 돌아온 아이의 생활은 이전과 많이 다를 겁니다. 살던 집도 낯설게 느껴지고 학교도 익숙하지 않을 수 있습니다. 아이가 학교로 돌아갔을 때 다른 사람들의 시선이 이전과 같지 않을 수 있음을 말해주면서 "그래도 나는 네 편이니 어려운 게 있으면 함께 상의하자"고 이야기하세요.
- 가출 당시 사귄 친구들을 부모가 일방적으로 못 만나게 하는 것은 바람직하지 못합니다. 일단 아이가 힘들었던 시절을 함께한 친구이기 때문에 매우 중요한 의미가 있다는 것을 이해해야 합니다. 대신 그들을 사귀며 좋았던 점과 좋지 않았던 점을 비교하여 그들을 객관적이고 전체적으로 볼 수 있도록 해주세요. 또한 가출을 부추기는 친구의 압력이나 유혹을 확실하게 거절할 수 있도록 하는 방법을 알려주는 일도 꼭 필요합니다.

청소년 쉼터

다양한 원인으로 인해 가정의 도움을 받지 못하고 있는 가출 청소년들을 위한 생활보호시설로, 의식주 제공 등 대체가정의 역할부터 필요로 하는 서비스를 맞춤형으로 제공하는 가출 청소년 특화시설입니다. 청소년 쉼터는 가출 청소년의 일시 보호 및 숙식 제공, 가출 청소년의 상담·선도·수련활동, 가출 청소년의 학업 및 직업훈련 지원활동, 청소년의 가출 예방을 위한 거리아웃리치(상담)활동, 청소년 복지지원에 관한 활동, 지역사회 청소년통합지원체계(CYS-Net)와의 연계협력 강화, 청소년 전화 1388과 청소년상담지원센터와의 연계를 통한 상담 및 선도·보호서비스 확충 등의 역할을 수행하고 있습니다.

호기심이 중독으로, 술과 담배도 약물?!
약물을 남용하는 아이

술, 담배, 약물에 빠진 황찬승(18세, 남)

찬승이는 알코올 중독 때문에 입원까지 했어요. 중학교 1학년 때부터 동네 형들과 어울려 술을 마시기 시작했다고 하네요. 또래들보다는 형들과 어울리는 걸 더 좋아하더라고요. 평소에는 내성적이고 말도 별로 없다가 술만 마시면 울거나 과격해져요. 자기 행동을 통제하지 못해 칼을 들고 싸운 적도 있다니까요. 지난 방학 때는 외박도 잦았고, 술·담배는 물론 남의 오토바이를 훔쳐 친구들과 어울려 놀기도 했어요. 술을 먹고 집에 들어온 날은 부모에게도 반항하고 공격적인 모습을 보이곤 해요. 어린 나이에 알코올 중독이라니 걱정이 태산이에요. 우리 찬승이 치료할 수 있을까요?

질병관리청의 〈2024년 청소년건강행태조사〉에 따르면 청소년의 흡연율은 남학생 4.8%, 여학생 2.4%이고, 음주율은 남학생 11.8%, 여학생 7.5%로 밝혀졌습니다. 청소년의 흡연과 음주를 비롯한 약물남용은 저

연령화, 다양화로 확산되고 있는 추세이며 이로 인한 청소년 비행도 증가하는 등 청소년 약물남용이 심각한 사회문제로 대두되고 있습니다. 세계보건기구의 정의에 의하면, 약물남용이란 의학적 용도와 상관없이 약물을 지속적으로 사용하는 것을 뜻하며 일반적으로 습관성 중독에 의한 경우가 많습니다.

청소년들이 주로 남용하는 것은 술, 담배이지만 일부 비행 청소년들은 본드나 부탄가스, 신나 등 유해물질과 진통제, 진해거담제 등 일반 의약품의 부작용을 이용하기도 합니다. 극소수이긴 하지만 필로폰 등 마약류로 전환하는 경우도 있어 그 심각성이 커지고 있는 추세입니다. 대부분의 경우 청소년들은 약물남용의 폐해에 대한 무지와 호기심으로 약물남용을 시작합니다. 이들은 처음엔 약한 약물을 사용하다가 점차 강한 약물로 바뀌게 되며, 현실 판단력과 자제력 상실로 인해 비행 범죄 등 사회문제를 야기하기도 합니다. 그렇기 때문에 사전 예방이 시급하다고 할 수 있습니다.

몸과 마음을 좀먹는 약물남용

약물남용과 관련된 정신활성물질은 사람의 뇌에 영향을 주어 의식이나 심정을 변화시킵니다. 그중 청소년들이 흔히 남용하는 것은 앞에서 언급한 바와 같은 술이나 담배이며, 드물긴 하지만 본드나 부탄가스, 대마초 등을 흡입하는 경우도 있습니다. 알코올은 적당히 마시면 신체를 이완시키고 기분을 좋게 할 뿐만 아니라 자신감과 용기를 증가

시켜 사회적인 상호작용을 적극적으로 할 수 있게 합니다. 그러나 지나치면 호흡곤란을 가져오고 심한 경우 죽음에까지 이르게 합니다. 과거 매년 발생하던 대학 신입생들의 음주에 의한 사망 사고가 바로 그러한 예라 할 수 있습니다.

약물남용에 빠진 청소년들의 숫자는 점차 늘어나고 있으며, 그 대상 연령 또한 낮아지는 추세입니다. 약물남용이 심각한 이유는 바로 내성 때문입니다. 처음에는 약한 것을 사용하다가 차츰 용량과 강도를 증가시켜나가고, 결국 자제력과 판단력을 상실하게 됩니다. 그 상태로 폭력과 같은 범죄를 저지르기도 하고 사고를 내거나 사망에까지 이르는 경우도 없지 않습니다.

또한 약물은 심리적으로 의존하게 만들고, 긴장을 완화시켜 쾌락을 느끼게 함으로써 중독성을 가져옵니다. 약물을 남용한 청소년들은 정신이 황폐해져 성인이 되어서도 사회에 적응하지 못하고 폐인이 될 가능성이 높습니다. 약물남용은 청소년 자신의 문제일 뿐 아니라 사회적으로도 매우 큰 문제를 일으킬 수 있기 때문에 국가의 근본적인 대책 강구뿐 아니라 가정에서도 적극적인 지도가 필요합니다.

처음에는 대부분 호기심으로 약물을 시작합니다. 또한 어른들에 대한 반항 심리나 사회적 규범에 대한 도전 혹은 흥분과 스릴을 즐기기 위한 수단으로 약물을 사용하는 경우도 늘고 있습니다. 담배나 술부터 시작해서 잘못 빠지면 본드 등의 비합법적인 약물에까지 손을 대기도 합니다.

청소년들은 또래집단에 소속되고 싶어 하고 그들과 동일시하려는 경향이 있기 때문에 친구들의 행동을 모방하는 경우가 많습니다. 그러므로 주변에 그런 친구들이 있을 때는 더욱 관심을 갖고 지켜보아야 합니다.

한번 빠지면 헤어나기 힘든 약물남용의 늪

청소년들이 약물남용에 빠지는 원인은 매우 여러 가지인데, 크게 사회적 요인과 심리적 요인 그리고 행동적 요인으로 구분해볼 수 있습니다.

사회적 요인이란 알코올 등의 약물을 남용하는 부모나 친척 혹은 친구들의 영향을 받는 겁니다. 불안정한 가정환경도 이에 포함될 수 있습니다. 심리적 요인은 내적인 문제에서 기인한 것으로 자존감이나 자신감이 낮고, 충동적이거나 반항적인 성향을 가질수록 약물에 손을 댈 가능성이 높습니다. 또한 또래들로부터 사회적 인정을 받고 싶은 욕구가 강하고 남들보다 더 강하게 보이고 싶은 욕구에서도 그럴 수 있습니다. 마지막으로 행동적 요인은 학교 성적이 부진하거나 교육과정 자체에 관심이 없어서 나타나는 것을 말합니다.

청소년들이 심각한 약물남용에 이르는 데에는 다음의 다섯 단계를 거치게 됩니다. 비록 초기 단계라 할지라도 한번 빠지면 평생 빠져나오기 힘들며 건강과 정서를 해치는 것이 바로 약물남용이므로 각별히 주의해야 합니다.

- 1단계: 친구, 미디어, 가족 등의 영향으로 약물에 최초로 노출됩니다.
- 2단계: 약물을 복용하면 기분이 좋아진다는 것을 알게 됩니다. 이는 주로 또래들과 어울리면서 발생합니다.
- 3단계: 기분이 좋아지는 것을 추구합니다. 간헐적으로 이루어지던 약물복용이 점차 장기적으로, 나중에는 상습적으로 이루어집니다.
- 4단계: 기분이 좋아지는 것에 집착합니다. 약물 습득에 몰두하고, 주로 누군가와 함께하는 것이 아니라 혼자서 약물을 복용하게 됩니다.
- 5단계: 매우 치명적인 단계로, 매일 상습적으로 약물을 복용합니다.

치료보다 예방이 최선의 방법이다

약물남용으로 인해 발생하는 건강상의 폐해, 사회적 부작용, 중독성 등을 생각하면 예방이 가장 중요하다고 할 수 있습니다. 약물남용으로 가장 고통받는 이는 신체적으로나 심리적으로 아이 자신입니다. 일단 아이가 가정이나 또래집단, 그룹 등 사회에서 느끼는 압력과 갈등을 잘 해결할 수 있도록 지도해야 합니다. 또한 스스로 시작하기보다 주변인의 권유로 빠지는 경우가 많으므로 거절의사를 명확히 표현할 수 있도록 평소에 교육하는 것이 좋습니다. 평소 약물 오남용 사례를 알려주고 옳고 그름의 판단력을 길러주는 일이 필요합니다. 흡연이나 음주를 하는 아이에게는 구체적인 금연법과 금주법을 알려주고 그 폐해에 대해서도 교육하도록 하세요.

이 문제에 있어서도 가장 중요한 것은 역시 대화입니다. 깊은 애정과 관심을 바탕으로 아이의 근본적인 고민을 이해하고 좌절감을 극복할 수 있도록 도와주어야 합니다. 예를 들어 술을 마시고자 하는 이유는 무엇이고, 술 마신 후의 결과를 과거-현재-미래로 나누어 생각해볼 수 있게 하세요. 아이 자신의 행동을 스스로 조절할 수 있도록 하는 기술과 긴장 이완 방법을 알려주고, 사회성 훈련이나 자기 주장 훈련 등을 시켜보세요. 외로운 아이에게는 건전한 친구를 사귈 수 있도록 하고 취미와 운동 등 교외활동을 장려하는 것도 좋습니다.

알코올 중독의 경우 아이 자신뿐 아니라 가족이 함께 노력해야 합니다. 그 심각성과 해결 방법에 대해 함께 교육받고 치료 모임에도 참석하게 하여 희망을 잃지 않도록 지지하고 격려해주세요. 심각한 경우에는 의사와 합의하에 입원 치료를 하는 것이 적절할 수도 있습니다. 가정에서만 해결하려고 하지 말고 반드시 전문가의 도움을 요청하는 것이 좋습니다.

아이들이 보내는 신호를 알아차리는 게 우선!
자살 위험이 있는 아이

살아야 하는 목적과 이유가 없다고 여기는 허미란(17세, 여)

우리 애가 국어시간에 적은 시를 우연히 보게 됐는데, 모두 죽음에 관한 것이었어요. 더 이상 존재해야 할 이유가 없다느니, 자신이 죽은 뒤에 누가 슬퍼할 것인가 하는 끔찍한 내용들이었죠. 최근 남자친구와 헤어져 슬퍼하고 있다는 것은 알고 있지만 너무 당황스러워요. 이 문제를 아이와 얘기해도 될지, 오히려 부작용이 생기는 건 아닐지 고민이 되네요.

안타깝게도 우리나라 10~19세 청소년 사망 원인 1위가 자살이며, 청소년 중 자살 위험군 학생이 2만 명에 달한다고 합니다. 아무도 내 주변의 일이라고 생각하지 않지만 실제로 일어나고 있는 일인 것이죠. 보건복지부에서 실시한 〈청소년건강행태조사〉에 따르면, 2023년 기준 국내 청소년 자살 시도율이 3.2%에 이릅니다. 성별로는 여학생이 3.9%, 남학생이 2.5%입니다. 이중 일부는 실제 안타까운 결과로 이어지기도 합니다. 자살 시도자의 자살 위험은 일반인보다 20~30배 이상 높다고 합니다.

대부분의 부모는 '설마, 우리 아이는 아닐 거야'라고 생각하기 쉽지만, 부모라 하더라도 아이들에 대해 세밀하게 알지 못하는 경우가 많습니다. 건강한 성인도 사소한 문제로 마음의 병을 겪기도 하는데, 아직 미성숙한 아이들이 마음의 병을 앓는 것은 당연한 일이라 할 수 있습니다. 자살이란 입에 담기에도 무서운 말이지만 내 아이를 자살 혹은 자해에서 지켜내기 위해서는 아이들의 변화를 항상 지켜봐야 합니다. 더불어 청소년 자살에 대해 정확한 지식과 관심을 가지는 것이 좋습니다. 부모가 먼저 아이와 터놓고 이야기하며 아이의 질문에 대해 솔직하게 대답한다면 자살 위험 징후를 파악할 수 있을 겁니다.

자살의 원인, 버림받았다는 위험한 생각

청소년들은 부정적인 자아개념을 가지고 있거나 여러 가지 이유로 억압을 느낄 때, 혹은 스스로 가치 없는 존재라고 여길 때 자살을 생각합니다. 또한 일부 아이들은 동정심이나 관심을 얻기 위해 자살하겠다고 위협하기도 합니다. 일상생활에 대한 불만족과 거부감을 드러내며 주변인을 놀라게 해 관심과 동정을 얻고 싶은 심리인 것이죠.

근본적인 원인은 삶에 대한 불만이나 우울증 등으로 삶의 목적을 상실한 겁니다. 반복되는 근심과 우울한 감정을 끝낼 수 있는 방법은 자살밖에 없다고 생각합니다. 또한 어떤 사건으로 인해 스스로 잘못을 탓하며 벌을 받아야 한다는 죄의식을 갖는 경우도 있습니다.

누구나 정서적으로 어려운 시기에는 매사 부정적이고 인간의 존재 자체를 회의적으로 바라보며 실패의 경험만 기억하게 됩니다. 어릴 때 상처받은 일이 있거나 그 상처가 끊이지 않고 계속될 때, 자신이 살만한 가치가 있는가에 대한 의문점을 갖게 됩니다.

가정이 불행한 것도 자살의 원인이 될 수 있습니다. 부모와의 갈등으로 인한 스트레스, 대화 부족, 부모의 알코올 중독과 같은 문제행동, 부모의 별거와 이혼 등은 아이들에게 깊은 상처가 됩니다. 만약 부모가 자살을 시도한 적이 있다면 이는 아이에게 아주 위험한 요소로 작용합니다.

이렇게 심리적으로 불안정한 아이가 충격적인 일을 겪으면 자살로 이어질 수 있습니다. 친구들의 따돌림이나 괴롭힘, 선생님과의 갈등, 잦은 이사나 전학, 성적 하락과 같은 학교생활 관련 문제도 있고, 이성친구와의 이별, 가족이나 애완동물의 죽음, 형제간의 갈등, 사고나 질병 등이 그 원인이 될 수도 있습니다.

또한 청소년들은 미디어의 영향에 쉽게 노출되기 때문에 음악, 문학, 영화 등에 의해서 자살에 대한 공상을 하기도 합니다. 좋아하는 연예인의 자살 사건을 접하거나, 독일의 문학가 요한 볼프강 폰 괴테(Johann Wolfgang von Goethe)가 쓴 소설 《젊은 베르테르의 슬픔(The Sorrows of Young Werther)》에 묘사된 주인공 베르테르가 자살한 이야기를 읽고 모방 자살을 하는 등이 그러한 예라 할 수 있습니다.

자살을 시도하는 아이들은 매우 조용하고 주눅 든 성향이 있는 반면,

흥분을 잘하거나 자신의 속마음을 감추기 위해 과한 행동을 하기도 합니다. 마음이 유약한 아이는 자존감에 상처를 입거나 소중한 것을 잃었을 때 스스로의 감정을 억압하며 자기 파괴적인 행동까지 하는 경우도 있습니다. 이때 만성적 불면증이 생기기도 하고, 식욕을 잃거나 극도로 위축되어 평소에 하지 않던 행동을 하기도 합니다.

자살 충동을 느끼는 사람의 공통점은 고립, 거절, 절망 등의 감정을 경험한다는 겁니다. 자살 외의 다른 방법을 생각할 수 없을 정도로 강렬한 좌절을 느끼고 세상으로부터 버림받았다는 생각에 휩싸이기 때문입니다.

우리나라 청소년들은 학업에 대한 스트레스가 많고 경쟁구도 속에서 살다 보니 잘하는 아이는 더 잘해야 하고 못하는 아이는 자존감에 상처를 입어 열등감을 갖게 됩니다. 공부가 인생의 전부도 아닐 텐데 이런 현실에 화가 나고 분노가 밖으로 표출되면 공격성과 폭력으로 이어지지만, 안으로 표출되면 우울증과 자살로 이어질 수 있습니다. 결국 우리나라 청소년들은 자신의 존재감이 없기 때문에 살만한 가치가 없다고 생각해 자살하는 경우가 많습니다. 이를 예방하기 위해서는 아이들 한 명 한 명이 자신의 존재감을 갖도록 해주어야 합니다.

신호를 알아차려 관심을 보여주자

자살을 시도한 10대의 약 90%가 미리 주변 사람들에게 자살에 대한 경고 신호를 보낸다고 합니다. 직접적일 수도 있고 간접적일 수도 있지만 이는 다행스러운 일입니다. 아직 어린 자녀와 자살에 대해 이야기 나누는 것이 걱정스러울 수도 있지만, 오히려 아이에게 희망적인 불빛이 된다는 사실을 명심해야 합니다. 주변의 친구나 가족들이 이러한 신호를 잘 알아차리는지 여부에 따라 그 아이의 삶과 죽음이 갈릴 수 있습니다.

  모두 그런 것은 아니지만 다음과 같은 신호는 충분히 자살의 경고가 될 수 있는 것들이기에 아이와 아이의 주변을 유심히 살피거나 관심을 기울여야 합니다.

- 일기장이나 SNS에 죽고 싶다는 표현을 하거나 죽을 것이라며 협박할 때
- 식사를 잘하지 못하거나 잠을 잘 자지 못할 때
- 두통, 복통, 소화불량 등 신체 중상을 호소할 때
- 이전에 자살을 시도한 적이 있을 때
- 짜증, 우울증, 조울증이 심각하거나 오래되었을 때
- 갑자기 홍분하는 등 평소와 다른 성격의 변화를 보일 때
- 친구들이 갑자기 바뀌었거나 성적이 급격하게 떨어졌을 때
- 가출하거나 외박하는 등 책임감 없는 행동을 보일 때
- 집에서 대화를 거부하고 무기력하게 누워만 있을 때
- 유서를 쓰거나 평소 소중히 여기던 물건을 누군가에게 나누어줄 때
- 사후 세계를 동경할 때
- 반항적이고 공격적인 태도를 보이거나 스스로 신체에 상처를 입히는 행동을 보일 때

자살과는 다른 자해행동을 보이는 경우도 있습니다. 자해행동은 자신의 힘든 처지를 가족이나 친구 혹은 주변 사람들에게 알리고 싶은 하나의 신호이며, 자신의 우울함이나 불안, 짜증과 같은 부정적인 감정을 일시적으로 해소하는 분출구입니다. 자해행동은 자신의 압도적인 감정이나 고통으로부터 도망치려는 일종의 회피라고 할 수 있습니다. 죽으려는 의도가 아니라고 가볍게 여기거나, 단순히 관심을 끌려는 모습으로 봐서는 안 됩니다. 자해행동에 대한 의심 신호는 다음과 같습니다.

- 갑자기 생긴 팔, 허벅지 등의 상처, 잦은 멍과 화상 자국이 있을 때
- 옷이나 이불 등에 핏자국이 있을 때
- 계절에 맞지 않는 복장, 손목 밴드나 붕대를 자주 사용할 때

이런 상황을 보게 되면 즉시 주변에 알리도록 하세요. 10대들은 자살을 시도하기 전에 친구에게 먼저 말할 가능성이 큽니다. 만약 누군가 자살을 생각한다고 말할 때, 가장 중요한 규칙은 '절대 비밀에 부쳐서는 안 된다'는 겁니다.

만약 앞에서 설명한 징후가 확실하지 않을 때는 자살을 생각하고 있는지 직접적으로 물어봐도 괜찮습니다. 예를 들어 "너 요즘 많이 침울해 보이는데, 혹시 죽고 싶다는 생각이 들기도 하니?", "네가 죽고 싶다고 써 놓은 메모를 봤어. 엄마는 너무 걱정되는구나"처럼 말입니다. 아이가 죽고 싶다고 이야기한다면 매우 당황스럽겠지만 일단 충분히 들

어주고 언제부터, 왜 그런 생각이 들었는지, 구체적인 계획을 했는지, 어떤 방법으로 하려고 했는지, 죽으려고 시도한 적이 있는지 등을 더 자세히 물어보세요. 자살에 대해 이야기하면서 직접적이고 구체적으로 질문한다고 해서 자살 충동을 부추기거나 자살 위험이 높아지는 것은 아닙니다. 오히려 도울 준비가 되어 있으며 관심을 쏟고 있다는 사실을 알게 해줍니다. '너는 혼자가 아니야'라는 생각을 심어주는 것이 매우 중요합니다.

자살이나 자해행동에 대한 생각이나 시도에 관해 대화할 때는 문제의 심각성을 부정하지 않고 아이의 관점에서 충분히 공감해주어야 합니다. '죽겠다'라는 아이의 말이 단순한 투정으로 느껴지더라도 아이에게 그 문제는 삶과 죽음의 문제일 수 있기 때문에 아이의 입장에서 진지하게 이해하고 고통을 나누려고 노력해야 합니다.

대화를 마무리할 때는 자살에 대한 생각이나 시도에 대해 말해준 아이에게 "네 이야기기 듣고 놀라기는 했지만 엄마 아빠에게 솔직하게 말해줘서 정말 고마워", "네가 말해주지 않았다면 모를 뻔했는데, 정말 다행이라는 생각이 들어"와 같이 고마움을 표현하는 게 좋습니다. 그리고 "엄마 아빠가 널 어떻게 도우면 좋을까?", "그런 일이 있어서 네가 죽고 싶다는 생각까지 했던 거구나", "그 일을 엄마 아빠가 도와줄 테니 함께 해결해보자", "엄마 아빠가 보기엔 네가 많이 힘들어하는 것 같은데 함께 병원에 가보지 않을래?"와 같이 도움을 주고자 하는 부모의 마음을 전달하면서 해결 방안을 함께 모색해보세요.

적절한 해결 방안을 찾기 어렵거나 아이가 부모와 대화하려고 하지 않을 때, 어느 시점에서 자살을 감행하려는 전조나 불안한 기운을 느끼거나, 아이의 자살 시도나 협박이 심각할 때는 부모 스스로 해결하기보다는 주저하지 말고 신속하게 전문 상담사나 신경정신건강의학과 전문의에게 도움을 요청해야 합니다.

청소년의 자살에 대한 오해

다음은 청소년의 자살과 관련된 잘못된 믿음과 생각입니다. 주변에 자살과 같은 끔찍한 일이 없도록 올바른 인식을 가져야 합니다.

자살한다고 말하는 아이는 실제로 자살을 실행하지는 않을 것 같은데요?
: 아닙니다. 자살을 시도하는 사람의 대부분은 '이 세상을 떠나고 싶다', '나는 살 가치가 없다'는 식의 암시를 줍니다.

자살을 시도하는 아이는 모두 정신적으로 문제가 있을까요?
: 틀린 말입니다. 정신적인 문제 때문에 자살하는 경우는 드뭅니다. 대부분은 감정적인 혼란에 빠져 있기 때문입니다.

10대가 진정으로 자살하기 원한다면 어떻게 해도 막을 수 없는 거 아닌가요?
: 잘못된 생각입니다. 스스로 살고 싶은 욕망이 있기 때문에 갈등과 혼란에 빠진 겁니다. 그래서 주변의 도움이 절실합니다.

자살에 관해 대화를 나누는 것은 좋지 않을 것 같은데요?
: 틀렸습니다. 자살 충동을 느끼는 아이는 스스로의 감정을 표출하기 위한 대화가 절실합니다. 자살에 대한 대화를 억제할 경우 오히려 안 좋은 결과를 초래하기 쉽습니다.

자살 충동을 한 번 느낀 아이는 계속 불행해질까요?

: 그렇지 않습니다. 자살 충동을 느낀 사람들 대부분은 후에 더 건강한 삶을 살기도 합니다.

자살 충동은 유전적일까요?

: 절대 아닙니다. 자살은 가족력이 없어도 일어날 수 있으며 누구의 운명도 아닙니다. 즉 운명적으로 타고난 것이 아닙니다.

자살 예방에 도움을 받을 수 있는 곳

아이의 자살을 예방하거나 대처하기 위해 믿고 도움 받을 수 있는 곳을 소개하면 다음과 같습니다.

- 학교 선생님, 위 클래스, 교육청 Wee센터
- 청소년 SNS상담시스템 '다 들어줄 개'(청소년 대상으로 24시간 전문화된 모바일 무료 상담, 익명으로도 상담이 가능하며 SNS나 앱, 문자를 사용한 상담 제공)
- 청소년 위기 응급전화 ☎1388(연중 24시간 전화, 휴대폰, 카카오톡 무료 상담 가능)
- 정신건강위기상담전화 ☎1577-0199(24시간 정신건강상담, 시군구별 정신건강 전문요원 상담)
- 청소년상담복지센터, 정신건강복지센터, 가까운 정신건강의학과의원
- 대한소아청소년정신의학회 www.kacap.or.kr(지역별 병의원 찾기 정보 제공)

3부

아이의 성적, 공부환경이 우선이에요
학습능력 향상

공부 잘하는 아이에게는 태도의 힘이 있다!
노력해도 안 된다고 믿는 아이

머리가 나빠 공부해도 안 된다고 생각하는 이우재(15세, 남)
우리 애 성적이 나빠 걱정이에요. 공부 좀 하라고 채근하면 자신은 머리가 나빠 노력해도 안 된다며 공부할 생각을 전혀 하지 않아 속상해 죽겠어요. 아이의 지능과 능력은 타고나는 것일까요? 아무리 노력해도 지능과 능력은 바뀌지 않는 것일까요? 정말 궁금해서 여쭤봅니다.

부모가 "제발 좀 공부해라. 노력을 안 하니 자꾸 틀리잖아. 넌 왜 노력할 생각을 안 하니?"라고 야단쳐도 의기소침할 뿐 공부에 대한 의욕이 없고 전혀 할 생각이 없는 아이들이 있습니다. 이런 아이들 중에는 자신의 지능과 능력이 모자라서 아무리 열심히 노력해도 공부를 잘할 수 없다고 믿으며 하지 않는 경우가 있습니다. 이런 아이들은 자신의 지능과 능력에 대해 고정된 생각을 갖고 있습니다. 자신의 노력으로 지능과 능력을 변화시키고 성장시킬 수 있다는 신념을 갖고 있지 못하기

때문에 열심히 노력해도 소용없다고 생각하고 공부를 하지 않는 겁니다. 그러므로 이런 신념을 바꿔주는 게 필요합니다.

지능과 능력에 대한 두 가지 견해: 고정이론 대 증가이론

공부를 잘하거나 성적이 좋은 아이를 보면 '머리가 좋은가 보다'라고 생각하고, 공부를 못하거나 성적이 안 좋은 아이는 '머리가 나쁜가 봐'라고 여기는 경향이 있습니다. 머리가 좋고 나쁨에 대해 일상적으로 흔히 사용되는 개념이 바로 지능이죠. 지능지수가 높은 아이가 학교에서 좋은 성적, 즉 높은 학업성취 수준을 보일 것이라고 예측합니다. 실제로 지능과 학업성취 간에는 높은 상관관계가 있다고 보고하는 연구결과가 많습니다. 하지만 지능 외에도 선수학습의 정도, 학습동기 수준, 부모의 양육 방식, 선생님과 친구와의 관계, 정서적 문제 등 많은 요인이 학업성취에 영향을 미칩니다. 그러므로 지능이 학교에서의 학업성취 수준을 예측할 수 있는 중요한 요인이기는 하지만 절대적이고 유일한 요인은 아니라는 사실을 알아야 합니다.

그럼에도 불구하고 지능이 학습에 영향을 미치는 중요한 요인 중 하나이기 때문에 학교에서는 학생의 인지발달 수준을 점검하고 학습에서 겪는 어려움의 원인을 보다 구체적으로 파악해 적절한 교수전략을 세우기 위해 지능검사를 실시하는 경우가 많습니다. 하지만 최근 교육심리학 분야에서는 객관적인 지능검사 결과만큼이나 학습에 영향을 미치는 것이 학생이 가진 지능과 능력에 대한 인식론적 신념이라고 보는 견해가 있습니다. 지능과 능력을 보는 신념에는 기본적으로 고정이론(Entity Theory)과 증가이론(Incremental Theory)이 있습니다. 고정적 관점에서는 지능과 능력이란 안정적이며 통제 불가능한 특성으로 생각합니다. 즉 지능과 능력은 아무리 노력해도 변화될 수 없는 개인의 특성이라고 보는 것이죠. 사람에 따라 지능과 능력의 정도는 다르지만 각 개인이 가지고 있는 지능과 능력의 정도는 고정적이라는 겁니다. 반면 증가적 관점에서는 지능과 능력이란 불안정한 것이며 통제가능한 특성으로 생각합니다. 즉 지능과 능력은 노력에 의해 변화될 수 있는 개인의 특성이며, 열심히 공부하거나 연습하면 개인의 지능과 능력은 향상될 수 있다고 봅니다.

이와 같이 아이가 지능과 능력에 대해 어떤 신념을 갖고 있느냐에 따라 학습에 대한 태도도 달라집니다. 아무리 노력해도 나아지거나 달라질 것이 없다고 믿는 아이들은 목표로 하고 있는 결과를 얻기 위해 노력하는 것을 포기하기 쉽습니다. 반면 노력에 따라 지능이나 능력이 달라질 수 있다고 믿는 아이들은 어려움을 경험하는 순간에도 앞으로 달라질 결과에 대해 기대하면서 노력을 멈추지 않습니다.

초등학교 저학년 아이들은 오로지 지능과 능력에 대한 증가적 관점을 취하는 경향이 있습니다. 노력을 지능과 같은 것이라고 믿는 것이죠. 똑똑한 사람은 열심히 노력하며, 열심히 노력하는 것은 사람을 똑똑하게 만들어준다고 생각합니다. 실패한 것은 똑똑하지 않을 뿐만 아니라 열심히 노력하지 않았기 때문이고, 성공한 것은 똑똑한 데다 열심히 노력했기 때문이라고 믿는 것이죠.

초등학교 고학년 아이들은 능력과 노력 및 성취행동을 구분할 수 있게 됩니다. 이때쯤이면 아이들은 전혀 노력하지 않아도 성공하는 사람은 정말로 똑똑한 사람일 것이라 믿게 됩니다. 지능과 능력에 대한 신념이 학습동기에 영향을 미치기 시작하는 것이죠.

지능과 능력에 대한 신념은 왜 아이들이 때때로 자기장애 행동을 하는지 이해하는 데 도움을 줍니다. 자기가치(self-worth)는 종종 높은 지능과 능력에 대한 지각과 연관되어 있습니다. 그래서 만일 지능과 능력이 고정되어 있고 시간이 지나도 별로 나아지지 않는다고 믿으면, 어려움과 실패를 경험하는 것이 모두 지능과 능력 부족을 보여주는 증거이므로 아이에게는 매우 힘든 일이 됩니다. 자기가치감을 보호하기 위하여 아이들은 자신의 지능과 능력을 부정적으로 반영하는 상황을 회피하려 하죠. 결과적으로 이러한 신념으로 인해 그들의 학습동기와 학습행동은 감소하게 됩니다. 반면 아이가 지능과 능력이 고정되어 있지 않고 노력으로 증가할 수 있다고 믿는다면, 어려움과 실패는 더 많은 노력이 필요함을 나타냅니다. 다시 말해 지능과 능력을 변화 가능하다고 믿는 아이들은 학습상황에서의 실패나 저조한 성취를 패배라고 여기기보다는 앞으로 자신이 개발하고 노력해야 할 부분이 무엇인지 알려주는 피드백으로 받아들이는 것이죠. 그들은 열심히 노력하거나 더 효과적인 전략을 사용하면 성공할 것이고 자신의 성공은 능력이 있다는 증거라고 믿습니다. 노력하면 능력이 있는 것이라고 믿기 때문에 그들의 학습동기와 학습행동은 높아집니다.

증가적 관점을 취하게 하자

따라서 아이들에게 지능과 능력에 대해 고정적 관점이 아닌 증가적 관점을 취하도록 이끌어주어야 합니다. 학습이 부진한 아이들은 자신의 지능과 능력에 대해 고정적 관점을 취하는 경우가 많습니다. 지능과 능력에 대해 고정적 관점을 갖게 되면 좋은 학업성취 결과를 가져오기 어렵습니다. 지능과 능력이 고정되어 있다고 믿는 아이들의 성향을 극복하도록 돕기 위해 사용할 수 있는 효과적인 방법 중 하나는 부모가 "나도 다 알고 있으면 좋겠지만 너희를 가르치려고 매일 공부한단다. 내가 열심히 노력할수록 나는 더 똑똑해지겠지"라고 지능과 능력에 대한 증가적 관점을 본보기로 보여주는 것입니다.

학습과 성공을 위한 태도의 힘, 마인드셋

최근 심리학 분야에서는 지능과 능력에 대한 개인의 신념을 마인드셋(Mindset)이란 개념으로 설명하고 있습니다. 마인드셋은 미국 스탠퍼드 대학교의 캐럴 드웩(Carol Dweck) 교수가 제시한 개념으로 심적 경향이나 태도, 믿음, 마음가짐 혹은 사고방식을 의미합니다. 드웩은 사람에게는 스스로를 바라보는 두 종류의 마인드셋이 있다고 주장합니다. 하나는 자신의 자질(지능)과 능력(음악 재능, 운동 솜씨)이 이미 일정 수준으로 정해져 있다고 믿는 고정 마인드셋(Fixed Mindset)이고, 다른 하나는 자질과 능력을 포함해 나란 존재는 노력과 학습을 통해 지속적으로 향상될 수 있다고 믿는 성장 마인드셋(Growth Mindset)입니다.

다시 말해 고정 마인드셋은 노력 여하를 막론하고 자신의 지능과 능력은 변화하지 않는다고 믿고 더 이상의 도전을 통한 발전을 회피하는 사고 체계를 말합니다. 반면 성장 마인드셋은 자신의 지능이나 능력이 긍정적으로 변화할 수 있다고 믿고 비록 자신의 기본적인 자질이 미흡할지라도 지속적인 발전 가능성이 있다고 믿는 사고 체계입니다. 고정 마인드셋은 역경의 순간에 비관적으로 해석하고, 이는 도전 상황을 회피하거나 포기하는 행동으로 이어집니다. 하지만 성장 마인드셋은 역경의 순간에 낙관적으로 해석하고, 이는 다시 끈기 있게 새로운 도전을 추구하는 행동으로 이어져 결국 더 강한 사람으로 만들어줍니다.

고정 마인드셋은 아이 자신에게 스스로를 계속 증명해 보일 것을 요구합니다. 다시 말해 지능, 재능, 특성이 이미 정해져 있다고 믿는 아이들은 이왕이면 충분한 양을 보유하고 있는 것처럼 보여야 합니다. 그래야 인간이 갖추어야 할 기본적인 자질들이 부족하게 보이지 않을 테니까요. 반면 성장 마인드셋은 아이 자신이 현재 가지고 있는 자질이 단지 성장을 위한 출발점일 뿐이며, 노력이나 연습 혹은 타인의 도움을 통해 얼마든지 나아질 수 있다는 사고와 믿음에 바탕을 두고 있습니다.

고정 마인드셋을 갖고 있는 아이는 개인적인 욕구와 욕망 그리고 바람에 사로잡혀 있으며 외적인 것, 이익, 권력, 인간이 주는 단물에 민감하게 반응합니다. 곡선의 노력보다는 직선의 재능으로 쉽게 무엇인가를 얻으려 합니다. 일이 잘못되었을 때는 남의 탓을 해 주변 사람들을 고통스럽게 만들기도 하죠. 반면 성장 마인드셋을 갖고 있는 아이들은 내적인 만족을 충족하며 노력과 배움을 추구합니다. 성공에도 크게 압도당하지 않고 실패에서도 무엇인가 배울 것을 찾아내 다시 일어섭니다. 실패에 대해 아픔을 느끼지만 이내 그것을 자신만의 방법으로 이겨 냅니다.

캐럴 드웩의 연구에 따르면, 마인드셋이 개인으로서 우리에게 특히 중요한 것은 우리의 행동과 삶의 방식에 지대한 영향을 미친다는 사실입니다. 고정 마인드셋을 가진 아이들은 대부분 상대적으로 기본 자질이 뛰어난 편입니다. 그리고 어느 정도의 목적도 이루죠. 그러나 항상 잘해야 하고 틀리지 않아야 한다는 생각 때문에 불확실에 도전하기보다는 자신의 현재 능력으로 충분히 소화해낼 수 있는 일과 과제에만 몰두하기에 더 이상 초월적인 발전을 이루기가 힘듭니다.

반면 성장 마인드셋을 가진 아이들은 '실패는 성공의 어머니'라는 격언에 잘 맞는 유형으로, 가능하면 자신의 능력에 비해 어렵거나 힘든 과제를 선택하고 그것을 이루기 위해 노력합니다. 잘해야 한다는 생각보다는 과제를 성취해가는 과정을 더욱 즐깁니다. 안정된 성취보다도 불확실한 것에 도전하는 것을 더 가치 있는 것으로 여기는 것이죠. 캐럴 드웩에 따르면 성공한 사람들은 대부분 고난과 역경, 실패를 통해 배우고 성장하기를 좋아했다는 겁니다. 즉 성공한 사람들은 실패나 시련에 성장 지향적으로 반응하는 태도를 취하며, 끊임없이 도전하고 노력해 걸림돌을 넘어섰다는 의미입니다.

고정 마인드셋과 성장 마인드셋을 다음과 같은 여행에 비유하여 생각해볼 수 있습니다. 고정 마인드셋을 가진 아이들은 여행 종착점에

도달하는 것에 관심을 두고 여행을 시작하는 반면, 성장 마인드셋을 가진 아이들은 여행을 통해 최대한 많은 것을 즐기고 얻는 것을 목적으로 여행을 시작합니다.

고정 마인드셋을 가진 아이들을 혼란과 당황에 빠뜨리게 하는 것은 실패만이 아닙니다. 아이러니하게도 자신의 수행 목표를 성취하는 것조차도 불안을 야기할 수 있습니다. 왜냐하면 일단 자신의 수행 목표를 달성하면 자신이 영리하고, 능력 있고, 재능 혹은 가치가 있다는 신념을 유지하기 위해서 그 수준 혹은 그 이상의 수준에서 수행을 계속 보여야 하기 때문이죠. 기준 이하로 떨어지게 되면 자기 자신과 능력에 대한 신념이 흔들리게 되고, 이는 점점 더 높은 수준의 수행을 보여야 한다는 부가적인 압력의 원인이 되는 것입니다. 따라서 아이가 고정 마인드셋을 가지면 결코 성공하기 어렵습니다.

성장 마인드셋을 가진 아이들은 새로운 성공 전략을 찾는 데 관심을 가집니다. 실패하면 아직 배우고 발전하는 중이니까 괜찮다고 여기며 용기를 잃지 않고 원인과 방법을 찾는 데 관심을 기울입니다. 그들은 포기라는 단어와 개념을 전혀 모르는 사람처럼 끈기 있게 성공할 때까지 도전의 문을 두드립니다. 고정 마인드셋을 지닌 아이들은 노력은 낮은 지능의 표시이며, '만약 내가 열심히 공부해야 한다면 그것은 내가 영리하지 못하다는 뜻이다'라고 믿습니다. 이와 달리 성장 마인드셋을 가진 아이들은 노력을 보다 큰 성공을 가져다주는 것으로 보고 열심히 할수록 더욱더 성공하기 쉽다고 믿습니다. 그리하여 그들은 '만약 내가 처음에 성공하지 못하면 오뚝이 정신으로 될 때까지 열심히 하자'

혹은 '연습보다 좋은 훈련은 없다'는 생각을 갖고 열심히 공부합니다.

고정 마인드셋을 가진 아이들과 성장 마인드셋을 가진 아이들의 차이점에 관한 또 하나의 영역은 그들이 도전을 받을 때 보이는 행동입니다. 고정 마인드셋을 가진 아이들은 어떤 일에 실패하거나 역경에 부딪혔을 때, 혹은 원하는 결과가 나오지 않았을 때 자신의 이미지를 보호하고 유지하기 위해 뭔가 새로운 시도를 하기보다는 얼른 포기하는 경향이 있습니다. 한 번 해보고 안 되면 움츠러들고 마는 것이죠. 그렇게 되면 결국 성취의 원동력인 열정과 끈기를 발휘할 수 없습니다. 반면 성장 마인드셋을 가진 아이들은 그리 쉽게 단념하지 않습니다. 그들은 실패와 역경을 성장과정으로 받아들이며 당면한 문제를 새로운 전략을 시도할 기회로 여깁니다. 해봐서 안 되면 돌이켜보고 새로운 방법과 전략을 시도하며 끊임없이 적극적으로 달려듭니다. 따라서 그들은 강력한 동기부여와 함께 열정과 끈기를 가지고 새로운 전략을 시도함으로써 결과적으로 성공을 쟁취할 가능성이 더 높아집니다.

성장 마인드셋을 길러주자

공부와 관련된 상황에서만이 아니라 모든 일상생활에서 자신의 능력에 대한 고정된 신념이나 마음가짐을 가지고 있으면 좋지 않은 결과에 대해 '난 완전히 실패했어. 모두가 똑똑한데 나만 바보, 멍청이야'라고 생각하며 노력을 하지 않고 다른 사람에게 시비를 걸거나 부수는 등의 부적응을 초래할 수 있습니다. 대신 자신의 능력은 얼마든지 변화할 수 있고 노력하면 향상될 수 있다는 성장의 신념이나 마음가짐을 가지고 있으면 좋지 않은 결과에 대해 "좀 더 열심히 해야 하는구나"라고 반응하며 더 열심히 노력하거나 다른 방법을 시도해보는 등의 적응적인 삶의 모습을 보이게 됩니다. 그러므로 아이들의 학업 적응과 성취 향상을 위해서는 공부와 관련된 영역만이 아니라 다른 일상생활에서도 성장 마인드셋을 가질 수 있도록 지도해야 합니다.

아이들의 마인드셋은 주로 자신이 처한 학습의 맥락과 성취한 학업적 결과에 의해 형성되기 때문에 학습과정에서 환경으로부터 받은 피드백과 학업적 성취에 대한 피드백을 어떻게 받는가가 중요합니다. 능력에 대한 성장 마인드셋을 촉진하기 위해서는 결과보다는 과정에 대해, 그리고 능력보다는 노력에 대해 언급하고 칭찬하는 것이 효과적입니다. 우리가 흔히 사용하는 "참 잘했어요"와 같은 결과에 대한 칭찬과 "역시 똑똑하고 영리해", "머리가 참 좋아"와 같은 능력에 대한 칭찬은 말 속에 이미 지능에 대한 고정적 신념이 내포되어 있습니다. 이러한 칭찬은 아이들의 고정 마인드셋을 강화해 학습을 저해할 수 있습니다. 따라서 결과물에 대해 좋고 나쁘고를 평가하는 것이 아니라 수행과정이나 추론과정을 언급하면서 지난번에 비해 무엇이 달라졌고 얼마나 나아졌는지, 그리고 나름대로 잘해보려 애쓰고 노력한 점을 높이 평가해주는 피드백을 주어야 합니다.

부모와 아이가 성장 마인드셋을 가지고 있다면, 학업 수행과 관련된 다양한 동기나 학습전략의 가치를 이해·수용하며 실제 적용하는 데 아무 문제가 없을 겁니다. 그러나 부모와 아이가 고정 마인드셋을 가지고 있다면 어떠한 노력도 큰 영향을 미치지 못한다고 여기기 때문에 아무리 효과적인 학습전략을 제시하더라도 도움이 되지 않습니다. 따라서 먼저 고정 마인드셋을 성장 마인드셋으로 바꾸는 게 중요합니다. 캐럴 드웩이 제안한 다음의 네 단계 마인드셋 변화 촉진 방법을 반복적으로 연습하는 것이 큰 도움이 될 수 있습니다.

- 1단계: 자신도 모르게 사용하고 있는 고정 마인드셋에 대해 알아차려야 합니다. '만약 내가 실패한다면 나는 실패자가 될 거야', '친구들이 능력이 없다고 생각하면서 나를 비웃을 거야', '난 그런 걸 할 능력이 없어', '해서 안 되면 능력 없다는 소리를 들을 테니 안 하는 게 낫지', '그 과목에서 높은 점수를 못 받은 게 내 잘못은 아니야'라고 마음속에서 혼잣말을 한다면 그건 고정 마인드셋을 가지고 있다는 증거입니다.
- 2단계: 어떤 마인드셋을 가질 것인지는 개인의 선택이라는 점을 깨달아야 합니다. 같은 상황을 좌절로 해석할 것인지 아니면 도전으로 해석할 것인지는 개인의 선택에 달려 있습니다. '실패나 좌절을 능력 부족으로 볼 것인가 아니면 더 노력하거나 새로운 전략을 구사해 봐야겠다고 생각할 것인가?', '자기 자신이 성공하기에는 능력과 지능이 부족하다고 결론 내릴 것인가 아니면 좀 더 노력하면 보다 잘 할 수 있을 것이라고 자신에게 말하겠는가?'를 선택하는 것입니다.
- 3단계: 성장 마인드셋의 목소리로 고정 마인드셋에 대응하는 연습을 합니다. "노력하지 마, 노력을 안 해야 실패했다는 얘기를 안 듣지"라고 하면, "노력하지 않으면 자동적으로 실패할 거야. 그러니까 노력

해야지"라고 말합니다. "실패하면 어쩌려고?"라고 하면 "성공한 사람들도 모두 실패의 과정을 거쳤어"라고 말합니다. "내 잘못이 아니지"라고 하면 "내가 책임감을 느끼지 않으면 그걸 바로 잡을 수도 없어. 뭐든 할 수 있는 걸 해볼 거야"라고 말합니다.

- 4단계: 성장 마인드셋에 따른 행동을 실천합니다. 어려운 일이라도 기꺼이 도전해보고, 실패와 실수를 했다면 이를 통해 새롭게 배우고 다시 시도해봅니다. 다른 사람의 비난을 받는다면 건설적인 비판으로 여기고 수용함으로써 성장의 기회로 삼습니다.

끈기와 열정의 힘, 그릿을 키워주자

부모라면 누구나 아이의 성적이 오르길 바랍니다. 많은 사람이 좋은 성적을 위해 지능이 중요하다고 생각하지만, 연구 결과 진짜 성공을 결정짓는 요소는 그릿(Grit)이라고 합니다. 그릿은 미국의 펜실베이니아 대학교 심리학부 앤절라 더크워스(Angela Duckworth) 교수가 제안한 이후 학업, 직업, 취미, 결혼생활, 삶의 행복 등 여러 분야에서 성공과 성취를 예측하는 변인으로 주목받고 있습니다. 어떤 분야에서든 성공하려면 그릿을 키워야 한다는 겁니다.

그릿의 사전적 의미는 위험에 직면했을 때 갖는 투지, 끈기, 용기, 강인함 등을 말합니다. 앤절라 더크워스는 그릿을 장기적인 목표 달성을 위한 끈기(Perseverance)와 열정(Passion)이라고 정의했습니다. 여기서 그릿은 목표를 달성하는 과정에서 당면하게 되는 실패, 고난, 역경, 슬럼프에도 불구하고 좌절하지 않고 끊임없이 노력과 흥미를 유지하며 열심히 도전하는 것을 포함합니다. 즉 그릿이란 역경, 실패, 상충하는 목적에도 불구하고 장기적인 목표를 달성하기 위한 끈기와 열정을 의미합니다.

여기서 끈기는 꾸준한 연습과 희망이라는 심리적 자산과 관련되고, 열정은 흥미와 목적이라는 심리적 자산과 관련 있습니다. 꾸준한 연습은 어제보다 나은 뭔가를 위해서 매일 연습하면서 단련하는 것이고, 희망은 이러한 역경을 딛고 결과적으로 이겨낼 것이라는 믿음입니다. 흥미는 자신이 하는 것을 진정으로 즐기는 것에서 시작되며, 목적은 자신의 일이 소중하다는 확신을 갖도록 해줍니다.

그릿은 잠재력을 능력으로 발현시킬 수 있는 매개로 볼 수 있습니다. 선천적인 재능, 환경, 지능 등의 잠재력이 없어도 끈기와 열정만 있다면 성공을 예측할 수 있다는 것이 아니라 그릿의 노력과 열정을 통해 잠재력을 실제 능력으로 이끌어주는 것을 말합니다. 앤절라 더크워스는 재능은 노력이 더해져 능력이 되고, 그렇게 형성된 능력은 다시 노력을 거쳐 비로소 목표를 성취하는 것으로 보았던 겁니다. 이는 개인에게 내재되어 있는 잠재력을 실제 능력으로 어느 정도 발현시킬 수 있는가를 예측하는 요인이 노력이라는 점을 알려주고 있는 것이죠.

그래서 아이로 하여금 노력의 중요성을 일깨우고 실제 노력하도록 하기 위해서는 그릿을 키워주어야 합니다. 그렇다면 어떻게 하면 아이의 그릿을 키워줄 수 있을까요? 몇 가지 방법을 소개하면 다음과 같습니다.

- 장기적인 목표를 설정해주세요. 단순히 "다음 시험에서 꼭 좋은 성적을 받아야 해"라고 말하기보다는 아이가 스스로 원하는 목표를 설정할 수 있도록 도와주세요. "너는 꿈이 뭐야. 앞으로 어떤 사람이 되고 싶어?", "좋아하는 과목이 있다면 더 깊게 공부해보면 어떨까?"와 같이 열린 대화를 통해 아이가 공부해야 하는 이유와 목적을 스스로 인식하도록 유도하세요.
- 아이의 실수나 실패를 탓하지 말고 성장과 배움의 과정으로 받아들이세요. 그릿이 강한 아이들은 실수나 실패를 두려워하지 않고 중도에 포기하지 않으며 도전하는 습관이 있습니다. 아이가 문제를 틀렸을 때 "괜찮아, 틀릴 수도 있지. 네가 어디에서 뭐 때문에 틀렸는지 알면 더 발전할 수 있어!" "처음부터 잘하는 사람은 없어. 계속 시도하고 노력하다 보면 언젠가 실력이 향상될 거야!", "누구나 실수나 실패를 할 수 있어. 중요한 것은 같은 실수나 실패를 반복하지 않는 거야. 왜 실수나 실패했는지 반성하고 앞으로 더욱 노력하는 게 중요한 거야!"처럼 실수나 실패를 성장과 배움의 기회로 여기는 태도를 아이에게 심어주세요.
- 중도에 포기하지 않고 끈기 있게 노력하는 것이 가치 있고 중요하다는 것을 강조하세요. 성공은 한 번의 노력으로 이루어지는 것이 아니라 꾸준한 반복과 연습에서 나온다는 점을 강조해야 합니다. 하루 1시간씩 매일 공부한 아이가 학업에서 좋은 성취를 보인다면 그 노력에 대해 칭찬해주세요. 비록 당장 좋은 성취를 보이지 않더라도 결과가 아닌 과정에 초점을 두고 노력한 점을 인정해주고 격려해주세요.
- 아이의 흥미와 강점을 살려주세요. 그릿이 강한 아이들은 자신이 원

하고 좋아하는 분야에서 오랫동안 노력하는 경향이 있습니다. 아이가 특정 과목이나 활동에 관심을 보인다면 그 관심을 더욱 키워주세요. "너는 그림 그리기에 소질이 있어 꾸준히 연습하면 훨씬 더 잘 그릴 수 있을 거야"처럼 아이의 강점을 찾아 격려하면 자연스럽게 끈기와 열정을 기를 수 있습니다.

- 부모가 노력하는 모습을 통해 본보기를 보여주세요. 부모는 아이의 거울이기 때문에 부모 스스로가 끈기 있게 노력하며 목표를 이루는 모습을 보여주는 것도 그릇을 키우는 데 중요한 역할을 합니다. 부모가 외국어 공부, 악기, 요리 등 뭔가 새로운 것을 배우려 노력하는 모습을 보여주면 아이도 자연스럽게 영향을 받습니다. 아이가 평소 열심히 공부하기를 원한다면 부모 자신이 먼저 공부하는 자세를 취하고 아이에게 부모의 공부하는 모습을 보여주는 것이 좋습니다.

아이의 학습동기 = 기대 × 가치?
학습동기가 낮은 아이

공부를 왜 해야 하는지 잘 모르는 최한희(15세, 여)
한희는 친구가 많고 관계도 좋은 편이에요. 그런데 공부에는 전혀 흥미를 갖지 않아요. 열심히 해야겠다는 생각이 별로 없는 것 같고, 성적이 평균 이하인데도 그냥 만족하는 것 같아요. 조금만 더 집중해서 하면 잘할 수 있을 텐데…. 어떻게 공부에 대한 동기부여를 해줘야 할까요?

아이가 학교에서 학업을 잘 수행하고 성취하기 위해서는 공부하고자 하는 의욕, 즉 동기가 부여되어야 합니다. 학습동기는 학업성취에 영향을 미치는 주요 요인이기 때문이죠. 부모들이 가장 고민하고 불평하는 것 중 하나가 "우리 애는 공부할 생각이 전혀 없다"는 겁니다. 아이들도 "공부는 잘하고 싶은데 공부할 의욕이 없다. 그러니까 공부에 대한 동기가 생기지 않는다"고 토로하기도 합니다.

아이가 자발적으로 공부한다면 얼마나 좋을까요. 물론 스스로 알아서 잘하는 아이도 있지만, 왜 공부를 해야 하는지도 모른 채 마지못해 하는 아이도 많습니다. 똑같이 낮은 성적을 받았는데도 더 열심히 분발하려는 아이가 있는가 하면 자포자기하는 아이도 있습니다. 이것이 바로 학습동기의 차이입니다.

학업성취에 대한 의욕, 학습동기가 왜 중요한가

학습동기란 아이가 '학습활동의 의미와 가치를 발견하고 그 학습활동에서 목표로 하는 학업적 이득을 얻기 위해 노력하는 경향성'이라고 정의할 수 있습니다. 이러한 학습동기는 공부에 대한 행동 방향을 정해주는 심리적 요인으로, 자동차에 비유하면 엔진과 핸들의 기능을 합니다. 아무리 겉모습이 멋진 자동차라도 엔진 고장이나 연료가 없으면 작동하지 않거나 힘을 낼 수 없듯이, 마찬가지로 좋은 습관을 가지고 있어도 학습동기가 유발되지 않으면 적절한 학습행동이 일어나지 않습니다. 또한 자동차의 핸들을 잘못 조작하면 엉뚱한 곳으로 가거나 큰 사고가 발생하듯 학습에 대한 동기가 이루어지지 않으면 무엇을 어떻게 공부해야 할지 목표가 없거나 방향성을 상실할 수 있습니다. 아이에게 억지로 공부를 시킬 수는 있지만 집중해서 주도적인 학습을 하게 하기 위해서는 학습동기가 필요합니다.

일찍이 아일랜드의 시인이자 노벨 문학상을 수상한 윌리엄 버틀러 예이츠(William Butler Yeats)는 "교육이란 양동이를 채우는 일이 아니라 마음속에 불을 지피는 일이다"라고 했습니다. 이 말의 뜻은 교육이란 지식을 쏟아붓듯 채우는 게 아니라 아이 스스로 호기심을 갖고 뻗어 나가도록 의욕을 부채질해야 한다는 의미입니다. 아이의 입장에서 보면 공부를 잘하려면 공부하고자 하는 불꽃, 즉 의욕과 열정이 있어야 합니다. 어떻게 해야 아이가 학습에서 좋은 성과를 거두도록 도울 수 있을까요?

외재적 동기와 내재적 동기

학습동기는 크게 두 가지 범주, 즉 외재적 동기와 내재적 동기로 구분합니다. 외재적 학습동기는 학습활동의 과정과 무관한 외적 요소, 즉 학습과제의 해결이 가져다줄 보상(칭찬)이나 벌(꾸중)에서 비롯되는 동기입니다. 외재적으로 동기가 부여된 아이들은 특정 활동과 이에 대한 성취가 가져오는 좋은 성적, 보상, 칭찬과 인정을 원합니다. 따라서 외재적 동기는 과제의 결과에 대한 보상이 주어질 때만 작동하는 것이어서 학습에 대한 지속력이 약합니다.

　반면 내재적 학습동기는 학생 개인의 내적 요인과 그가 수행하는 과제 자체에 의해 동기가 부여되는 것으로, 수행 과제 자체와 이에 대해 스스로 가지고 있는 흥미, 호기심, 열정, 성취감, 자기만족감 등에서 비롯되는 동기를 말합니다. 교과가 가진 특성을 재미있어 하고, 이를 이해하기 위해 자발적으로 노력하는 경우가 그 예라 할 수 있습니다. 내재적 동기는 과제 수행의 결과에 대해 주어지는 보상과는 관계없이 학습활동 그 자체나 그로 인한 성취감이 보상으로 작용하기 때문에 학습에 대한 지속력이 강합니다.

이처럼 외재적 동기가 높은 아이는 보상을 받거나 벌을 피하기 위해, 혹은 부모나 선생님을 기쁘게 하기 위해 공부하는 반면, 내재적 동기가 높은 아이는 학습활동 그 자체를 보상이라 여기며 그것에서 오는 성취감을 즐기기 위해 공부합니다. 외재적 동기와 내재적 동기에 관한 주요 학문적 연구 결과를 간단히 정리해보면 다음과 같습니다.

첫째, 두 학습동기가 다르기는 하지만 배타적인 것은 아니며, 외재적 동기에 의해 야기된 학습행동이 조건에 따라 자기결정적인 행동으로 변화될 수 있는 내재적 동기의 연속선상에 있습니다. 두 학습동기를 연속선상의 양극단(외재적 동기가 높으면 내재적 동기가 낮고, 외재적 동기가 낮으면 내재적 동기가 높은)으로 생각하는 사람들이 많지만, 실제로 두 학습동기는 개별적인 연속체입니다. 예를 들어 학습주제가 흥미롭고 수업에서 좋은 점수를 얻고자 공부하는 아이가 있는가 하면, 오직 좋은 점수를 얻기 위해 공부하는 아이도 있습니다. 전자의 아이는 외재적 동기와 내재적 동기가 모두 높은 경우이고, 후자의 아이는 외재적 동기가 높지만 내재적 동기는 낮은 경우입니다.

둘째, 두 학습동기는 상황과 시간에 따라 달라질 수 있습니다. 처음에는 좋은 점수를 받기 위해 공부하지만, 공부하다 보니 새로운 사실을 알게 되는 지적 희열, 발견의 기쁨이나 성취감 때문에 더욱 열심히 공부하는 경우도 있습니다. 이것은 외재적 동기가 내재적 동기로 변한 겁니다. 즉 많은 아이가 어떤 교과 학습에서는 외재적이지만 또 다른 교과 학습에서는 내재적일 수 있습니다.

셋째, 학습에 있어서 내재적으로 동기가 유발된 아이가 외재적으로 동기가 유발된 아이보다 더 높은 성취를 보입니다. 내재적으로 동기가 유발된 아이는 결과에 관계없이 학습이나 행동을 지속적으로 수행하며, 기계적인 암기학습이 아닌 이해를 통한 개념학습을 주도하기도 합니다. 이처럼 학생의 내재적 동기가 학습에 지대한 영향을 미친다는 측면에서 보면, 내재적 동기가 외재적 동기보다 더 바람직한 학습동기라고 할 수 있습니다.

넷째, 이미 내재적으로 동기가 유발된 아이는 외적 보상을 제공하더라도 더 이상 동기가 유발되지 않습니다. 오히려 수행된 과제의 질은 고려하지 않고 오직 그 활동에 참여했는가의 여부에 의해서만 보상이 주어진다면 아이의 내재적 동기는 감소합니다. 나아가 이미 내재적으로 동기가 유발된 아이에게 불필요한 외적 보상을 할 경우, 오히려 아이의 내재적 동기는 외재적 동기로 변할 수 있습니다. 따라서 아이가 보상을 받을 때는 보상과 성취의 관계를 파악하여 성취한 것에 우선적 가치를 두고 보상은 거기에 뒤따라오는 것이라는 사실을 인식시킬 필요가 있습니다.

앞에서 살펴본 바와 같이 학습에 대한 아이의 내재적 동기가 외재적 동기보다 더 바람직한 현상임은 분명합니다. 잘한 일이나 행동 때문에 보상과 같은 외재적 동기를 부여받은 아이는 이전의 외재적 동기 요인이 결코 충분하지 않다는 것을 알게 되어 더 크고 좋은 것을 원하게 됩니다. 그렇게 되면 내재적 동기는 사라지고 학습의욕이 없는 학생으로 분류되기 쉽습니다. 아이의 타고난 흥미와 호기심을 유도하고 수행과제에 대한 자기만족감과 성취감을 갖도록 내재적 동기를 활성화하는 것이 바람직합니다. 또한 내재적 동기가 있어야 아이가 학습에 높은 관심을 갖고 더 창의적인 사고를 하며, 자존감이나 사려 깊은 능력도 키울 수 있습니다.

성공에 대한 기대와 과제에 대한 가치를 높이도록

기대와 가치가 학습동기를 형성하는 중요한 요인이라고 보는 기대×가치이론이 있습니다. 이 이론에 따르면 기대와 가치를 곱한 값만큼 동기가 유발된다는 겁니다. 기대와 가치를 곱한 만큼이 동기의 정도를 형성하기 때문에 기대와 가치 중 어느 하나라도 0이 되면 학습동기는 유발되기 어렵습니다. 다시 말해 기대가 높다고 해도 가치가 없거나 가치가 높은 과제라도 기대가 없으면 학습동기는 낮아진다는 것이죠. 따라서 아이의 학습동기를 유발하기 위해서는 기대와 가치를 모두 높여야 합니다.

기대는 과제를 성공적으로 수행하기 위해 필요한 자신의 능력에 대한 신념이나 판단을 의미합니다. 즉 '내가 이 과제를 성공적으로 해낼 수 있을까?'에 대한 답이라고 할 수 있습니다. 아이가 과제난이도를 어떻게 지각하느냐에 따라 과제의 성공가능성에 대한 기대 또한 달라집니다. 과제가 자신의 능력에 비해 너무 어렵다고 인식하면 성공할 수 없다고 생각해 포기해버리죠. 이와 반대로 너무 쉽다고 인식하면 열심히 하지 않기 때문에 아이 수준에 적절한 난이도의 과제를 부여해야 합니다. 자신의 능력에 대한 신념과 자기 개념을 의미하는 자기 도식(self-schema)이 성공 기대에 영향을 미치는데, 아이가 자기 자신에 대해 긍정적으로 지각할수록 성공에 대한 기대도 높아집니다. 따라서 아이에게 '너도 할 수 있다(You can do it)'는 자신감과 용기를 북돋아주어야 합니다.

가치는 과제의 가치에 대하여 가지는 신념을 의미합니다. 즉 '내가 이 과제를 왜 수행하는가?'에 대한 답이라고 할 수 있죠. 과제 자체에 대한 흥미를 가질 때, 과제를 잘 수행하는 것이 중요한 의미를 가질 때, 과제가 현재나 미래의 목표(졸업, 진학, 취업 등) 달성에 도움이 될 때, 그리고 과제에 참여하기 위해 포기해야 하는 것(시간, 노력, 감정 등)을 감내할 수 있고 과제 수행 결과로 얻는 가치가 높다고 인식할 때 학습동기가 촉진된다고 합니다. 이러한 기대×가치이론이 아이의 학습동기 향상을 위해서 시사하는 바는 다음과 같습니다.

- 능력에 대한 믿음, 즉 기대는 도전적 과제에서 성공 경험을 했을 때 증가하므로 아이에게 성공 경험의 기회를 자주 주도록 해야 합니다. 좀 노력하면 해낼 수 있는 적절한 수준의 도전감을 지닌 과제를 부과하여 성취감을 맛볼 수 있도록 해야 합니다. 아울러 단계적이고 점진적으로 나아갈 수 있도록 학습에 대한 단기, 중기, 장기 목표를 설정하도록 도와주는 것이 좋습니다.

- 아이의 못난 점이나 잘못한 점을 찾아 꾸중하고 질책하는 등의 부정적인 피드백을 제공하기보다는 잘한 점을 찾아 칭찬하고 격려하는 등의 긍정적인 피드백을 제공해야 합니다. 그래야 자기 도식을 긍정적으로 발달시킬 수 있습니다. 긍정적 피드백을 줄 때는 어떤 점이 왜 좋았는지 혹은 잘했는지를 구체적으로 언급해주는 것이 좋습니다.
- 아이로 하여금 자신의 능력이나 역량은 고정되어 있는 것이 아니라 노력과 연습을 통해 변화 가능하다는 믿음을 가질 수 있도록 해야 합니다.
- 해당 교과나 수업, 과제가 어떤 점에서 중요하고 가치가 있는지 그 중요성을 깨닫도록 해야 합니다. 무조건 공부하라고 재촉할 것이 아니라 공부가 왜 중요한지, 그 과제가 자신에게 어떤 의미가 있고 가치가 있는지, 미래에 직업을 선택하거나 뜻하는 어떤 목표를 성취하는 데에도 왜 유용한지를 깨닫도록 해야 합니다.
- 아이가 과제나 학습활동을 스스로 선택하고 통제할 수 있는 기회를 통해 흥미를 느낄 수 있도록 해야 합니다. 흥미를 통해 내재적 동기가 유발될 수 있기 때문입니다.

자기효능감을 높여라

자기효능감은 어떤 과제나 일을 성공적으로 해낼 수 있다는 자신의 능력에 대한 신념이나 판단을 의미하며, 이는 학습동기에 강력한 영향을 미칩니다. 연구 결과에 의하면 자기효능감이 높은 아이는 낮은 아이와 비교할 때 도전적인 과제를 더 잘 받아들이고, 더 많은 노력을 기울일 뿐만 아니라 더 오랜 시간 과제를 지속하며, 더 효과적인 전략을 사용해 보다 나은 수행을 보입니다. 그렇다면 이처럼 학습동기 증진에 중요한 자기효능감을 높이기 위해서는 어떻게 해야 할까요? 그 답은 미국의 심리학자 앨버트 반두라(Albert Bandura)가 제시한 자기효능감의 네 가지 원천에서 찾을 수 있습니다.

첫째는 성공 혹은 실패 경험입니다. 이제까지의 수행 결과, 즉 성공 혹은 실패 경험은 자기효능감에 가장 중요한 정보를 제공합니다. 성공한 과제에 대해서는 높은 자기효능감을, 실패한 과제에 대해서는 낮은 자기효능감을 갖게 됩니다. 따라서 자기효능감을 높이기 위해서는 아이에게 성공 경험의 기회를 많이 제공해야 합니다. 그러기 위해서는 무엇보다 목표를 낮추고 쉬운 과제를 선택하여 성공 경험을 통해 성취감을 맛보도록 해야 합니다. 작은 성공이라 하더라도 스스로 아낌없는 칭찬을 해주고, 실패했을 때에는 자신의 능력이 모자라서가 아니라 노력이 더 필요하다는 점을 인식하도록 해야 합니다. 성공했을 때도 그 성공을 이룬 것은 바로 아이 자신이고, 자신의 노력이 그런 결과를 가져왔음을 자기 피드백하여 성공 경험을 내면화하도록 합니다.

둘째는 대리 경험입니다. 주변의 다른 사람들이 하는 수행과정을 보고 대리 경험을 하게 되면, 이는 자기효능감의 정보가 됩니다. 가령 친구가 공부를 열심히 해 시험 성적이 좋아진 것을 보고(대리 경험), 자신도 노력하면 할 수 있다는 자기효능감을 가질 수 있습니다. 다시 말해 타인의 성공 사례를 보고 자기효능감을 가질 수 있는 것입니다. 아이 자신이 직접 경험하지 않았더라도 타인이 뭔가 달성한 모습을 관찰하는 것은 '나도 할 수 있다'는 신념을 낳게 합니다. 그 상대가 아이 자신과 가까운 사람이라면 롤 모델의 효과는 더욱 커집니다. 그러므로 아이에게 성공 사례를 들려주거나 살펴보도록 하는 것이 자기효능감 증진에 큰 도움이 될 수 있습니다.

셋째는 사회적 설득입니다. 격려와 지지 같은 사회적 설득을 통해 자기효능감의 정보가 형성됩니다. 부모나 권위 있는 인물 같은 중요한 타인이 아이에 대해 긍정적인 태도를 보이고, 아이가 기울인 노력과 새로운 공부방법의 시도에 대해 격려와 지지를 보내면 자기효능감 증진에 큰 도움이 됩니다. 따라서 아이의 나쁜 점, 못한 점을 찾아 질책, 비난, 책망하기보다는 좋은 점, 잘한 점, 개선된 점을 찾아 칭찬, 인정, 격려해주어야 합니다.

넷째는 생리적 및 정서적 상태입니다. 아이들은 어떤 과제를 수행할 때 손에 땀이 나거나 심장박동이 빨라지는 것을 보고 자신의 효능감이 낮다고 지각할 수 있습니다. 예를 들어 수학 시간에 긴장한 나머지 식은땀이 나고 불안과 스트레스를 경험한 아이는 스스로 수학에 대한 자기효능감이 낮다는 정보를 얻을 수 있습니다. 긍정적인 기분일 때 자기효능감은 높아지지만, 우울할 때는 자기효능감이 낮아지기 때문에 아이의 생리적 변화나 감정 변화를 잘 살펴 분위기를 고조시키고 긍정적인 정서적 상태가 되도록 해야 합니다. 아이가 긴장과 불안을 느낄 때는 마음을 진정시키고 자신감을 얻는 데 도움이 되는 명상이나 호흡법, 긍정적인 자기 대화(self-talk)를 하도록 가르쳐주는 것이 좋습니다.

유능성, 자율성, 관계성 욕구를 충족시켜라

최신의 학습동기 이론으로는 자기결정성 이론이라는 것이 있습니다. 자기결정이란 어떻게 반응할 것인가를 스스로 결정하는 과정을 말합니다. 인간은 특정한 과제 자체에 대한 흥미 때문에 과제를 수행하는 경우도 있지만, 외적 보상 때문에 시작한 행동이 점차 자신에게 내면화되어 결국에는 외적 보상 없이도 그러한 행동을 하는 경우가 많다는 겁니다.

이 이론에서는 내재적 동기를 강조하며, 이러한 내재적 동기에 영향을 미치는 세 가지 내적 심리 욕구, 즉 유능성, 자율성, 관계성 욕구를 강조하고 있습니다. 따라서 내재적 학습동기 증진을 위해서는 이러한 욕구를 충족시켜야 합니다.

유능성 욕구는 앞에서 설명한 자기효능감과 같은 개념으로 당면한 환경에서 주어진 문제를 해결함으로써 효과적으로 기능하고자 하는 욕구입니다. 유능성은 현재 수행하는 활동과 능력 간의 관계에 대한 지각에서 생겨납니다. 즉 유능성은 과제 완성과 관계가 있는데 난이도가 적당한 과제를 완성했을 때 유능성이 생깁니다. 따라서 아이의 유능성 욕구를 충족시키고 학습동기를 유발시키려면 아이의 현재 인지적 수준과 약간의 불일치를 조장할 수 있는 도전적 과제를 제시하는 것이 좋습니다. 쉬운 과제나 답이 뻔한 문제를 푸는 것은 아이가 유능하다는 것을 알려 줄 수 없기 때문에 내재적 동기를 유발할 수 없습니다. 반면 도전적 과제나 새롭고 모순된 경험을 해결하는 것은 자신의 능력이 향상되고 있다는 것을 나타내는 것이므로 동기유발에 도움이 됩니다.

자율성 욕구는 소망과 목적에 따라 스스로 자신의 행동을 결정하려는 욕구입니다. 이 욕구는 외부의 보상이나 압력보다는 자신이 원하는 행동을 결정하기를 바라는 욕구이기 때문에 자기결정성의 핵심이 됩니다. 자율성의 결핍은 내재적 동기를 감소시키고 스트레스를 유발합니다. 아이는 다른 사람에 의해 만들어진 규칙, 계획, 마감 일자, 명령이나 제약과 같은 외부 통제로부터의 압력에 대항할 수 있습니다. 때로는 스스로의 통제를 유지하기 위해 도움마저도 거부할 수 있다는 것도 잊지 마세요. 학습에 대한 자율성과 자기조절성이 있어야 내재적 동기, 학업성취, 적응, 흥미 등 다양한 영역에 긍정적인 영향을 주게 됩니다. 그러므로 아이가 자신의 학습에 대해 주인의식을 가지고 자기주도적으로 학습하고 행동하도록 해야 합니다. 학습활동이 왜 필요하고 중요한지를 인식하게 해서 학습활동을 내재화하도록 이끌어야 하는 것이죠.

마지막으로 관계성 욕구는 타인과의 관계나 애착에서 오는 정서적 유대감이나 사랑과 존중을 받고 있다는 느낌을 채우려는 욕구입니다. 이 욕구는 친애 욕구와 유사한 것으로, 아이들은 친밀한 관계를 맺고 싶거나 소속감을 느끼기를 원하는 집단의 가치나 관습에 따르려는 경향이 있습니다. 아이의 관계성 욕구를 충족시키기 위해서는 친밀한 사회적 관계를 형성하도록 도와야 합니다. 관계성 욕구는 아이에게 강한 인정욕구, 즉 다른 사람에게 인정받고 긍정적으로 평가받고자 하는 욕구로 발전하는 결과를 가져올 수 있습니다. 선생님과의 긍정적 관계는 아이로 하여금 선생님이 기대하는 바를 수행함으로써 기쁨을 주려고 하는 원인이 되기도 합니다. 아이는 자신이 좋아하거나 존경하는 선생님의 가치를 쉽게 내면화합니다. 그러므로 아이가 선생님에 대해 감사와 존중의 마음을 갖고 학습에 진정성 있게 헌신함으로써 관계성 욕구와 인정욕구를 충족시킬 수 있도록 해야 합니다. 여러 연구 결과에 따르면, 아이들은 선생님이 자신을 좋아하고 이해하며 공감한다고 믿을 때, 즉 관계성 욕구가 충족되면 수업활동에 더 열심히 참여하고 몰입합니다. 사회적으로 책임감 있는 방식으로 행동하며 성공할 가능성이 더 높다고 합니다. 또래들과의 협동학습 또한 관계성 욕구를 충족시키는 데 도움이 될 수 있으므로 아이에게 또래와의 경쟁학습이 아닌 협동학습의 분위기를 조성해주는 것이 좋습니다.

공부는 방법이기도 하지만 마음의 문제이기도 하다

아이가 매사 활기차고 학습에 열정적이며, 단순히 점수를 얻기 위한 학습이 아니라 내재된 가치와 성취를 소중이 여길 줄 알고, 어려운 일이나 실패에 직면했을 때 불안해하지 않고 계속 노력하기 위해서는 공부 기술도 중요하지만 공부하고자 하는 마음이 선행되어야 합니다. 공부하고자 하는 마음의 불을 지피기 위해, 즉 학습동기를 유발하기 위해서는 잘할 수 있다는 기대감과 자기효능감을 갖게 하고, 공부를 아이의 삶 또는 미래 직업과 관련지어 유용성과 가치를 지니도록 하는 등 내적 심리 욕구를 충족시켜주어야 합니다.

아이 개인의 특성과 상황에 맞게 다음과 같은 전략을 사용해보세요. 아이들이 공부하고자 하는 마음의 불을 지피는 데 큰 도움이 될 수 있습니다.

- 달성가능한 목표를 명확하게 제시하세요. 구체적이고 이해할 수 있는 목표를 보여주고 학습 후 향상된 결과를 아이가 눈으로 직접 확인하도록 하는 것이 효과적입니다. 아이의 학습능력을 정확하게 파악한 후 적절한 기대감을 보여주는 것이 중요합니다.
- 학습목표를 아이의 욕구와 관련시켜 관심과 흥미를 갖도록 해주세요. 아이들은 호기심을 자극하고 도전의식을 불러일으킬 수 있는 문제를 풀 때 인정받고자 하는 욕구가 커집니다. 예를 들어 똑같은 시험 문제를 풀어도 "이 문제는 출제 가능성이 높아"라고 알려주거나 "끈기 있게 노력하는 사람만 풀 수 있는 문제야"라고 말하면 더 효과적입니다.
- 아이가 학습에 긍정적인 태도를 갖도록 도와주세요. 부모의 태도가 아이에게 그대로 영향을 미친다는 사실을 잊지 말고 본받을 수 있는 행동을 해야 합니다. 부모도 뭔가 열심히 배우는 모습을 보여주는 것이 좋습니다. 예를 들어 아이가 책 읽기를 원하면 부모가 먼저 책 읽는 모습을 보여주는 게 아이의 책 읽기 동기를 불러일으킬 수 있습니다.
- 적절한 공부환경을 만들어주세요. 공부를 방해하는 집안 요소를 제거하고, 언제든 자유롭게 공부할 수 있는 분위기를 만들어야 합니다. 적절한 실내 온도, 알맞은 채광, 편한 책상과 의자, 조용한 분위기 등 쾌적한 학습분위기를 조성하는 것이 중요합니다. 아이가 피

곤해할 때는 간단한 심호흡이나 체조를 하도록 하고 잠을 재우는 것도 좋습니다.

- 아이의 직접적인 참여를 유도하세요. 부모가 모든 것을 알려주기보다는 흥미로운 질문을 던져 호기심을 자극하거나 적절한 힌트를 주는 방법으로 아이 스스로 문제를 해결하도록 하세요.
- 바람직한 행동에 대해서는 칭찬하세요. 아이의 수준에 맞는 과제를 제시하고 그 문제를 풀 때까지 기다려주세요. 작은 성취감이 자신감으로 연결되고, 긍정적인 자아개념을 갖게 합니다. 가급적 꾸중과 벌은 피하고 칭찬과 보상을 해주는 것이 효과적입니다.
- 아이가 발전하는 정도를 수시로 알려주세요. 학습의 진전도를 알게 되면 아이의 학습동기가 크게 향상됩니다. 잘못한 일에는 자극을 받기도 하고 잘한 일에는 자신감을 얻기도 합니다. 부모가 자신에게 늘 관심이 있다는 증거이기도 하므로 효과가 배가됩니다.
- 학습결과에 대한 정보를 알려주세요. 시험결과는 물론 간단한 숙제 등에 대해서도 어떤 점이 좋았는지 혹은 어떤 것이 부족했는지 함께 이야기해보세요. 먼저 아이의 노력과 능력을 인정해주고 미흡한 점은 어떻게 보강하는 것이 좋을지 대화를 나누는 게 좋습니다.
- 학습결과에 대해 아이의 노력이라고 피드백해주세요. 아이들이 학교 학습에서의 성공과 실패를 능력이나 과제 난이도 혹은 타인과 같이 그들이 통제할 수 없는 요인보다는 노력으로 돌릴 때 학습하고자 하는 동기가 더욱 증진됩니다. 아이들이 성공은 노력의 결과이고 실패는 자신의 노력 부족 때문이라고 지각한다면 학습동기는 계속 유지될 수 있습니다. 왜냐하면 노력했기 때문에 성공했다면 또 다른 성공을 위해 노력할 것이고, 실패가 노력 부족 때문이라고 지

각한다면 노력함으로써 실패를 만회하려 할 것이기 때문이죠. 따라서 아이들의 학습결과에 대해서 "넌 참 똑똑해" 혹은 "넌 머리가 나쁘구나"라는 식이 아닌 "이번에 열심히 노력했구나" 혹은 "이번에 열심히 안 하더니만 이런 나쁜 결과가 나왔구나" 하는 식으로 피드백해주는 것이 좋습니다.

공부에도 기술이 필요하다!
공부기술이 부족한 아이

열심히 하는데 성적이 좀처럼 오르지 않는 박상규(16세, 남)
상규는 공부에 대한 욕심이 많아요. 책상에 오래 앉아 열심히 하는 것 같은데, 이상하게 성적은 잘 오르지 않는 것이 문제에요. 조금 전 공부한 것도 금세 잊어버리고, 책을 읽어도 내용을 파악하는 능력이 떨어지는 것 같아요. 공부기술에 문제가 있는 걸까요?

최근 교육계의 핫이슈 중 하나가 바로 자기주도적 학습(self-directed learning)입니다. 공부하라는 말을 하지 않아도 알아서 스스로 하는 공부, 그보다 더 좋은 게 있을까요? 안타깝게도 아이 나름대로 알아서 열심히 공부하는 데도 노력한 만큼 성적이 오르지 않는 경우가 있습니다. 이는 공부기술이 부족하거나 공부방법이 효율적이지 못해서 그럴 수 있습니다. 그렇다면 어떻게 공부하는 것이 좋을까요? 한 연구에 따르면 중학교 3학년 학생의 상당수가 고등학교 진학 후의 학습을 걱정하고 있으며, 어떠한 공부기술을 습득해야 할지 압박을 받고 있다고 합니다.

아이가 적당한 공부기술을 알지 못해 고민하고 있다면, 그저 스스로 터득하도록 그냥 둘 건가요? 아니면 학교에 모든 것을 맡겨둘 건가요? 부모의 역할이 아이의 공부에 지대한 영향을 끼친다는 것은 두말할 나위가 없습니다. 다음 체크리스트를 이용해 점수가 낮은 항목을 보완하면서 아이의 자기주도적 학습능력에 적절한 도움을 주세요.

학습태도/메타인지	매우 아니다	대체로 아니다	보통 이다	대체로 그렇다	매우 그렇다
• 누가 시키지 않아도 공부하기 전에 먼저 계획을 세운다.					
• 중요한 내용이 무엇일까 계속 생각하면서 공부한다.					
• 공부습관 중 나쁜 것이 없나 자주 생각해본다.					
• 공부가 끝난 후에 공부한 내용을 종합적으로 정리해본다.					
• 이해가 잘 안 되는 문제는 알 때까지 반복해서 공부한다.					
• 공부할 때 이미 아는 것과 새로운 것을 연결시키려 애쓴다.					
• 공부할 때 배운 것이 실제로 얼마나 유용한지 이해하려 애쓴다.					
학습태도/노력 및 집중도	매우 아니다	대체로 아니다	보통 이다	대체로 그렇다	매우 그렇다
• 끈기 있게 공부한다.					

〈계속〉

	매우 아니다	대체로 아니다	보통 이다	대체로 그렇다	매우 그렇다
• 공부는 최대한 열심히 한다.					
• 공부하면서 음악을 듣는 등 다른 행동을 하지 않는다.					
• 계획한 것을 끝낼 때까지 한다.					
• 공부계획을 세우면 어떻게 해서든 하려고 노력한다.					
학습전략/이해전략	매우 아니다	대체로 아니다	보통 이다	대체로 그렇다	매우 그렇다
• 시험을 잘 보기 위해서는 잘 이해해야 한다고 생각한다.					
• 새로운 내용을 공부할 때 완전히 이해해야 외워진다.					
학습전략/흥미도	매우 아니다	대체로 아니다	보통 이다	대체로 그렇다	매우 그렇다
• 공부하는 것이 재미있다.					
• 공부는 열심히 할수록 재미있는 것이다.					
• 학생은 열심히 공부하는 것이 중요하다.					
독서능력	매우 아니다	대체로 아니다	보통 이다	대체로 그렇다	매우 그렇다
• 어려서부터 책 읽기를 좋아한다.					
• 부모님이 자주 서점에 데리고 가서 책을 사주었다.					
• 또래친구에 비해 책을 많이 읽는 편이다.					

출처) 한국교육개발원(2003), 《스스로 공부하는 아이가 21세기를 지배한다》, 서울: 테크빌교육.

자기주도적 학습을 자습과 혼동하는 경우가 있습니다. 자습은 혼자 힘으로 배워서 익힌다는 점에서 볼 때 자기주도적인 모습으로 보이기도 합니다. 하지만 자기주도적 학습에서 의미하는 자기주도적이란 본인 스스로 학습을 이끌어가며 필요한 부분에서는 선생님의 도움도 받고 학원도 다니면서 내가 학습계획의 주체가 되는 것을 말합니다. 이러한 자기주도적 학습이 가능하려면 우선 기초적인 학습도구인 공부기술을 갖춰야 합니다. 공부기술에 더해 자기주도적 학습이 이루어지면 시너지 효과를 발휘할 수 있습니다.

공부기술은 가장 기초적인 학습도구이다

공부기술이란 아이가 스스로 학습의 목표를 정하고 그것을 성취해가는 과정을 계획하는 전반적인 기법을 의미합니다. 어떤 아이는 열악한 공부환경에서도 학업성적이 우수한 반면, 머리도 좋고 환경적 조건이 좋은데도 성적이 저조한 아이가 있습니다. 이것은 저마다 가진 집중력과 공부기술의 차이라고 볼 수 있습니다. 그렇다면 공부기술은 왜 중요할까요? 또한 공부기술에는 어떤 기술들이 있을까요?

  공부기술은 성적 이상의 의미를 가집니다. 효과적으로 공부하는 법을 아는 아이는 성취감을 느껴보았기 때문에 자신감이 큽니다. 그래서 다른 일에 대해서도 불안해하지 않고 긍정적으로 접근할 수 있습니다.

  공부기술은 한마디로 기초 학습도구라고 할 수 있습니다. 도구를 능숙하게 사용할수록 성공적인 결과를 얻게 됩니다. 다음은 공부의 네

단계 과정입니다. 아이가 공부할 때 각 단계에 맞는 공부기술을 적용하도록 지도해보세요.

- 1단계 정보 습득하기: 책이나 선생님의 강의 등에서 지식을 얻는 단계입니다. 읽고 쓰는 능력이 필요합니다.
- 2단계 정보 정리하기: 책에서 중요한 부분에 밑줄을 긋고, 노트에 필기하고 목록을 만드는 등 스스로 질문하는 단계입니다.
- 3단계 예습과 복습하기: 정리된 자료들을 다시 살펴보고 토론하는 등의 복습과 다음 과정을 미리 공부하는 단계입니다.
- 4단계 정보 응용하기: 시험을 보거나 과제를 수행하기 위한 공부단계입니다. 배운 것을 응용할 수 있어야 합니다.

공부기술을 습득하기 위한 완전한 공식은 없습니다. 그러나 아이 스스로 최선의 방법을 터득할 수 있도록 도와줄 수는 있습니다. 다음의 기본 규칙을 차근차근 시도해보세요.

첫째, 공부 일과표를 만들게 합니다. 아이와 함께 의논해 공부할 장소와 시간을 정하세요. 가족의 일과에 맞게 구성해서 아이 스스로 지킬 수 있도록 해야 합니다.

둘째, 집중할 수 있는 공간을 만들어줍니다. 주변이 시끄럽지 않은 조용한 공간을 좋아하는 아이도 있지만, 잔잔한 음악을 틀어주면 집중이 더 잘된다는 아이도 있습니다. 공부에 방해가 되는 여러 요소들을 배제하고, 공부하기 한 시간 전에는 친구와 전화하지 않도록 약속하는 등 공부환경을 만들어야 합니다.

　셋째, 아이의 숙제를 챙기도록 합니다. 시시콜콜하게 숙제를 대신 해주라는 것이 아닙니다. 숙제하기 위한 계획을 함께 정하고 시간 관리를 잘할 수 있도록 도와주어야 합니다. 또한 시험을 보기 전에 공부를 어떻게 해야 할지 계획을 세울 수 있도록 옆에서 살펴주세요.

상황에 맞는 공부기술, 이렇게 적용하라

그렇다면 이러한 공부기술에는 어떤 것들이 있을까요? 여러 분류가 있지만 일반적으로 자기관리기술, 수업참여기술, 과제해결기술, 읽기 기술, 쓰기 기술, 정보처리기술, 시험기술 등으로 나눠볼 수 있습니다.

　자기관리기술은 공부의 기본입니다. 시간을 낭비하지 않고 잘 활용하는 것, 시간표를 만들어 실천하는 것, 준비물을 잘 챙기는 것 등이 바로 자기관리입니다. 또한 최상의 집중도를 유지할 수 있도록 공부방을 정리정돈하고, 모르는 것이 있으면 바로 질문하거나 찾아보는 것도 이에 해당합니다. 올바른 마음가짐으로 공부할 수 있도록 신체를 건강하게 유지하는 것 또한 중요합니다.

　수업참여기술은 수업시간을 즐겁고 알차게 보내는 것입니다. 수업시간에 선생님의 설명을 경청하고 책에 밑줄을 긋거나 배운 내용을 노트에 정리하는 것, 교과 내용을 예습하고 복습하는 것, 부족한 부분을 보충하는 것 등 더 효과적으로 공부하기 위한 기술입니다. 하루 일과의 대부분을 학교에서 보내는 아이들에게는 아주 중요합니다.

과제해결기술은 선생님이 내주는 숙제를 잘 이해하고 효과적으로 수행하는 겁니다. 숙제는 교과 내용을 공부하는 것일 수도 있고, 다른 사물을 관찰하거나 탐구하는 것일 수도 있으며, 글을 읽고 감상문을 쓰는 종류도 있습니다. 중요한 것은 그 숙제를 어떻게, 언제까지 해야 하는지를 제대로 파악하는 겁니다. 숙제를 잘 이해하지 못하거나 잊어버리고 있다가 학교에 가서 부랴부랴 하게 되면 기본 수업에 지장을 받을 수 있습니다.

읽기 기술은 모든 학습에 있어 가장 기본이 됩니다. 대부분의 자료들은 글로 이루어져 있기 때문에 효과적으로 읽고, 이해하고, 기억하는 것이 중요합니다. 읽기 기술을 향상시키기 위해서는 글을 읽으면서 중요한 부분에 밑줄을 긋거나, 읽은 내용을 자신의 언어로 다시 말해보고, 그림이나 도표로 그려보는 등의 노력이 필요합니다. 구체적으로 대표적인 몇 가지 읽기 기술을 소개하면 다음과 같습니다. 아이가 책을 읽을 때 이를 적용해보도록 조언해주세요.

PQ4R

- Preview(개관): 주요 내용과 각 절을 미리 살펴보고 읽는 목적을 설정합니다.
- Question(질문): 각 절에서 책을 읽는 목적과 관련된 질문들을 글로 적어보세요. 한 가지 방법은 제목과 소제목들을 질문으로 바꾸는 것입니다.
- Read(읽기): 질문에 답하면서 절의 제목을 눈으로 읽습니다.

- Reflect(숙고): 책을 읽으면서 실제 예를 생각해보거나 자료의 심상을 머릿속에 그려보도록 합니다. 지금 읽고 있는 것과 이미 알고 있는 것을 정교화시키거나 연관시켜 봅니다.
- Recite(암송): 각 절을 읽은 다음에는 뒤로 기대앉아 처음에 가졌던 목적과 질문들에 대해 생각해봅니다. 책을 보지 않고 질문들에 답할 수 있어야 합니다.
- Review(복습): 전체 장을 마친 후 복습합니다. 효과적인 복습은 새로운 자료를 장기기억 속에 더욱 완전하게 기억시키는 역할을 합니다. 공부가 진전됨에 따라 복습은 읽은 장과 절의 내용을 전부 망라하는 것이 되어야 합니다.

READS

- Review(개관): 제목과 소제목들을 대략적으로 살펴봅니다.
- Examine(검토): 굵은 서체의 단어들을 잘 살펴봅니다.
- Ask(질문): 무엇을 학습해야 하는가를 질문합니다.
- Do it-Read!(읽기): 읽습니다.
- Summarize(요약): 자신의 말로 요약합니다.

CAPS

특히 문학작품을 읽을 때 유용하게 사용될 수 있는 전략입니다.

- Character(주인공): 주인공이 누구인가요?
- Aim(목표): 이야기의 목표는 무엇인가요?
- Problem(문제): 어떤 문제가 발생하나요?
- Solution(해결): 문제가 어떻게 해결되나요?

쓰기 기술은 자신의 생각을 정확한 문장으로 나타내는 것입니다. 주제를 선택·파악하고, 알맞은 자료를 수집하고 정리하며, 그 주제에 따라 분명하게 표현하는 등의 과정이 요구됩니다. 일반적으로 글쓰기는 주제 정하기, 소재 정하기, 개요 짜기, 표현하기, 글 다듬기의 5단계로 이루어집니다. 자신의 생각을 자연스럽게 표현하고 짜임새 있게 이끌어가기 위해서 꼭 필요한 기술입니다.

정보처리기술은 중요한 정보를 오랫동안 기억하기 위해 필요한 기술입니다. 요약 및 정리하기, 관련짓기, 반복하기, 기억하기 등이 그 기술에 해당합니다. 기억력이 좋으면 모든 학습에 도움이 되기 때문에 이를 향상시키기 위한 노력이 필요합니다. 각 단어의 머리글자로 된 단어나 구절을 만드는 약성어의 활용, 기억할 필요가 있는 정보를 포함해 노래나 시로 만들어보기, 추상적인 개념이나 원리를 시각화하거나 구체적인 예를 들어보기, 기억해야 할 단어들을 친숙한 방의 어떤 장소에 있는 사물들과 관련시키는 장소법 활용 등 효과적인 기억기술을 익혀두면 큰 도움이 됩니다.

시험기술은 말 그대로 시험을 잘 치르기 위한 기술입니다. 계획을 잘 세워 시험을 준비하는 일에서부터 시험 때문에 생기는 불안감을 감소시키는 방법까지의 전반적인 과정이 여기에 해당합니다.

'읽고, 이해하고, 되새기기'의 3단계를 확실히

학교에서 모든 공부기술을 가르쳐주지는 않습니다. 그러므로 부모가 아이의 공부습관을 잡아주고 아이에게 부족한 공부기술을 길러주는 것이 매우 중요합니다. 아이가 다음과 같은 상황일 때는 조금 더 관심을 기울이세요.

- 다른 아이들에 비해 더 많은 시간을 공부에 투자하는데도 결과가 좋지 않을 때
- 공부를 어떻게 해야 하는지 모르겠다고 말할 때
- 배운 내용을 이해하지 못하겠다고 불평할 때
- 중요한 내용보다 비교적 관련 없는 내용에 중점을 둘 때
- 문제에 접근하는 순서가 뒤죽박죽일 때
- 선생님이 아이가 집에서 공부를 제대로 하고 있냐고 물어볼 때

무엇보다 중요한 것은 '공부를 왜 해야 하는가'에 관해 아이와 많은 대화를 하는 겁니다. 아이의 연령에 따라 수준별로 초점을 맞춰 이야기를 나누어야 합니다.

어릴 때부터 책과 친하게 지내도록 하는 게 중요합니다. 책은 정보의 창고이며 가장 기초적인 학습도구이기 때문이죠. 아이에게 색인, 어휘사전, 차례 등을 참고하며 책 읽는 법을 알려주세요.

책을 읽으며 정보를 얻는 과정은 마치 운동을 하는 것과 비슷합니다. 먼저 워밍업 단계가 필요합니다. 머리말, 차례, 사진, 그래프 등을 살피며 책 읽을 준비를 하는 겁니다. 첫 단락과 마지막 단락에는 중요한 내용이 포함되어 있으므로 꼭 읽도록 지도하세요.

적극적인 독서를 할 수 있게 격려하세요. 중요한 내용을 노트에 적

고, 자신만의 언어로 말하거나 써보며 읽은 내용에 대해 질문해보는 단계는 사고력 증진에 큰 도움이 됩니다. 또한 책을 읽는 도중에 차분하게 휴식하면서 내용을 곱씹어보게 하는 것도 좋습니다.

필기를 하는 것은 전체 공부의 윤곽을 그리는 것과 같습니다. 다음과 같은 필기의 원리를 먼저 숙지한 후 아이에게 가르쳐주세요.

첫째, 주로 문단의 첫 번째 문장이 주제 문장입니다. 이것을 아이가 기억하면서 각 단락의 주요 내용들을 필기하도록 하세요.

둘째, 기호나 약자로 중요사항을 정리하도록 합니다. 간단히 요약하면 빨리 머릿속에 들어오고 내용을 이해하는 데 도움이 됩니다.

셋째, 내용의 중요도에 따라 세부사항을 목록화합니다.

넷째, 선생님이 칠판에 별표를 달거나 색깔로 강조한 것 등을 노트에 적습니다. "그 원인은", "가장 중요한 것은", "꼭 기억해라", "시험에 자주 출제된다"와 같은 선생님의 말 뒤에 이어진 내용이 중요한 겁니다.

아이가 노트에 필기한 것들을 잘 이해하고 있는지 다시 한 번 확인시키고, 시험에 나올 만한 질문을 스스로 생각해보게 하세요.

시험지나 과제를 깔끔하게 정리하기 위한 방법으로는 HOW 방법이 있는데, 이를 적당한 기회에 아이에게 일러주는 것도 좋습니다. H란 Heading을 말하며 '표제'라는 뜻입니다. 이름과 날짜, 과목, 페이지의 숫자 등을 포함합니다. O는 Organization으로 '조직화'를 뜻합니다. 종이의 앞 장에만 적고, 왼쪽과 오른쪽 가장자리를 남겨두거나 문장들 간의 사이를 적절하게 비워두는 겁니다. W는 Written Neatly로 '깔끔하게 쓰기'라는 뜻입니다. 줄이 그어진 노트라면 줄 사이에 숫자나 글을 쓰고, 여백을 깨끗하게 유지하는 겁니다.

만약 아이가 학교에서 제대로 공부하고 있는지 궁금하다면 선생님과 면담을 진행하는 것도 좋습니다. 공부기술과 관련해 다음 내용들을 중심으로 이야기를 나눠보고 아이의 학업성취에 도움을 줄 수 있는 방법을 모색해보세요.

- 필요할 때 도움을 요청하는가
- 토론에 열심히 참여하는가
- 수업에 빠지지 않고 내용을 귀담아 듣는가
- 자율학습 시간을 효과적으로 사용하는가
- 수업 시작 전에 미리 공부할 준비를 하는가
- 제시간에 과제를 해오는가
- 놀 땐 놀고 공부할 땐 공부하는가
- 시험 준비를 잘하는가

아이의 공부기술에 심각한 문제가 있다고 판단되면, 그에 관한 책을 찾아 읽어 보거나 전문 상담교사 혹은 학습전문가의 코칭을 받는 것도 좋은 방법입니다.

ADHD로 진단하기 전에 습관과 환경부터 체크하기!

집중력이 부족한 아이

아는 문제도 틀리며 집중력이 약한 한상진(9세, 남)

상진이는 집중력이 너무 부족해요. 열심히 공부했는데도 쉬운 받아쓰기 문제를 다 틀렸더라고요. 아이 자신도 왜 그런지 모르겠다며 속상해해요. 선생님 말씀으로는 상진이가 한눈을 잘 팔고 주의를 두리번거리며 가만히 앉아 있지를 못한다고 하네요. 사실 그런 행동은 집에서도 마찬가지에요. 어떻게 해야 저희 아이의 집중력을 기를 수 있을까요?

부모들이 아이를 양육하면서 가장 많이 걱정하는 부분 중 하나가 아이의 주의가 산만하다는 겁니다. 주의가 산만한 아이들은 하나의 과제에 집중하지 못하고 덤벙대기 때문에 실수가 잦습니다. 이러한 행동이 지나쳐 다루기가 힘들어지면 혹시 내 아이가 '주의력결핍 과잉행동장애(ADHD: Attention Deficit Hyperactivity Disorder)'가 아닌지 의심해 보기도 합니다. ADHD란 그 연령에 맞는 집중력을 가지지 못한 상태

를 말합니다. 대표적인 증상으로 행동이 분주해 가만히 있지 못하고, 주위의 자극에 전부 반응해 한군데로 집중하지 못할 뿐만 아니라 참을성이 없고 충동적으로 반응하는 행동 등이 있습니다. 실제로 요즘 ADHD는 아니지만 이와 유사한 증후를 보이는 아이들이 많아지는 추세에 있습니다.

주의를 집중한다는 것은 어떤 일에 몰두한다는 뜻입니다. 즉 의식적으로 사태를 인식하여 그에 따라 행동하면서 일정 시간 집중하는 겁니다. 이와 같은 주의력은 유아기 때부터 발달하여 초등학교에 입학할 때쯤에는 완전히 몰두할 수 있을 만큼 진전됩니다. 그러므로 취학 전부터 아이에게 주어진 문제 중 중요한 것을 선별해 받아들일 수 있는 능력을 길러주는 게 중요합니다.

집중력에 담긴 네 가지 의미

우리가 사용하고 있는 집중력은 자세히 살펴보면 몇 가지 유형으로 구분됩니다. 주의를 기울이는 능력, 즉 주의력은 주의의 초점을 맞추는 능력과도 같은 말입니다. 시각, 청각, 후각, 미각, 촉각 등의 감각기관을 통해 동시에 다양한 자극과 정보를 접하게 되는데, 그중 필요하고 중요한 자극과 정보에 주의를 기울이는 능력을 '초점적 주의력'이라고 합니다. 대개 주의가 산만한 아이들은 지금 필요하고 중요한 것이 아닌 쓸데없고 사소한 것에 주의를 빼앗기는 경향이 있습니다.

또 다른 유형으로 주어진 과제를 끝까지 마무리하는 능력을 '지속적 집중력'이라고 하는데, "우리 아이는 집중력이 부족해요. 공부하다 말고 물 마시러 나오고, 화장실 간다고 나오고 5분도 못 앉아 있어요"라고 말할 때는 바로 이런 지속적 집중력이 부족하다는 의미입니다. 지속적 집중력은 지루하고 힘든 과제를 할 때, 그리고 오랜 시간 계속해야만 완수되는 과제를 할 때 특히 많이 요구됩니다. 만일 활동이 재미있고 신기하고 자극적인 정보로 가득하다면 지속적 집중력은 거의 떨어지지 않습니다. 공부나 숙제 같은 활동은 재미있고 신기하기보다는 오히려 힘들고 지루한 경우가 많습니다. 그래서 지속적 집중력이 높고 낮음에 따라 성적 차이가 발생하게 되는 것이죠. 지속적 집중력을 발휘하기 위해서는 지루함이나 짜증 같은 정서를 관리할 수 있어야 합니다.

집중력은 하나의 활동을 계속하는 능력뿐만 아니라 상황에 맞춰 활동을 중단하고 전환하는 능력도 포함하고 있는데, 이런 능력을 교육학자들은 '단절적 억제력'이라고 부릅니다. 아이가 종이접기, 그림 그리기, 책 읽기 등 자신이 좋아하는 활동만 계속 고집하고, 부모나 선생님의 요구와 지시에 따라 새로 해야 할 활동에 주의를 기울이지 않는다면 집중력에 문제가 있는 겁니다. 아이가 무언가에 흠뻑 빠져 즐겁게 몰입하고 있을 때 일부러 방해해서도 안 되지만, 자신이 해야 할 다른 중요한 일들을 제쳐 두고 좋아하는 것만 하려고 하는 것을 마냥 허용해서도 안 됩니다. 그래서 집중력을 높이기 위해서는 멈춰야 할 때 멈출 수 있는 능력인 단절적 억제력도 함께 키워주어야 합니다. 이를 위해서는 한계와 기준을 명확하게 정해주는 것이 필요합니다. 예를 들어 활동을 시작하기 전에 미리 끝내는 시간을 약속하거나 활동을 마쳐야 하는 시각이나 상황이 되면 시간 간격을 두고 알려주어야 합니다.

집중력은 단순하게 어떤 하나의 정보에 초점을 맞추는 능력만을 필요로 하는 것이 아니라, 새로 접한 정보와 이미 알고 있던 정보들 간의 연결 고리를 만들어 통합적으로 이해하는 능력도 필요로 합니다. 이런 능력을 '학습 집중력'이라고 합니다. 학습능력이 부족해 집중력이 낮아진 아이들은 대부분 학습결손을 겪게 됩니다. 같은 학년의 다른 아이들은 모두 배우고 익히는 지식을 익히지 못한 채 학년만 올라가게 되면 집중력은 낮아지고, 학습결손은 더욱 심해지는 악순환을 겪게 됩니다. 그러다 보니 선생님의 설명에 집중하지 못하고 딴생각에 빠지거나 멍하니 앉아 있을 수밖에 없죠. 만일 선생님으로부터 집중력이 낮다는 말을 자주 듣고, 교과 성적이 낮은 편에 속한다면 학습 집중력 부족일 가능성이 높습니다. 이런 경우 아이의 인지적 능력에 대한 객관적 평가를 받아 보는 것이 좋습니다.

내 아이가 집중하지 못하는 이유와 원인 찾기

아이의 주의가 산만하거나 집중하지 못하는 것은 집중력을 키우는 연습을 충분히 하지 못해서일 수 있습니다. 즉 흥미 있는 놀이를 충분히 접하지 못했거나 목표를 달성하는 성취감을 느껴본 적이 없기 때문일 수 있습니다.

아이가 어떤 일을 할 때 누군가 간섭하는 등 방해를 받으면 그것 또한 집중력 감소의 원인이 됩니다. 아이 스스로 해결 방안을 찾고자 하는데 부모가 매번 고쳐주고 지적하면 집중력이 떨어지기 마련입니다.

불안한 감정도 집중력을 흐트러뜨립니다. 아이들은 어른에 비해 쉽게 감정에 휩쓸리기 때문에 불안함을 자제하기가 어렵습니다. 그래서 부모나 선생님의 관심에서 벗어났다고 생각할 때 불안함을 느끼고 주의가 산만해지기 쉽습니다. 또한 어떤 이유든 부모가 자신에게 실망하고 있다는 것을 느끼면 아이는 불안하게 되고 집중하기가 어려워집니다.

집안이 시끄러운 경우도 아이의 집중을 어렵게 만드는 환경입니다. 공간이 너무 좁거나 형제가 많아 서로 공부하는 시간을 존중해주기 힘든 환경이면 집중력에 방해를 받게 됩니다. 아이가 공부에 전념할 수 있는 분위기를 만들어주어야 합니다.

외부 자극이 너무 많아도 집중력은 떨어집니다. 매일 과도하게 텔레비전이나 유튜브와 같은 영상을 시청하면 수면 시간이 부족하거나 자극적인 내용 때문에 정신적인 안정을 찾기가 어려워집니다. 그런 아이에게는 나름대로 일상을 이해하고 정리할 수 있는 기회를 마련해주세요. 긴장과 이완의 조화가 필요합니다.

일반적으로 집중력이 낮은 아이들을 보면 다음과 같이 인지적 능력이 떨어지는 아이, 정서적 안정감이 부족한 아이, 행동습관과 환경에 문제가 있는 아이 등 크게 세 부류로 구분해볼 수 있습니다. 집중력 저하의 원인에 따라 그 접근법도 달라야 합니다. 내 아이가 집중력이 부족하다면 어느 부류에 속하는지 잘 살펴보세요.

인지적 능력이 떨어지는 아이

- ☐ 쉬운 말로 여러 번 반복 설명해도 이해를 잘 못한다.
- ☐ 친구 이름이나 지명 등을 잘 기억하지 못한다.
- ☐ 알고 있는 것도 말로 잘 설명하지 못한다.
- ☐ 보통 아이들에 비해 상식 수준이 낮다.
- ☐ 책 읽는 것을 싫어한다.
- ☐ 공부한 것에 비해 시험 성적이 낮다.
- ☐ 학교나 학원에서 이미 배운 것도 다시 설명을 해야 한다.
- ☐ 주변 사물이나 환경에 대한 호기심이 적다.
- ☐ 대화나 토론을 싫어하고 혼자 있는 시간이 많다.
- ☐ 자기보다 어린아이들이랑 어울려 노는 것을 좋아한다.

정서적 안정감이 부족한 아이

- ☐ 감정 변화가 심하다.
- ☐ 다른 사람의 말에 신경을 많이 쓰고 쉽게 상처받는다.
- ☐ 기운이 없고 우울해 보인다.
- ☐ 재미있고 편안하게 놀만한 친구가 없다.
- ☐ 부정적인 생각을 많이 한다.
- ☐ 부모나 선생님에 대한 불만이 많다.
- ☐ 자기의 능력을 낮게 평가하고 자신 없어 한다.
- ☐ 사소한 일에도 잘 운다.
- ☐ 짜증을 많이 낸다.
- ☐ 겁이 많고 쉽게 불안해한다.

행동습관과 환경에 문제가 있는 아이

- ☐ 교과서, 필기구, 준비물 등 학습에 필요한 것들을 잘 잃어버린다.

- ☐ 한자리에서 진득하게 공부하지 않고 여기저기 옮겨 다닌다.
- ☐ 공부방과 책상이 잘 정리되어 있지 않다.
- ☐ 공부 중에 자세가 자주 흐트러지고 산만해진다.
- ☐ 공부시간이 규칙적이지 않고 들쭉날쭉한다.
- ☐ 밥을 잘 안 먹으려고 한다.
- ☐ 잠을 충분히 자지 못하거나 불규칙하게 잔다.
- ☐ 알림장이나 숙제를 잘 챙기지 않는다.
- ☐ 탄산음료나 색소가 첨가된 과자를 많이 먹는다.
- ☐ 책가방에 책과 학용품이 뒤죽박죽 섞여 있다.

아이가 인지적 능력이 부족한 편이라면 현재의 학습수준이나 분량이 자신의 정보처리능력에 비해 벅찰 수 있습니다. 아이의 인지적 능력에 맞춰 학습수준과 분량을 낮추고 부족한 능력을 높여주는 과정이 필요합니다. 만약 아이의 인지적 능력이 매우 부족한 편이라면 학교나 학원의 학습내용을 이해하지 못하고 넘어가는 경우가 많을 수 있습니다. 현재의 인지적 능력을 고려하지 않은 채 학습시킬 경우 학습결손이 누적되어 집중력 저하가 심화될 수 있습니다. 지능검사와 주의집중능력검사 등을 통해 아이의 인지적 능력을 객관적으로 파악해 현재의 능력과 맞지 않는 학습활동을 중단함으로써 근본적인 인지적 능력 향상을 위해 노력하는 것이 좋습니다.

아이가 정서적 안정감이 약간 부족한 편이라면 기분이나 상황에 따라 집중력의 기복이 심할 수 있고 스트레스를 받으면 집중력이 크게 낮아질 수 있습니다. 자신의 기분을 적절히 조절하고 다스릴 수 있도록 도와주는 것과 스트레스의 원인을 파악해 변화를 주는 것이 필요합니다. 만약 아이의 정서적 안정감이 매우 부족한 편이라면 불안과 우울을 많이 느끼고 있으며 정서적으로 불안정할 수 있습니다. 자기와 주변에 불만이 많고 미래를 비관적으로 생각하는 경향이 있어 감정 변화도 심할 수 있습니다. 심리상담을 통해 정서적 안정감과 자존감을 높여주어야 집중력이 향상될 수 있습니다.

아이의 행동습관과 환경에 약간의 문제가 있다면 학습능률이 떨어지고 공부한 만큼 성적이 안 나올 수 있습니다. 만약 아이의 행동습관과 환경에 많은 문제가 있다면 집중하기 힘든 환경 속에서 생활하고 학습할 가능성이 높습니다. 바람직하지 않은 공부환경과 습관으로 인해 집중하는 데까지 시간이 오래 걸리고 주의가 쉽게 흐트러질 수 있습니다. 따라서 학습환경 및 습관을 분석해 단계별로 고쳐나가는 과정이 필요합니다.

공부에 대한 집중력 향상법 및 노하우

아이가 집중하지 못하고 산만한 행동을 하는 데에는 아이들마다 개인차가 있겠지만 그 이유 또한 분명 있습니다. 이유를 찾아 바꿔보도록 도와주는 것이 부모가 할 수 있는 일인 것이죠. 가정에서 부모가 아이의 집중력을 길러주는 데 도움이 되는 몇 가지 방법을 소개하면 다음과 같습니다.

- 심리적 안정감 유지하기: 주의집중을 위해서는 무엇보다도 심리적인 안정감이 중요합니다. 그러므로 부모는 아이가 내적 평화로움을 유지할 수 있도록 도와주어야 합니다. 신체적인 접촉이나 친밀한 대화를 통해 아이가 보호받고 있다는 느낌을 갖도록 하는 것이 좋습니다. 또한 일일이 간섭하고 지적하기보다 자립적으로 공부하고 자유롭게 놀 수 있도록 허용해야 합니다.

- 짧은 시간으로 시작하기: 1분 공부법에 도전하고 첫 4분간의 법칙을 적용하는 겁니다. 많은 부모가 꽤 오랜 시간 진득하게 앉아 있어야 공부한다고 생각합니다. 아이들이 집중하는 시간은 어른보다 훨씬 짧다는 것을 알아야 합니다. 연구에 따르면 중학생이 공부에 집중하는 시간은 고작 7~8분 정도라고 합니다. 중학생 정도라면 한두 시간은 계속 집중해서 공부할 수 있을 것 같지만 겨우 7~8분입니다. 물론 아이들마다 개인차가 있겠지만 집중하는 시간이 그리 길지 않다는 것을 염두에 두고 생각을 전환해보세요. 가벼운 마음으로 편안하게 공부하도록 처음엔 1분만 집중하도록 해주세요. 1분 공부에 성공했다면 그다음엔 4분을 목표로 집중하게 하는 겁니다. 아이가 첫 4분간 공부에 집중할 수 있다면 몰입의 첫 단계에 접어든 것이며 반은 성공한 것이죠. 처음에는 1분, 그다음에는 4분 이렇게 짧더라도 일단 시작하는 게 중요합니다.

- 공부시간 쪼개기: 하루에 공부해야 하는 학습량을 한자리에 앉아서 해내기란 그리 쉬운 일이 아닙니다. 아이가 앉아서 자신에게 주어진 학습량을 한 번에 다하길 바라는 건 부모의 욕심일 수 있습니다. 아이들이 어리면 어릴수록 한 가지 공부를 오랫동안 지속하기보다는 조금씩 나눠서 하는 것이 더 효과적입니다. 나눠서 하기로 정한 양

만큼은 쪼개진 시간 안에 집중해서 하도록 해주세요. 여기에서 포인트는 책상 앞에 장시간 앉아 있는 것보다 짧은 시간이라도 집중하는 겁니다. 1시간 공부할 계획을 세웠다면 15분씩 네 번으로 쪼개서 공부해도 좋습니다.

- **타이머 활용과 공부량 정하기**: 공부할 시간만큼 타이머 알람을 맞춰놓고 알람이 울릴 때까지만 집중하게 해보세요. 처음에는 10분, 그다음에는 30분 이런 식으로 목표하는 시간만큼 타이머를 맞춰 공부하게 해주세요. 아이가 공부에 집중하고 있는데 요란한 타이머 소리가 울리면 '생각보다 시간이 빨리 갔네?', '10분이 눈 깜짝할 사이에 지나갔네', '30분도 해볼 만할 것 같은데 시작해볼까?' 이렇게 시간을 조금씩 확장하면서 공부의욕도 차츰 늘려가는 겁니다. 타이머 활용뿐만 아니라 공부량을 기준으로 집중력을 기를 수도 있습니다. 집중해서 공부하기 위해서는 공부시간도 시간이지만 공부량에도 집중할 줄 알아야 합니다. '국어책 10쪽까지 읽기', '수학 5문제 정확하게 풀기'처럼 공부량을 정하면 '이것만큼은 해내야지', '꼭 풀어내고 말 거야'라고 생각하게 되고 그 순간 집중력도 올라가게 됩니다. 끝내는 게 목표가 되기 때문이죠. '해냈다'는 작은 성공 경험이 쌓이면 공부에 대한 자신감도 길러지게 됩니다.

- **할 일을 스스로 정하기**: 남이 시켜서 하는 억지 공부에는 집중을 잘할 수가 없습니다. 따라서 해야 할 공부를 엄마가 정해주는 것보다 스스로 정하도록 하는 것이 좋습니다. 부모가 일방적으로 "여기서 여기까지 끝내놓도록 해!" 하는 것이 아니라 "오늘은 어떤 공부를 해야 하니?" 아이에게 물어보는 겁니다. 아이가 스스로 해야 하는 것이 더 있다면 "오늘 해야 할 중요한 일들은 뭐니?"라고 물어보세요.

- **책상 주변 정리하기**: 주로 요리할 때 사용하는 '미즈앙 플라스(Mise en Place)'란 말이 있습니다. 이 말은 '제자리에 놓다'는 뜻을 가진 프랑스어로, '모든 재료와 도구가 제자리에 놓여 있어야 제대로 된 요리를 시작할 수 있다'는 의미입니다. 공부도 마찬가지죠. 내 아이의 학습 효율성을 높이려면 공부에도 미즈앙 플라스가 필요합니다. 공부 시작하기 전에 책상 위를 깨끗이 하고 교재와 필기구를 갖추었는지 확인하도록 하세요. 책상 앞에는 가능한 어떠한 것도 붙이거나 놓아두지 않고 책상 위의 불필요한 물건은 서랍 안에 집어넣도록 해야 합니다. 공부하다 말고 자, 지우개, 샤프심 등을 찾으러 돌아다니지 않도록 미리 확인하고 자리에 앉도록 하는 겁니다.

- **행동의 경계를 명확하고 단호하게 알려주기**: 아이들에게 경계는 아주 중요합니다. 특히 산만하고 충동적인 아이들에게는 경계가 더 중요합니다. 어느 선까지는 되고, 어느 선부터는 안 되는지를 분명히 알려주면서 아이의 성장과 함께 경계의 범위와 정도를 조절해나가야 합니다. 기본 생활습관, 숙제를 포함한 계획된 학습, 자신과 타인을 위험하게 하는 행동 등에 있어서 해도 되는 것과 절대 하면 안 되는 것의 경계를 분명히 해주어야 합니다. 경계가 분명하지 않은 아이들은 불안을 더 많이 느끼게 됩니다. 경계 정하기에 있어서 아이와 대화를 통해 타협하려 하기보다는 분명하게 지시하고 엄격하게 실천해야 합니다.

- **휴식과 운동**: 공부할 때 집중력을 발휘하기 위해서 휴식은 필수입니다. 아이의 주의가 산만해지고 힘들어하면 공부를 마치지 못했더라도 잠시 쉬도록 하는 것이 좋습니다. 아이들은 어른보다 집중할 수 있는 시간이 짧기 때문에 건강한 기분전환이 필요합니다. 가능하면

능률이 가장 떨어지는 오후 2~3시 사이에는 집중을 요하는 일은 피하는 것이 좋습니다. 휴식과 더불어 운동도 필요합니다. 아이들은 대체로 신체 에너지 수준이 높아 많이 움직입니다. 지금의 아이들은 과거 부모세대에 비해 마음껏 신체 에너지를 발산할 기회가 적습니다. 어쩌면 이것이 산만하고 충동적인 아이들이 늘어나는 이유일 수도 있습니다. 규칙에 따라 움직여야 하는 운동보다는 원하는 대로 움직여도 되는 놀이나 게임 형식의 운동이 더 좋습니다. 주말에는 집 밖으로 데리고 나가서 편안하고 자유롭게 뛰어놀 수 있게 해 주는 것이 필요합니다.

- **공부한 내용을 확인하기**: 공부를 효율적으로 하는 아이들은 마지막 단계에서 자신이 공부한 내용을 확인합니다. 그리고 제대로 한 부분과 그렇지 않은 부분을 구분하죠. 아직 이해가 잘 안 되는 부분, 암기가 부족한 부분을 표시하고, 다음번에 공부할 때는 표시된 부분을 더 중점적으로 공부합니다. 반대로 공부효율이 낮은 아이들은 자신이 공부한 부분도 정확히 잘 모르고, 얼마나 제대로 이해하고 암기했는지도 모릅니다. 공부할 때마다 했던 부분을 반복하거나 제대로 이해 혹은 암기하지 못한 부분을 남겨 놓고 다른 부분을 공부하게 되죠. 그래서 아이들에게는 공부한 후에 전체적으로 내용을 다시 훑어보면서 가장 중요한 부분, 시험에 나올 것 같은 부분, 이해가 잘 안 되는 부분, 암기가 잘 안 되는 부분 등을 표시하는 습관을 갖게 하는 것이 중요합니다. 공부 점검을 함께할 때 "네가 선생님이라면 이번 단원에서 어떤 문제를 낼 것 같니?", "이 부분의 핵심 문장은 뭐야?", "잘 이해가 안 되는 부분은 없었어? 선생님께 다시 여쭤봐야겠다 싶은 부분은?", "지금 스펠링을 제대로 못 쓴 이 단어들에 밑줄을 그어

놓고 일어나자. 이 단어들은 내일 다시 한 번 더 외우도록 하고"라는 식으로 마무리하면 아이들은 자연스럽게 자신의 공부 정도를 가늠할 수 있게 됩니다.

- 집중을 돕는 음악 활용하기: 음악은 아이의 집중력을 돕는 유용한 도구가 될 수 있습니다. 단, 신나고 템포가 빠른 음악이 아닌 조용하고 잔잔한 클래식 음악이나 자연의 소리를 사용하는 것이 좋습니다. 특히 아이가 집중해야 할 때 볼륨을 낮춘 상태에서 조용하고 잔잔한 클래식 음악이나 자연의 소리를 틀어주세요. 너무 자극적이거나 고음의 음악은 오히려 주의집중력을 분산시킬 수 있습니다.

정리정돈을 습관화하는 데도 거래가 필요하다?
정리정돈을 하지 않는 아이

온갖 물건을 지저분하게 늘어놓는 신지혜(15세, 여)

지혜의 책상은 언제나 잡동사니가 늘어져 있어요. 방 구석구석에도 옷이며 양말이며 온갖 물건들이 널려 있고요. 공부하는 데 방해가 될 것 같아 청소를 해줘도 하루만 지나면 또다시 어지르네요. 잔소리를 해도 소용이 없어요.

부모와 상담을 진행하다 보면 아이가 정리정돈을 할 줄 몰라 속상해하는 경우가 많습니다. 아이 방이 돼지우리인가 싶을 정도로 옷이나 양말, 과자봉지, 장난감 등 물건들이 여기저기 흩어져 있죠. 정리정돈 좀 하라고 얘기하면 대충 치우는 흉내만 내고, 결국 부모가 아이 방을 정리정돈하는 일이 많습니다. 그나마 아이가 정리정돈을 할 때도 혼자 내버려 두면 시간을 끌며 정리정돈이 제대로 되지 않아 화가 치밀기도 합니다.

이처럼 정리정돈이 어려운 아이들이 있습니다. 매사 동작이 느리고 꾸물거리는 아이들을 보면 곧바로 시도해야 할 일을 뒤로 미루거나 엄두가 나지 않아서 시도하지 못하는 경우가 많습니다. 정리정돈을 안 하거나 못하는 아이들은 대체로 그것이 습관화되어 있거나, 동기부여와 집중력 혹은 조직화 기술이 부족한 경우입니다. 따라서 그 원인을 파악하면 얼마든지 정리정돈할 줄 아는 아이로 키울 수 있습니다.

정리정돈 습관은 단순히 깔끔한 공간과 쾌적한 환경을 만드는 것 이상의 효과가 있습니다. 정리정돈 과정을 통해 자신의 물건에 대한 책임감을 배양할 수 있고, 정리정돈된 공간은 산만함을 줄이고 학습과 놀이에 몰두할 수 있도록 집중력 향상에 도움이 됩니다.

정리정돈을 위해서는 계획과 실행력을 필요로 하기 때문에 결국 자기조절 능력을 강화하는 데에도 도움이 됩니다. 심리학 연구에 따르면 정리정돈 습관을 가진 아이는 스트레스가 줄어들고 자존감이 높아지는 경향도 있다고 합니다.

아이가 정리정돈에 서툰 것은 당연하다

어린아이는 한 가지 물건에 오랫동안 집중할 수 없기 때문에 이것저것 여러 장난감이나 물건을 가지고 놀며 어질러놓습니다. 또한 아직 스스로 정리정돈하는 것에 익숙하지 않습니다. 아이들은 정리정돈 그 자체보다 방금 손에 쥐었던 물건을 갖고 노는 데 더 큰 관심을 기울이기 때문입니다.

어린아이들은 어른들이 정리정돈하는 모습을 보면서 물건 하나하나가 특정한 자리를 차지한다는 사실을 알게 됩니다. 부모가 물건을 아무 데나 두고 정신없이 찾는다거나 집안 살림살이가 늘 뒤죽박죽이면 아이들은 정리하는 방법을 배울 수 없습니다. 항상 엄마 아빠가 솔선수범해 물건들을 제자리에 정리하는 모습을 보이면 어떤 물건이든 제자리가 있다는 것을 자연스럽게 배울 수 있습니다. 따라서 아이들의 정리정돈 습관을 길러주기 위해서는 부모가 먼저 항상 깨끗하게 정리정돈을 하고, 물건을 사용한 후에는 제자리에 두는 습관을 지녀야 합니다.

정리정돈에 대한 지도와 교육을 제대로 받지 못한 아이는 자라서도 못하는 것이 당연합니다. 또한 부모가 어수선하고 물건을 어디에 두었는지 자주 잊어버린다면 아이도 비슷하게 될 확률이 높습니다. 이런 아이는 그동안 정리하는 법을 배우지 못했을 뿐이므로 정리정돈하는 법을 가르쳐주면 됩니다.

하지만 지나친 요구는 금물입니다. 부모가 지나치게 꼼꼼하거나 너무 높은 기준을 아이에게 적용할 때 아이는 오히려 반발심이 생깁니다. 그리하여 정리정돈에 대한 의욕을 상실하고 그저 하기 싫은 의무로만 여기게 됩니다.

규칙, 격려, 거래가 필요하다

정리정돈을 잘하기 위해서는 고정된 원칙을 강요하기보다는 아이 개인의 발달상황과 능력을 고려해 다스리는 것이 좋습니다. 예를 들어 취학 전 아이 같은 경우에는 일정한 시간을 정해 정리정돈을 하도록 합니다. 아이에게는 자유롭게 노는 시간이 필요하며, 그 시간만큼은 마음껏 장난감을 갖고 놀아야 하기 때문이죠. 놀이활동이 중간에 끊어지는 것은 좋지 않습니다. 그러므로 너무 일찍부터 정리정돈을 요구하지 말고 아이가 그러한 의욕이나 행동을 보였을 때 아낌없이 격려와 칭찬을 해주세요.

중요한 것은 환경을 조성하는 일입니다. 아이들이 쾌적한 심리상태에서 과제를 하려면 어떤 물건은 꼭 특정한 자리에 두게 하는 정돈된 환경을 만들어야 합니다. 아이가 그림책 읽기 같은 특정한 작업을 하는 경우라면 다른 식구들의 방해나 TV같이 주의를 산만하게 할 만한 것들로부터 방해받지 않는 곳이어야 합니다. 수납할 공간이 부족하거나 도구를 다루기가 어려우면 아이는 쉽게 포기할 수 있습니다. 반면 장난감이나 물건을 보관하는 상자의 색깔이나 모양이 마음에 들면 정리정돈하는 것을 좋아할 수도 있습니다.

평소 정리정돈을 잘하던 아이가 갑자기 게을러지는 경우도 있습니다. 선생님이 갑자기 다른 태도를 취한 것이 아니라면, 신체적인 질병이나 정신적인 갈등, 혹은 학교에서 어떠한 문제를 겪기 때문은 아닌지 살펴보세요. 사춘기에 접어들어 갑자기 게을러지거나 해이해지는 아이도 많습니다. 단지 귀찮아서 너저분하게 어지른 것이라면 그에 따르는 부정적인 결과를 아이에게 알려주어야 합니다. 부모가 일정한 규칙을 지키고 있다는 사실을 분명하고 합리적인 방법으로 설명하세요. 공동생활에는 일정한 질서가 반드시 필요하다는 것을 이해시켜야 합니다.

다음은 아이에게 정리정돈을 가르칠 때 지켜야 할 사항들입니다. 그대로 따르면 아이의 습관을 개선하는 데 도움이 될 거예요.

- 평소 집안 정리를 잘해야 합니다. 아이의 정리정돈 습관을 키우기 위해서는 평상시 집안을 깨끗하게 정리된 상태로 유지하세요. 아이들은 주변 환경이 깨끗하게 정리되어 있을 때 집중력이 높아집니다. 아이가 가지고 논 물건을 정리할 때 다른 물건들이 어지럽게 놓여있는 상태라면 아이들은 혼란을 겪을 수 있습니다. 따라서 아이들이 스스로 물건을 정리할 수 있도록 하는 습관을 만들기 위해서는 집안 환경이 쾌적하고 정돈된 상태를 유지해야 합니다.
- 부모가 대신 치워주지 않아야 합니다. 벗은 옷을 그대로 두고, 이불도 엉망으로 어질러놓은 후 개지 않거나 온갖 잡동사니들을 방에 늘어놓는 아이, 엄마가 아무리 잔소리해도 고쳐지지 않는 이유는 무엇일까요? 가장 큰 이유는 바로 엄마가 치워주기 때문입니다. 아이 입장에서는 꼭 치워야 할 필요성을 느끼지 못하는 겁니다. 아이가 정리정돈을 하는 일에 서툴다고 엄마가 아이의 물건을 바로바로 치워주게 되면 정리정돈의 습관을 들이기는커녕 놀고 있는 아이의 마음을 불안하게 할 뿐입니다. 아이의 정리정돈은 어른의 그것과 같을 수 없습니다. 처음에는 정리가 서툴고 약간 지저분해도 일단 물건을 제자리에 갖다 두는 것으로 시작하는 것이 좋습니다. 그리고 제대로 정리정돈을 하지 않으면 필요한 장난감이나 물건이 어디에 있

는지 몰라 제때 사용할 수 없고, 얼마나 불편한지에 대해 경험하게 해야 합니다. 그래서 사용 후 스스로 치우도록 유도하는 것이 바람직합니다.

- 수납함을 준비하도록 하십시오. 아주 사소한 물건 하나라도 있어야 할 일정한 장소를 정해두세요. 그래야 아이 스스로 정리정돈을 할 수 있습니다. 물건을 정리하고 장난감을 치우고 옷을 정리할 수 있는 지정된 장소가 있어야 합니다. 수납함에 장난감, 필기구, 게임, 카드와 같이 이름표를 붙이세요. 책장, 서랍, 상자 등 수납할 수 있는 모든 공간에도 이름표를 붙이세요. 미술과 같은 특정 과제를 할 때 쓰는 모든 물건은 준비물 코너를 만들어 한곳에 보관하는 게 좋습니다.

- 배우자 탓으로 돌리지 마십시오. "아이가 제 아빠를 닮아서 지저분해"와 같이 표현하지 말아야 합니다. 이는 아이에게 꼬리표를 붙이는 것과 같으며 아이의 지저분함을 부모 탓으로 돌리게 하는 구실이 됩니다. 이렇게 되면 아이의 행동을 교정하기 힘들고 아이가 부모를 부정적으로 인식하기 쉽습니다.

- 처음부터 많은 것을 기대하지 않아야 합니다. 옷 걸기, 이불 정리하기, 책 정리하기, 신발 정리하기 등 처음부터 많은 것을 시키지 말고 쉽고 간단한 것부터 실천하게 하세요. 예를 들어 이번 주 목표 행동을 옷 걸기로 정해놓고 이것이 잘 지켜져 습관화되면 다음의 목표 행동을 정하는 식입니다. 성급하게 생각하지 말고 완전히 습관화될 때까지 꾸준히 실행하세요. 잘하지 못했다고 해서 비난과 꾸중을 해서는 안 되며 정리정돈을 하려고 나름대로 애쓴 것에 대해서는 반드시 격려와 칭찬을 해줘야 합니다. 지적받으면 정리정돈을 하려는 욕구

를 잃어버리기 때문입니다.
- 치우고 정리할 수 있는 시간을 주세요. 식사나 숙제하기 5~10분 전에 하던 놀이를 마무리할 시간을 주어야 합니다. 놀이가 끝난 후 갖고 놀던 물건을 스스로 치우게끔 유도하세요. 이것이 습관화 되면 다른 일을 시작할 때 전 단계에 사용한 물건들을 치워야 한다는 것을 스스로 깨닫게 됩니다. 아울러 정리할 시간을 미리 알려주는 것도 좋습니다. "10분 후에 식사해야 하니 놀던 장난감은 치워두렴" 하고 정리할 시간을 미리 알려주세요. 어릴 때부터 '놀이의 끝은 정리하는 것까지'라는 점을 명심하게 해주세요.
- 규칙을 통해 아이가 협조하게 하세요. "옷 좀 똑바로 걸라고 몇 번이나 말했니?"라고 다그치지 마세요. 잔소리하면 아이는 부모를 무시하게 됩니다. 또 정리정돈을 왜 해야 하는지 그 의미를 알지 못할 수도 있습니다. 대신 "다 가지고 논 장난감을 치운 후에 다른 장난감을 꺼내는 것이 규칙이란다"라고 말해주세요. 규칙을 통해 아이는 정돈과 질서의 중요성을 배웁니다. 교통신호를 지키고, 돈을 지불하고 물건을 사는 것처럼 보편적인 일상사로 정리정돈의 규칙을 이해시키세요.
- 정리정돈을 잘했을 때 격려하고 지지해주세요. "너는 늘 어지르는 것밖에 모르지?" 혹은 "왜 누나처럼 깔끔하지 못하니?"라고 다그치면 안 됩니다. 천성적으로 정리정돈을 잘하는 아이가 있는가 하면 그렇지 못한 아이도 있습니다. 부모가 계속 지지하고 격려해주면 아이도 그 가치를 깨닫고 조금씩 더 잘하게 됩니다. 아이에 따라 개별적으로 접근하고 서로 비교하지 않아야 합니다. 아이가 다소 기대에 미치지 못하더라도 상처 주는 말 대신 "치워줘서 고마워", "요즘에는

깔끔하게 정리하려고 노력하는 것 같아 엄마가 너무 기뻐"와 같이 아낌없는 칭찬과 격려를 해주세요. 칭찬과 격려를 받은 아이는 정리정돈하는 것을 즐겁게 생각하게 되고, 정리한 후 깨끗해진 방을 보면서 스스로 만족감을 느끼게 될 겁니다.

- 선심을 쓰는 대신 거래를 하세요. "네가 정리를 하면 원하는 것을 사줄게"와 같은 선심성 발언은 하지 마세요. 그러면 아이는 정리정돈에 대한 올바른 태도를 발달시키지 못합니다. 자신의 협조를 매매의 대상으로 생각할 위험도 있으며 부모와 기싸움을 하려고 할 수도 있습니다. 대신 "네 방을 모두 치운 후에 우리 같이 게임을 하는 게 어때?"와 같이 거래 혹은 협상을 하는 게 좋습니다.

모든 학습의 시작은 읽기로부터!
책 읽기를 싫어하는 아이

책 읽는 것을 꺼리는 이선주(10세, 여)
선주는 수학과 과학을 잘해요. 하지만 왜 그렇게 읽기를 싫어하는지 모르겠어요. 읽기는 수학을 잘하는데 아무런 도움이 안 되니까 아예 읽기 싫다고 말하네요. 글을 읽는 건 앞으로 해야 할 공부의 기본인데, 어떻게 하면 읽기를 좋아하게 할 수 있을까요?

책은 왜 읽어야 할까요? 사실 책을 읽으라고 아이에게 강요하면서도 책을 읽으면 어떤 점이 좋은지 생각해본 적 없는 부모도 있을 겁니다. 읽기는 다양한 지식을 빠르고 효과적으로 쌓을 수 있는 방법으로 자신의 생각을 논리적으로 말할 때나 논술에 도움을 줍니다. 읽기는 지식을 줄 뿐만 아니라 생각하는 힘, 즉 사고력을 길러줍니다.

 학업성취에 가장 중요한 요소는 문자에서 정보를 얻는 능력입니다. 또한 모든 공부는 어떤 방식으로든 읽기를 내포하고 있습니다. 그러므로 글을 잘 읽는 것이 교육의 핵심이라 해도 과언이 아닐 겁니다. 학업뿐 아니라 나중에 직업을 찾는 일에서까지도 읽고 이해하는 능력은 기본이 됩니다. 만약 아이가 읽기를 싫어하거나 잘하지 못한다면 부모가 나서야 합니다. 아이들이 읽기를 배울 때 특정 단계들을 통과하며 정해진 발달순서에 따라 이루어진다는 것을 먼저 이해할 필요가 있습니다.

읽기를 잘해야 다른 공부도 잘한다

앞서 언급했듯이 읽기는 모든 학습의 기본이므로 그 수준을 보면 다른 과목의 성적도 어느 정도 예측이 가능합니다. 물론 아이에 대한 기대감은 개인의 발달수준에 따라 달라져야 합니다.

다음 항목을 확인하여 아이의 읽기 수준을 판단해보세요. 반 이상의 항목에 해당된다면 집중적인 읽기 교육이 필요합니다.

- 읽기를 피하려고 하며 읽기가 어렵다고 늘 불평한다.
- 또래들에 비해 읽는 속도가 현저히 느리다.
- 배운 것을 곧 잊어버리고 책을 읽어줘도 이해를 잘 못한다.
- 읽어 준 내용에 대해 기본적인 것을 물어도 대답하지 못한다.

간혹 시력이 나빠 잘 읽을 수 없는 경우도 있으니 종합적인 안과 검진을 받아보세요. 또한 아이가 각각의 글자가 내는 소리의 차이를 구분하지 못하거나 소리를 배우기 어려워한다고 판단되면 청력 검사를 해볼 필요도 있습니다.

아직 읽는 것이 서툰 아이에게는 너무 부담을 주기보다 집에서 책을 읽어주는 것이 좋습니다. 아이와 함께 책을 읽을 때 지켜야 할 구체적인 요령은 다음과 같습니다.

- 아이가 직접 책을 고르게 한 뒤 책의 표지나 제목을 보면서 책의 내용을 생각해보게 합니다. 작가에 대한 정보도 함께 이야기하세요.
- 책을 훑어보면서 이야기가 어떻게 흘러갈지 생각해보게 하세요. "다음엔 무슨 일이 일어날까?"와 같이 목표를 제시하는 것이 좋습니다.
- 책을 번갈아가면서 읽는 것도 좋습니다. 문장이나 문단 또는 장 단위로 소리 내서 번갈아 읽어보는 겁니다.
- 아이가 모르는 단어가 나왔을 때 무슨 뜻일지 추측해보도록 잠깐의 시간을 주세요. 제대로 추측하면 곧바로 칭찬해주고 그렇지 못하면 뜻을 설명해줍니다.
- 다 읽은 후에는 간단한 내용을 아이에게 물어보세요. 주인공은 누구인지, 어떠한 일들이 일어났는지, 등장인물들이 어떤 일을 했는지, 책에서 가장 좋았던 부분은 어디인지, 예측한 내용이 맞았는지, 좋아하는 등장인물은 누구인지 자유롭게 대화하세요.
- 아이가 원한다면 책을 다시 읽는 것도 좋은 방법입니다. 반복과 연습은 자신감을 키워주기 때문입니다.
- 만약 시간이 없어 더 읽어줄 수 없다면 내용상 적절한 곳에서 마무리하세요. 그리고 다음 날 다시 읽기를 시작할 때, 지난번 읽은 부분에

대해 간단하게 이야기를 나눈 후 책 읽기를 시작하세요.
- 아이와 함께 읽은 책의 목록을 써보세요. 제목 옆에 간단한 요약이나 감상을 적는 것도 좋습니다.

읽기 전문가들이 가장 권유하고 강조하는 방법은 부모가 먼저 책 읽는 모습을 보여주는 겁니다. 엄마는 텔레비전을 보면서 아이에게 책을 읽으라고 하면 효과가 없지만, 엄마가 책 읽는 모습을 자연스레 보여주면 아이도 따라 책을 읽게 됩니다. 책에 대한 친밀도는 어린시절의 추억이 크게 관여한다는 연구 결과도 있습니다. 부모에게 선물 받은 책, 함께 간 서점, 엄마가 읽어준 책의 기억이 책에 대한 좋은 감정을 갖게 하며, 이런 좋은 감정은 책 읽기로 이어진다는 겁니다.

부모가 독서를 생활의 일부로 여긴다면 아이도 그렇게 될 가능성이 큽니다. 하루에 5~15분씩이라도 아이와 함께 책 읽는 시간을 가져보세요. 무엇보다 아이가 흥미를 느낄 만한 책을 선택하는 게 중요합니다. 관심 없고 지루한 책은 열심히 읽을 수 없습니다.

다음은 아이의 관심 분야를 파악할 수 있는 질문들입니다. 연령에 맞게 나누어져 있으니 아이에게 편하게 답하도록 해보세요.

초등학교 1~3학년
- [ ] 가장 좋아하는 게임은 무엇인가요?
- [ ] 누군가 책을 읽어준다면 어떤 책을 고르고 싶은가요?
- [ ] 텔레비전 프로그램 중에서는 어떤 것을 제일 좋아하나요?

- ☐ 어떤 종류의 글을 읽는 것이 즐거운가요?
- ☐ 도서관의 대출 카드를 가지고 있나요?
- ☐ 어떤 종류의 만화책을 좋아하나요?
- ☐ 수업이 끝나면 무엇을 하나요?
- ☐ 여가시간에는 어떤 활동을 하나요?
- ☐ 무엇이든 할 수 있다면 어떤 것을 하고 싶나요?

초등학교 4~6학년

- ☐ 교과서나 학교 교재를 하루에 몇 시간이나 읽나요?
- ☐ 읽고 싶은 책을 하루에 몇 시간이나 읽나요?
- ☐ 꾸준히 글을 읽고 있나요? 만약 그렇다면 가장 관심 있는 글의 주제는 무엇인가요?
- ☐ 텔레비전 프로그램 중에서는 어떤 것을 제일 좋아하나요?
- ☐ 도서관의 대출 카드를 가지고 있나요?
- ☐ 어떤 종류의 책을 가장 좋아하나요?
- ☐ 방과 후에 가장 즐겨하는 활동은 무엇인가요?
- ☐ 여가시간에는 어떤 활동을 하나요?
- ☐ 무엇이든 할 수 있다면 어떤 것을 하고 싶나요?

중학생 이상

- ☐ 만약 어떤 문제를 풀어야 한다면 책을 얼마나 읽을 건가요?
- ☐ 즐겨 보는 잡지나 책은 무엇인가요?
- ☐ 꾸준히 글을 읽고 있나요? 만약 그렇다면 가장 관심 있게 보는 책의 주제는 무엇인가요?
- ☐ 한 달에 평균 몇 권 정도의 책을 읽나요?

〈계속〉

- ☐ 텔레비전 프로그램 중에서는 어떤 것을 제일 좋아하나요?
- ☐ 제일 좋아하는 영화는 무엇인가요?
- ☐ 여가시간에는 어떤 활동을 하나요?
- ☐ 무엇이든 할 수 있다면 어떤 것을 하고 싶나요?

읽기를 위한 효과적인 방법

읽기를 가르칠 때는 다음의 네 가지 방법을 활용해보세요. 각각의 방법들이 서로 배타적인 것은 아니며, 일반적으로 학교에서는 한 가지 방법을 강조하지만 다른 방법을 함께 사용하기도 합니다.

- **단어보기**(Sight Words): 이 방법은 시각적인 능력을 강조합니다. "경찰을 봐", "달리는 경찰을 봐", "빨리 달리는 경찰을 봐"와 같은 구절들을 읽으며, 반복된 연습을 통해 전체 단어를 떠올리게 합니다. 일반적으로 아이들은 전체 글을 읽기 전에 핵심적인 구절들을 먼저 외우게 됩니다. 핵심 구절을 더 많이 배울수록 어휘력이 늘어나며 점차 더 복잡한 글을 읽을 수 있습니다.
- **음성학**(Phonics): 듣기를 강조하는 방법입니다. 개별 글자의 소리를 가르친 다음, 새로운 단어를 만들기 위해 이 소리들을 어떻게 조합하는지 가르칩니다. 음성학적 방법을 익힌 아이들은 낯선 단어를 이해하기 쉬우며 읽기 능력이 금세 향상됩니다.
- **언어학**(Linguistics): 음성학적 접근법과 유사하지만 단어를 그룹으로 묶는다는 데에 차이가 있습니다. 예를 들면 cat, nat, sat, mat을 함께

배우는 것이죠. 글자의 소리를 배우고 소리를 혼합해 비슷한 소리의 단어들을 연관시킴으로써 어휘력을 확장합니다.
- 심리언어학(Psycholinguistics): 어휘나 문법처럼 글의 세부적인 요소부터 가르치는 것이 아니라 전체적인 글의 의미와 맥락에 초점을 두고 가르치는 총체적 언어 접근법입니다. 주어진 이야기 속에서 앞으로 일어날 일을 예측하는 방법입니다. 이야기의 흐름이 전혀 엉뚱하게 흘러가지만 않는다면 작은 실수는 넘어가면서 진행합니다.

또한 공부기술 부분에서 설명했던 PQ4R, READS, CAPS(258쪽 참조)와 같은 읽기 기술이 효과적인 방법입니다. 이 기술들은 글을 읽고 이해하고 기억하기 위해 널리 사용되는 정보습득 방법입니다. 이 외에도 다음과 같은 방법(SQ3R)이 있습니다.

- 개관하기(Survey): 책을 읽기 전에 개략적인 장의 내용, 소제목, 그래픽 자료, 요약 등을 훑어봅니다. 무엇을 읽을지 전체적인 이해를 돕고 각 장의 재료들을 조직화하며 서로 어떤 연관이 있는지 미리 살펴보는 겁니다.
- 질문하기(Question): 읽으면서 절과 각 절의 소제목들을 육하원칙에 따라 의문형식으로 바꿔봅니다. 질문에 대한 답을 스스로 발견하기 위해 보다 적극적인 자세를 취하게 되며, 읽는 것에 계속 흥미를 갖게 할 수 있습니다. 또한 알고 있는 내용의 중요성을 평가하는 데 도움이 됩니다.
- 읽기(Read): 제기된 의문에 답할 수 있도록 처음부터 끝까지 계속 읽습니다. 이 과정에서 주요 단어와 구절에 밑줄을 긋거나 요점들을 정

리해둡니다. 단순히 수동적으로 끝까지 읽는 것이 아니라 대답을 찾으며 적극적으로 읽습니다.
- **암송하기**(Recite): 해당 장을 모두 읽고 난 다음 머릿속으로 질문과 해답들을 되새기며 암송합니다. 특별히 기억에 남는 예시가 있는지 생각해보고, 책을 보지 않은 상태에서 요점을 말해봄으로써 스스로 알고 있는 내용을 시험할 수 있습니다. 만약 충분히 학습하지 못했다면 방금 읽은 내용도 기억나지 않을 겁니다. 그럴 때는 처음부터 다시 읽어봅니다.
- **복습하기**(Review): 앞에서 설명한 단계를 통해 어느 정도 내용을 익혔으면 이제 전체 내용에 대한 이해를 확실하게 할 수 있도록 복습합니다. 중요한 요점들 간의 상호관계에 대한 그림을 그리며 노트를 훑어본 후 각 장의 세부내용들을 외우며 확실히 기억되는지 확인합니다.

이런 읽기 전략들을 능동적으로 사용함으로써 아이들은 각 장의 구조를 더 잘 이해하고 내용 구성에 관한 중요한 단서들을 알아가게 됩니다. 또한 모든 정보를 한꺼번에 학습하려 하기보다 절 단위로 공부하는 분산학습이 가능해집니다. 내용에 대한 질문을 만들고 답변하는 과정에서 더 깊게 습득할 수 있는 겁니다.

앞에서 설명한 구체적인 읽기 전략들을 바탕으로 올바른 독서지도를 해보세요. 다음은 구체적인 독서지도 시 유의해야 할 점들입니다.

- 책 읽는 환경을 만들어주세요. 부모가 먼저 독서하는 모습을 보여주

어야 합니다. 엄마가 정말 그 책이 재미있다고 생각하면서 읽어주면 아이도 몰입하기 마련입니다. 또한 책 선물하기, 서점 가기, 책 이야기 나누기, 독서 퍼즐하기 등 책으로 할 수 있는 활동을 함께하세요.

- 아이 수준에 맞는 책을 선택하세요. 독서를 즐겁게 하기 위해서는 수준에 맞는 내용을 선택해야 합니다. 아이의 어휘력과 독해력 수준에 맞는 책을 고르는 것이 중요합니다. 함께 도서관이나 서점에 나가서 아이가 원하는 책을 고르도록 도와주세요. 아이가 좋아하는 책을 충분히 읽게 한 후 새롭고 다양한 장르의 책을 읽도록 안내해 주세요.
- 학교 공부와 연계하세요. 독서를 하면 학업성취도를 높일 수 있습니다. 중·고등학생을 대상으로 하는 시험은 글을 빨리 읽고 제대로 이해하여 바르게 사고하는 능력이 아주 중요합니다. 나아가 그런 사고력을 바탕으로 한 적용력과 창의력을 평가합니다. 새학기가 시작되기 전 아이의 교과서를 훑어보고 교과서에 등장하는 인물, 지명, 역사 등 교과내용과 관련된 도서들의 목록을 만들어보세요. 학교에서 배부한 교과 관련 권장도서목록과 부모가 작성한 도서목록을 가지고 아이와 의논해 책을 선정하고 읽기 계획을 세우세요.
- 토론과 글쓰기를 생활화하세요. 토론은 다양한 사고와 논리적인 표현방식을 키워주고 폭넓은 사고력을 길러줍니다. 책을 읽은 후에는 부모나 아이 모두 각자의 생각을 정리하고 주제를 정해 토론을 해보세요.

숙제에도 저마다의 이유가 있다!
숙제하기를 싫어하는 아이

숙제하지 않으려는 이형우(11세, 남)
형우는 숙제하는 걸 너무 싫어해요. 해야 한다는 건 잘 알고 있지만 실제로 하려고 하지 않아요. 매일 제가 대신 해줄 수도 없고, 학교 공부는 잘 따라가고 있는지, 선생님에게 야단맞는 건 아닌지 늘 걱정이에요.

부모 중에는 아이 숙제시키는 것이 너무 힘들다는 고충을 토로하는 경우가 종종 있습니다. 아이가 숙제를 하지 않거나, 숙제를 다 했다고 거짓말하는 경우 부모에게는 큰 걱정거리가 아닐 수 없겠죠. 학교나 학원에서 내준 숙제를 하라고 하면, 미적미적 시간을 끌며 딴짓을 하거나 투덜대며 짜증을 부리다가 겨우겨우 숙제하는 경우도 있습니다. 아이가 해야 할 숙제임에도 부모는 어떻게든 숙제를 하게 하려고 아이를 구슬리고 타이르고 혼을 내기도 합니다. 도대체 누구를 위한 숙제인지 헷갈릴 정도죠.

부모도 자신의 어린시절을 떠올려보면 사실 학교 숙제하는 것을 즐거워하지는 않았을 겁니다. 하지만 숙제라는 것은 안 할 수 없는 것임을 알기에 하기 싫어도 참고 했던 기억이 있을 텐데요. 아이들은 왜 숙제를 그렇게 하기 싫어하는 걸까요? 숙제하기 싫어하는 아이를 어떻게 도와주어야 할까요?

학업이 아니어도 숙제는 필요하다

아이들에게 숙제는 귀찮고 좋아할 수 없는 과제입니다. 하지만 숙제를 통해 얻게 되는 이점이 아주 많고 유익합니다. 숙제는 학교에서 배운 내용을 되새기고, 더 깊이 이해하기 위한 중요한 학습활동으로 학교 수업에 있어 윤활유가 됩니다. 숙제를 통해 반복적으로 문제를 풀어 배운 내용을 복습하면서 학습의 깊이와 이해를 더하고, 자신이 무엇을 알고 어떤 부분을 더 공부해야 하는지 점검할 수 있는 계기를 마련해줍니다.

숙제는 아이에게 시간 관리의 중요성을 가르쳐주고 책임감을 길러주기도 합니다. 숙제를 하려면 아이 스스로 시간 계획을 세워야 하고, 정해진 시간 안에 끝내기 위해 노력해야 합니다. 이를 통해 학생들은 점차 책임감을 갖게 되고, 자신의 할 일을 계획하고 실행하는 시간 관리 능력을 배우게 되는 것이죠. 뿐만 아니라 숙제할 때는 스스로 계획을 세우고 학습해야 하기 때문에 자기주도학습 능력을 향상시킬 수 있습니다.

숙제를 하다 보면 어려운 문제에 직면하기도 합니다. 이 과정에서 아이들은 스스로 문제를 해결하기 위해 다양한 방법을 시도하게 되죠. 또 이렇게 문제를 해결하는 능력은 학업 외에도 삶의 여러 방면에서 유용하게 쓰일 수 있습니다. 어려운 숙제를 해결하면서는 성취감을 맛볼 수도 있고, 이런 성취감은 자신감과 도전정신을 기르는 데 기여할 수 있습니다.

또한 숙제는 단순히 학생만을 위한 활동이 아니라 선생님과 학부모에게도 아이의 학습상황에 대한 유용한 정보를 제공하는 피드백 역할을 합니다. 학생이 숙제를 얼마나 잘 이해하고 수행하는지에 따라 선생님은 학생의 학습수준과 이해도를 파악할 수 있고, 부모 또한 아이가 숙제하는 모습을 통해 현재의 학업상황을 이해하고 필요한 도움을 제공할 수 있습니다.

숙제는 크게 네 가지 유형으로 나눌 수 있습니다. 이러한 분류를 이해하면 선생님이 숙제를 내준 이유를 파악할 수 있으며 완성된 숙제를 검사할 때도 도움이 됩니다.

- 연습형 숙제: 철자를 익히고 수학 공식 및 과학적 용어와 같은 기초적인 기능을 얼마나 잘 이해했는지 확인하기 위한 겁니다. 받아쓰기, 사칙연산, 실험 등 기억력과 사고력을 기르기 위한 숙제입니다.
- 예습형 숙제: 배운 내용들을 미리 살펴보거나 조사하게 하는 겁니다. 도서관에서 미리 자료를 찾아보게 하거나 문학작품을 읽도록 하는 등의 숙제입니다.

- 심화형 숙제: 한 단계 더 깊은 내용을 공부하도록 하는 겁니다. 예를 들어 서로 다른 시기에 일어난 비슷한 성격의 시민운동을 비교·대조해 이해의 폭을 넓힐 수 있게 하기 위한 숙제입니다.
- 창조형 숙제: 배운 것을 통합·심화·적용하는 다양한 기술을 요구하는 숙제입니다. 한 가지 주제를 정해서 그와 관련된 영상 프로그램을 찾아보는 등의 활동을 할 수 있습니다.

숙제하기 싫어하는 이유

아이들은 왜 숙제하기를 싫어할까요? 먼저 불안과 낮은 자존감 같은 심리적 문제 때문일 수 있습니다. 불안의 기저에는 완벽주의적인 성향이 자리 잡고 있는데, 좌절이나 실패에 취약하고 자신감이 부족한 아이들의 경우 완벽하게 알고 있지 못한 것에 대한 무의식적인 거부감과 두려움을 경험하게 됩니다. 여기에 낮은 자존감이 작용하게 되면 어떤 학습을 수행해야 하는 과제에 대해 거부감을 경험하게 됩니다.

숙제가 너무 어렵거나 관심 없는 주제라면 하기 싫어할 수 있습니다. 숙제가 어렵고 이해가 잘 되지 않는 아이는 이 어려운 숙제를 대면하는 것에 대한 불편함을 경험하게 됩니다. 숙제가 어려우면 아이는 숙제를 하는 것에 대해서 어떻게 해야 할지 주저하게 되고, 이는 숙제를 거부하는 행동으로 나타나는 것이죠. 따라서 아이는 숙제를 앞에 두고 짜증과 투덜거림, 분노 표출을 하기도 하고, 숙제를 회피하거나 미루는 모습을 보이기도 합니다. 아이가 숙제의 주제에 대해 관심이 없을 때도 회피하거나 하기 싫은 모습을 나타내기도 합니다. 싫어하기 때문에 흥미 유발이 되지 않고, 또 내용을 잘 모를 수도 있습니다.

　숙제의 양이 너무 많을 경우에도 숙제하는 것을 싫어할 수 있습니다. 아이가 숙제의 양이 너무 많다고 여기게 되면 심리적인 압박감과 부담감을 느껴 회피하는 모습을 보이게 됩니다. 아이들은 학교나 학원에서 돌아오면 쉬고 싶기도 하고, 놀고 싶기도 하고, 게임도 하고 싶지만, 숙제가 너무 많아 그렇게 할 시간이 없을 것이라 생각되면 짜증과 화가 나게 되고 과도한 스트레스를 받을 수 있습니다. 이러한 스트레스는 아이들의 정서적 안정을 해칠 뿐만 아니라 학업에 대한 흥미도 떨어뜨립니다. 예를 들어 아이들이 매일 밤늦게까지 숙제를 해야 하고 휴식 시간이나 취미활동 시간이 부족해지면, 결국 이는 신체적 피로로 이어져 학습효율 저하뿐만 아니라 불안이나 우울증과 같은 정신건강에도 부정적인 영향을 미칠 수 있습니다. 이는 아이들의 자존감을 낮추고 학교생활에 대한 부정적인 인식과 더불어 학습의 즐거움을 상실하게 할 수 있습니다.

　아이가 집중력이 부족하거나 학습적인 부분에 지연 혹은 장애가 있는 경우, 숙제에 대한 부담감과 어려움을 느끼게 되어 거부하거나 회피하는 모습을 보일 수 있습니다. 특히 집중력이 부족한 아이는 숙제를 앞에 두고도 매우 주의가 산만한 태도를 보이게 됩니다. 이러한 태도에 대해 부모로부터 부정적인 피드백을 받다 보면 아이는 숙제에 대해 부정적인 인식을 하게 되고 결국 싫어하는 모습을 보이게 되는 것이죠.

　주변이 매우 소란스럽거나 집중하기 어려운 환경의 경우에도 아이가 숙제하는 것을 싫어할 수 있습니다. 숙제를 해야 하는데 TV 소리

등 주변이 시끄럽거나, 다른 형제가 놀이를 하고 있거나, 엄마 아빠가 말다툼을 하고 있다면 아이들은 학습에 집중할 수 없습니다. 이러한 상황이 지속적으로 반복되면 결국 아이는 숙제 자체를 싫어하게 될 수 있습니다.

숙제 문제 점검표 만들기

만약 숙제 문제로 아이와 갈등이 생긴다면 해결책을 찾아야 합니다. 숙제를 제대로 하지 않거나 성적이 떨어지는 것도 문제지만, 아이가 학년에 비해 너무 쉬운 과제를 받아올 때도 관심을 가져야 합니다. 먼저 선생님과 대화를 통해 현실적인 해결책을 찾는 것이 좋습니다.

부모가 숙제를 대신 해줄 필요는 없습니다. 아이가 힘들어한다고 해서 부모가 대신해 주면 아이는 책임감과 자기관리 능력을 기를 수 없습니다. 단지 옆에서 지도하고 조언해주는 것으로 충분합니다. 더불어 어디까지 도와주어야 하는지 이해할 필요가 있습니다. 다음 두 가지를 기억하세요.

첫째, 징벌보다는 보상이 효과적입니다. 즉 숙제를 안 했다고 벌을 주거나 특권을 박탈하는 것보다 숙제를 잘했을 때 보상을 주는 것이 좋다는 의미입니다.

둘째, 숙제 문제 점검표를 작성해보세요. 이 점검표는 심리학자들이 아이의 숙제 문제 행동유형을 분류해 평가할 수 있도록 만든 것입니다. 내 아이에게 해당되는 곳에 체크해보세요.

행동유형	전혀 아니다	가끔 그렇다.	자주 그렇다.	매우 자주 그렇다
1 숙제를 집으로 가져오지 않는다.				
2 숙제가 무엇인지 정확하게 모른다.				
3 숙제가 있음을 부인한다.				
4 숙제하는 것을 거부한다.				
5 숙제에 대해 투덜대거나 불평한다.				
6 여러 번 독촉해야만 숙제를 시작한다.				
7 숙제를 다음으로 미룬다.				
8 감독이나 조언을 계속 필요로 한다.				
9 숙제하면서 딴생각을 한다.				
10 자주 다른 데 정신을 판다.				
11 조금만 어려워도 쉽게 좌절한다.				
12 숙제를 끝내지 못하거나 끝내는 데 너무 오래 걸린다.				
13 어질러놓으며 숙제를 한다.				
14 덤벙대고 실수를 잘한다.				
15 숙제에 대해 부모와 논쟁을 벌인다.				
16 숙제를 잊어버리거나 일부러 학교에 가져가지 않는다.				
17 부모가 확인할 수 없도록 숙제를 학교에서 한다.				

어디까지, 어떻게 도와줘야 할까

앞에서 숙제 문제 점검표를 통해 아이의 문제를 확인했다면 이제 그 해결책을 찾아야 합니다. 다음은 숙제와 관련된 문제유형과 그에 따른 해결책입니다.

- 내용과 방법의 문제: 부과된 숙제가 무엇인지, 그것을 어떻게 효과적으로 해결할지 이해하지 못하는 문제를 가진 경우입니다. 이때는 조금 더 명확하게 설명해주고 숙제를 쉽게 내준다면 도움이 될 겁니다. 아이가 숙제를 잘해가고 있는지, 다른 아이들에 비해 우리 아이가 부족한 부분은 어떤 것인지 선생님과 상담해보세요.
- 장소의 문제: 숙제를 하는 환경에 문제가 있는 경우입니다. 아이가 시끄러운 거실 바닥에서 수학 문제를 풀고 있지는 않나요? 숙제를 편안하게 할 수 있는 분위기를 만들어주는 것이 중요합니다. 아이에게 알맞은 책상과 학용품을 갖춰주고 장난감, 휴대전화, 텔레비전 등을 멀리하세요. 숙제를 할 때 방해하지 않도록 하며, 방문에 '공부중'과 같은 표식을 붙여놓는 것도 좋은 방법입니다.
- 시간의 문제: 시간을 어떻게 관리할 것인가 하는 문제입니다. 요즘 아이들은 학원이나 과외 등으로 바쁘기 때문에 차 안에서 숙제를 하는 경우도 있습니다. 이러면 공부가 제대로 될 리 없습니다. 아이와 하루 일과 중 숙제에 할애할 시간을 정하고 규칙적인 시간에 숙제를 할 수 있도록 루틴을 만들어주어야 합니다. 시간을 따로 정해 알맞은 양의 숙제를 할 수 있도록 배분해야 합니다. 정해진 시간에 따른 규칙적인 계획표를 만들고, 숙제가 없거나 빨리 마친 날은 아이 스스로 독서나 복습에 할애하도록 지도하세요.

- 이유의 문제: 동기유발과 관련된 문제로 가장 일반적인 유형입니다. 아이가 숙제를 왜 싫어하는지에 대한 원인을 파악해야 아이에게 맞는 적절한 도움을 줄 수 있습니다. 불안 때문인지, 숙제가 너무 어려워서인지, 아니면 압박감 때문인지, 시간적 여유가 없어서 스트레스를 받는 것인지 등을 살펴봐야 합니다. 그러기 위해서는 아이와 숙제하기 싫은 이유에 대해 진지하게 대화를 해보거나, 아이가 숙제할 때의 모습을 잘 관찰해보는 것이 좋습니다.

아이들은 숙제하는 것보다 친구들과 노는 것을 더 좋아하는 게 당연합니다. 공부에 대해 약간의 자유를 허용하는 것도 필요합니다. 예를 들어 아이의 성적이 일정 수준 안에 있으면 숙제에 관여하지 않겠다고 합의하는 방법이 있습니다.

성적이 올랐거나 그대로 유지하고 있을 때는 칭찬을 아끼지 마세요. 성적이 떨어졌다면 관심을 가지고 이야기를 나누세요. 아이를 다그치기 전에 스스로 변명하고 반성할 수 있는 기회를 주고 때론 관대하게 용서하는 것도 필요합니다.

숙제하는 것을 싫어하는 아이를 위해 여러 가지 방면으로 노력을 기울여보세요. 아이가 갖고 싶어 하는 물건이나 하고 싶어 하는 것이 있다면 그 목록을 작성하게 하고 숙제했을 때 보상을 해주세요. 매일 해줄 수 있는 보상은 30분 동안 텔레비전 보기, 특별한 간식 먹기 등이 있고, 주말에 해줄 수 있는 것으로는 외식, 만화영화 보러 가기, 놀이공원 가기 등이 있습니다.

또한 숙제를 하는 데 필요한 목록을 만들어보세요. 숙제 내용 적어 오기, 숙제에 필요한 자료 챙겨오기, 정해진 시간에 숙제를 시작하고 끝마치기, 제시간에 숙제 제출하기, 시키지 않아도 스스로 하기 등을 포함하여 아이가 부족한 부분을 염두에 두고 작성하도록 합니다. 숙제 노트를 만들어 날짜, 항목, 성취도 등을 적은 뒤 한 달에 한 번 정도 검토하고 수정하면서 적절한 보상을 계속해나가는 게 좋습니다.

창의력을 키우는 부모? 창의력을 죽이는 부모?
창의력이 부족한 아이

지능은 높지만 창의성이 부족한 한송이(11세, 여)

송이는 늘 창의적 활동을 잘하는 아이였어요. 그런데 4학년이 되고부터는 예전처럼 그림 그리기, 만들기, 글짓기 등을 좋아하지 않는 것 같아요. 애가 창의성을 잃어버린 것은 아닌지 걱정이 되네요.

창의력은 아이가 고정관념을 깬 생각을 하고, 혁신적인 솔루션을 개발하고, 독특한 방식으로 자신을 표현하도록 돕는 인간발달의 필수적인 측면입니다. 창의력은 단순히 예술적 표현뿐만 아니라 과학, 기술, 사회적 상호작용 등 다양한 분야에서 필수적인 역량으로 작용합니다. 지금과 같은 4차 산업혁명 사회, 인공지능 시대에는 더욱 요구되는 중요한 인간적 특성이자 자질이기도 합니다. 그리하여 학교와 산업 등 여러 분야에서 창의력이 뛰어난 인재를 양성하고 찾기 위해 애쓰고 있습니다.

선생님이 가르쳐주거나 책에 있는 지식이나 정보를 보다 빨리, 보다 많이 습득하는 것만이 중요한 게 아닙니다. 또한 머릿속에 저장된 지식이나 정보를 꺼내 적재적소에 활용할 수 있는 것만으로도 다는 아닙니다. 이제는 기존의 지식과 정보를 서로 연결하여 새로운 지식이나 정보를 창출할 수 있어야 하고, 남들이 생각하지 못한 기발하고 혁신적인 아이디어를 생성해낼 수 있어야 합니다. 미래사회로 갈수록 그런 창의적인 인간이 환영받고 대접받게 될 겁니다.

그러므로 지능이 우수한 똑똑한 아이도 좋지만, 비판 및 창의적 사고력과 상상력이 풍부한 아이로 키워야 합니다. 아이의 창의력을 키워주는 열쇠는 부모에게 달려 있습니다. 내 아이의 창의력을 쑥쑥 자라게 해주려면 어떻게 해야 할까요?

새로운 인재의 기준, 창의력

영국 옥스퍼드대학교에서는 최종 면접시험에 "빈방에 냉장고가 있다. 물을 마시려고 냉장고를 열면 방 온도는 어떻게 변할까?", "손에 모래를 쥐고 있다가 조금씩 떨어뜨리기 시작했다. 땅에 쌓이려면 모래 알갱이 몇 개가 필요할까?", "새로운 악기를 발명한다면 그 악기가 어떤 소리를 내도록 할 것인가?", "당신이 지금 이 순간 꿈을 꾸고 있는 게 아니란 걸 어떻게 알까?" 등의 문제를 출제한 바 있습니다. 또한 마이크로소프트의 빌 게이츠(Bill Gates)는 "지금부터 5분 이내 워싱턴 시내에 있는 주유소의 개수를 어떻게 알 수 있을까?"라는 질문을 한 적이 있습니다. 이 모두가 창의적인 사람을 선발하기 위한 질문입니다.

모든 사람은 정도의 차이만 있을 뿐 기본적으로 창의력을 가지고 있습니다. 기존의 요소들을 새롭게 결합하는 것이 창의력의 본질이며, 누구나 매일 변하는 상황에 적응하기 위해 기존 관념을 새로운 방식으로 결합합니다. 창의력에는 유창성, 융통성, 독창성이 있습니다. 유창성이란 어떠한 조건을 충족시키는 해결책을 많이 생산해내는 능력이고, 융통성이란 상황의 변화에 질적으로 다른 해결 방안을 만들어내는 능력입니다. 그리고 독창성이란 새롭고 독특한 답을 산출해내는 능력을 말합니다.

아직도 학교 성적이 좋아야 뛰어난 사람이라고 여기시나요? 성적이 전반적으로 우수한 아이라 하더라도 특별히 잘하는 과목이 없는 경우도 있을 수 있습니다. 평균 성적이 낮아도 과학을 월등히 잘한다든지, 미술만큼은 따라올 아이가 없다든지 하는 잠재된 창의력이 뛰어난 아이도 있습니다. 아이에게 학업만을 강조하지 말고 관심사와 재능을 살펴 어떻게 지도하느냐에 따라 아이의 창의력은 향상될 수 있습니다.

창의력에 대한 잘못된 믿음

창의력은 지능이나 영재성과 동일하다고 믿고 있습니까? 연구 결과에 따르면 창의력과 지능은 각각의 고유한 특성을 지니고 있습니다. 지적 능력에는 논리적 사고력과 창의적 사고력이 있습니다. 논리적 사고력이란 좌뇌의 기능에 해당하는 추리력, 판단력, 비판력 등을 의미합니다. 창의적 사고력이란 우뇌의 기능에 해당하는 상상력, 순발력, 직관력 등입니다. 논리적 사고력을 측정하는 기준을 지능지수(IQ)라고 하는데, 대부분의 사람들은 IQ를 기르는 데 주력하지만 창의력을 기르는 데는 소홀한 것이 사실입니다. 창의력이 높으면 생각하는 속도와 폭, 깊이가 뛰어나므로 이를 향상시키려는 노력을 해야 합니다.

지능이 낮아도 창의력이 높을 수 있고, 지능이 높아도 창의력은 낮을 수 있습니다. 지능과 창의력을 측정하는 검사 항목이 전혀 다르기 때문입니다. 예를 들어 지능이 높은 아이는 2 + 2 = 4와 같은 계산을 빨리 해내지만, 창의력이 높은 아이는 2 + 2는 반드시 4가 아니라 '22'나 '덧니'라고 말할 수 있습니다. "얼음이 녹으면 어떻게 될까?"라는 질문에 "물이 됩니다"라는 대답이 아닌 "봄이 옵니다"라는 대답이 창의적인 생각입니다. "5 - 3 = 2임을 예를 들어 증명하라"는 문제에 대해서 어떤 아이가 "오해가 생겼을 때 상대방의 입장에서 세 번 생각하면 이해가 됩니다"라고 대답했다면 수학적으로는 틀린 것이지만 창의적인 대답인 것이죠.

영재성 또한 마찬가지입니다. 영재교육 전문가들은 영재성이 발휘되기 위해서는 평균 이상의 능력, 집중력, 창의력 등 세 요소가 뛰어나야 한다고 주장합니다. 이처럼 창의력은 영재성 발휘에 꼭 필요한 것이지만 그 자체만으로는 영재성이 될 수 없습니다.

창의력을 '무(無)에서 유(有)를 만들어내는 능력'이라고 생각하십니까? 아닙니다. 오히려 창의력은 '유에서 유를 만들어내는 능력', 즉 '재구성력'이라고 할 수 있습니다. 머릿속에 축적된 지식, 경험, 정보를 재

결합하여 아이디어를 산출하는 능력이 바로 창의력입니다.

창의력을 천재 혹은 특이한 사람들만이 가지고 있는 무질서한 능력이라고 여기십니까? 이 또한 아닙니다. 단지 괴이한 것을 만들어낸다거나, 사회규범을 거부한다거나, 끊임없이 다른 사람들과 다르게 행동하는 것만이 창의적인 행동은 아닙니다. 또한 창의력은 천재들만이 갖는 능력도 아닙니다. 누구나 창의력을 가지고 있으며 일상생활에서 충분히 발휘하며 살아갑니다. 개인차가 있을 뿐 창의력은 지극히 보편적인 능력입니다.

사고력과 창의력이 조화롭게 성장하려면

보통 어떤 아이가 창의적이라고 말할 때, 이는 기존의 평범한 생각을 초월한 아이디어를 생각해내는 특징을 뜻하는 경우가 많습니다. 그래서 창의력이 뛰어난 아이들을 선별해 영재 프로그램 교육을 실시하기도 합니다.

그러나 창의적인 아이는 어른들이 기대하는 대로 행동하지 않을 때가 많아 말썽을 일으키는 아이로 인식되는 경우도 있습니다. 또한 아이가 점차 성장함에 따라 창의적인 사고에 대한 칭찬을 덜 받게 됩니다.

어린아이는 참신하고 놀라운 눈으로 사물을 바라봅니다. 이것은 자연스러운 현상일 뿐 그것이 곧 창의력이 뛰어나다는 의미는 아닙니다. 아이가 점차 성장하면서 이러한 자유로운 사고를 고정화하기 시작합니다. 사실상 많은 아이가 소위 '4학년 슬럼프'를 겪습니다. 어른들이 비순응적인 행동보다 순응적인 행동을 좋아한다는 사실을 인식하기 때문입니다. 일부 아이들은 이 슬럼프를 벗어나지 못하고 창의력을 잃어버리지만, 어떤 아이들은 시행착오 끝에 다시 창의적인 방식을 택하기도 합니다.

사고에는 수렴적 사고, 확산적 사고, 통합적 사고의 세 가지 유형이 있습니다. 수렴적 사고를 잘하는 사람은 신중하고, 분명하며, 비판적인 사고를 합니다. 수렴적 사고는 아이디어의 결실을 맺게 하고 의사소통을 원활하게 하는 등 창의력의 마지막 단계에 필요한 사고입니다. 확산적 사고를 잘하는 사람은 많은 아이디어와 다양한 문제의 해결책을 생산해냅니다. 마지막으로 살펴볼 통합적 사고를 잘하는 사람은 수렴적 사고와 확산적 사고를 모두 잘합니다. 예를 들어 창의적이면서도 다작을 하는 예술가들이 여기에 해당합니다.

사회와 학교의 일차적인 임무란 이러한 기본적인 사고력과 지식을 두루 갖춘 인물을 양성하는 것입니다. 이 두 가지 측면의 조화가 무엇보다 중요하기에 가정에서도 관심을 갖고 일조해야만 합니다.

창의력을 충분히 발휘할 수 있는 환경인가

내 아이가 어떤 사고형인지를 아는 것은 큰 도움이 됩니다. 수렴형의 아이를 확산형으로 만들 수는 없으며, 또한 그렇게 하려고 해도 안 됩니다. 극소수지만 두 영역에서 모두 능통한 아이도 있지만, 대부분은 과학자형의 아이가 있는가 하면 예술가형의 아이가 따로 있기 때문이죠. 지능에는 한 가지 지능만 있는 것이 아니라 여러 개의 지능, 즉 언어지능, 논리수학지능, 신체운동지능, 시각공간지능, 음악지능, 대인관계지능, 자기성찰지능, 자연탐구지능이 있다고 합니다. 미국 하버드대학교의 심리학자 하워드 가드너(Howard Gardner)의 다중지능이론에 따르면, 아이마다 강점지능과 약점지능이 있다고 합니다. 언어지능이 뛰어난 반면 시각공간지능이 낮은 아이가 있고 또 그 반대인 경우도 있습니다. 논리수학지능이 뛰어난 반면 대인관계지능이 낮은 아이도 있고 그 반대인 경우도 있는 것이죠. 아이에게 다른 사고방식을 이해하도록 격려하는 것은 좋지만, 아이의 강점을 변화시키려 노력하기보다는 그것을 키워주려는 시도가 더 의미 있을 것입니다.

만약 아이가 창의적이긴 하지만, 좀처럼 침착하지 못하고 학교생활을 지루해하며 비뚤어진 방식으로 창의력을 표출하려 한다면 부모가 도와주어야 합니다. 이와 달리 창의적인 아이가 무언가를 만들어내는 것을 꺼리거나 자신의 능력을 숨긴다면 이 역시 대책이 필요합니다. 자기존중감이 결여되어 있을 수 있기 때문입니다.

학교 수업은 주어진 교육과정 내에서 이루어지므로 창의적인 아이에게 빡빡하고 지루하게 느껴질 수 있습니다. 그래서 때론 창의력을 건설적으로 발산하지 못하는 경우도 있습니다. 학교에 특별활동이 부족하다면, 아이의 창의적 욕구를 충족시켜 줄 수 있는 프로그램을 건의하거나 따로 창의력 캠프에 참가하는 등 과외활동을 마련해주는 것이 좋습니다.

다음은 아이의 창의력을 방해하는 가정 내 분위기입니다. 혹시 우리

집은 이런 분위기가 아닌지 체크해보고 개선해보길 바랍니다.

- ☐ 하나의 정답만을 강조하는 분위기
- ☐ 처음부터 끝까지 논리성을 강조하는 분위기
- ☐ 규칙 준수를 강요하는 분위기
- ☐ 비현실적이거나 엉뚱한 생각을 거부하는 분위기
- ☐ 분명하지 못한 것을 거부하는 분위기
- ☐ 실수를 두려워하는 분위기
- ☐ 놀이를 거부하는 분위기
- ☐ 자신의 분야가 아니라고 생각되면 포기하는 분위기
- ☐ 스스로 창의적이지 않다고 여기게 만드는 분위기

자유로운 사고와 풍부한 경험이 창의력을 키운다

그렇다면 아이의 창의력을 키워주려면 어떻게 해야 할까요? 먼저 자유롭게 사고하고 행동할 수 있는 분위기를 만들어주세요. 아이의 행동을 제한하기 위해 규칙을 마련하고 그 안에서만 행동하도록 강요하고 있지는 않나요? 이는 아이의 자유로운 날개를 꽁꽁 묶어놓는 것과 같습니다. 현대미술의 거장이라 불리는 파블로 피카소(Pablo Picasso)는 "모든 창의적 활동의 시작은 파괴 행위이다"라고 했습니다. 물론 기본적인 기준도 필요하지만, 아이 입장에서 생각하고 창의력에 날개를 달아주어야 합니다. 언제나 편안한 마음으로 자신의 생각을 말하고 행동할 수 있도록 하세요. 또한 웃음은 마음과 두뇌의 긴장을 풀어주고

창의력을 높여주므로 유머와 웃음이 넘치는 분위기를 만들어주는 것도 중요합니다.

만약 바쁜 와중에 아이가 놀아달라고 조른다면 무조건 거부하지 말고 창의력을 키워줄 수 있는 대화를 시도해보세요. 'What if?' 게임을 해보는 건 어떨까요? 그 방법은 다음과 같습니다. "아무도 자동차를 발명하지 못했다면 어땠을까? 우리는 여행을 어떻게 하지?"라거나 "우리가 산에 올라갔는데 갑자기 비가 억수같이 쏟아지면 우리는 어떻게 해야 할까?"와 같은 질문을 던지는 겁니다. 아이의 잠재능력을 최대한 발휘하기 위한 질문을 많이 함으로써 사고를 자극하는 것이죠. 하나 또는 적은 수의 대답으로 한정된 질문보다는 "왜 그렇게 생각했니?", "또 어떤 게 있을까?"처럼 개방적이고 하나의 정답이 아니라 여러 개의 틀린 답이 있는 확산적인 질문을 많이 하는 것이 좋습니다.

풍부한 경험은 창의력에 필수적입니다. 유대인들은 아이가 6개월이 지나면 등에 업고 전국을 순례한다고 합니다. 자연을 통한 경험은 풍부한 탐구능력과 창의력을 키우는 산교육이기 때문이죠. 가을 산에 찾아가 울긋불긋한 나무들을 보며 기후에 따른 식물의 변화 과정을 설명해주거나 도자기 공방에 찾아가 함께 체험해보는 등 다양한 경험을 하게 하는 것이 좋습니다. 예술활동, 과학실험, 야외탐험 등 다양한 경험을 통해 아이가 새로운 개념을 접하고 창의적으로 연결할 기회를 가질 수 있습니다.

아이들은 다른 옷을 입고 다른 사람인 척하는 것을 즐거워합니다. 해적 모자를 쓰고 선장을 흉내내는 등 코스프레 놀이를 해보는 것도 창의력과 상상력에 도움이 됩니다. 애니메이션, 영화, 게임, 만화 등 다양한 장르에서 영감을 얻어 자신만의 스타일로 변신하는 과정은 아이에게 매력적으로 느껴집니다. 단순히 의상을 입는 것을 넘어 자신이 그 캐릭터가 되는 독특한 경험을 제공하기 때문이죠. 이 외에도 다양한 미술 도구, 블록 장난감, 보드게임, 악기 등을 활용해 아이가 자신의 아이디어를 표현할 수 있는 기회를 제공해야 합니다.

특정 규칙이나 목표에 따른 구조화된 장난감보다는 미리 정해진 규칙이나 목표 없이 아이 스스로 놀이를 설계하고 자유롭게 놀 수 있는 비구조화된 놀이 재료들을 제공하세요. 낡은 잡지, 버려진 예술품 등 흔하지 않은 재료들은 아이의 적극적인 반응을 불러일으킬 수 있습니다. 이러한 틀에 얽매이지 않은 놀이를 통해 아이는 상상력과 창의력을 발휘하며 환경을 탐색할 수 있습니다.

반면 환경은 어느 정도 구조화된 분위기가 중요합니다. 창의적인 아이를 똑같이 이성적으로 대해주며 행동의 선을 명확히 해주고 시간을 효율적으로 사용할 수 있도록 조절해줄 가족 구성원이 필요합니다. 조용히 생각할 수 있는 공간과 창의적인 놀이를 할 수 있는 공간이 함께 주어지면 더욱 좋습니다.

창의력을 죽이는 부모, 창의력을 키우는 부모

아이가 건설적인 실험과 탐구를 반복할 수 있도록 격려하세요. 아이로 하여금 사물이나 사건을 판단하게 하기보다 그저 듣고 관찰할 수 있도록 연습시키세요. 칭찬할 때는 성공의 결과뿐 아니라 실패의 과정에서 했을 노력에 대해서도 격려해주어야 합니다. 특히 호기심과 탐구심 때문에 생긴 실수는 너그러운 마음으로 이해해주세요. 창의적 사고는 실수를 두려워하지 않는 환경에서 발현되기 때문에 실수는 항상 새로운 무언가를 만들어내는 창의력 향상의 계기가 된다는 것을 잊으면 안 됩니다. 발명가 토머스 에디슨(Thomas Edison)은 전구를 발명하기 위해 1,800번의 실패를 거쳤고, 탐험가 크리스토퍼 콜럼버스(Christopher Columbus)는 인디아를 찾으려다 우연히 아메리카 대륙을 발견했습니다. 아이가 실패나 실수를 했을 때 비판 대신 이를 통해 배울 수 있도록 격려하고 함께 해결책을 찾는 태도가 중요합니다.

비난과 꾸중은 호기심을 저하시키고 창의력에 지장을 줍니다. 가족이 모였을 때는 대화의 시간을 갖는 게 좋습니다. 그날의 주요 뉴스나 사회 문제를 아이가 이해할 수 있는 수준에서 질문하고 자유롭게 의견을 말하게 함으로써 창의력과 표현력을 길러주세요. 대화를 통해 아이는 생각하는 힘을 기르고 새로운 아이디어를 떠올릴 수 있습니다.

아이는 대부분 부모의 행동을 그대로 모방하고 습득하는 경우가 많습니다. 그러므로 부모가 호기심, 열정, 새로운 사고를 존중하는 태도를 보이면 아이도 자신의 창의력을 발휘하는 데 자신감을 갖게 됩니다. 고리타분하고 융통성 없는 부모 밑에서 자란 아이와 열린 생각을 가진 부모 아래서 자란 아이는 확연한 차이가 날 수밖에 없습니다. 나치의 유대인 수용소에서 가족을 구하는 이야기를 담은 영화 〈인생은 아름다워〉에서 주인공은 제2차 세계대전이라는 최악의 상황에서도 아들을 위해 세상의 가치를 행동으로 보여주었듯이 아이의 바람직한 롤 모델이 되기 위해 노력해야 합니다.

무엇보다 아이 스스로 생각할 수 있는 분위기를 만들어주세요. 아이가 무언가에 집중하고 있을 때는 방해하지 말고 혼자만의 시간과 장소를 마련해주는 것도 필요합니다. 멍하니 다른 곳을 바라보고 있는 것도 사실은 뭔가를 생각하고 있는 것이므로 나무라지 마세요. 고독함도 때론 창의적인 사고에 도움이 되는 경우가 많습니다.

가장 삼가야 할 것은 아이의 창의력을 꺾는 말입니다. "쓸데없는 소리 하지 말고 공부나 해"라거나 "넌 도대체 누굴 닮아 그렇게 엉뚱하니?" 등의 핀잔은 금물입니다. 아이가 엉뚱한 이야기를 하더라도 무시하지 않고 "그 생각 정말 재미있어 보인다. 거기에 이런 요소를 추가하면 어떨까?"와 같이 사고를 확장할 수 있도록 도와야 합니다. 이를 통해 아이는 자신의 생각이 존중받고 있다고 느끼며 더욱 창의적인 사고를 하게 됩니다. 긍정적인 언어는 창의력을 키워줄 뿐만 아니라 아이로 하여금 많은 일에 최선을 다하게 합니다. 다음을 읽고 스스로 어떤 부모인지 생각해보세요.

아이의 창의력을 죽이는 부모
- 획일화된 규칙을 강요하고 잘못했을 때 벌을 줍니다.
- 부모 앞에서는 절대 화를 내지 못하게 합니다.
- 부모의 마음에 들지 않는 다른 가정의 아이와는 어울리지 못하게 합니다.

- 아이에게 항상 만족스럽지 못한 점을 표현합니다.
- 눈에 보이는 것만 믿어야 한다고 생각합니다.
- 부모의 결정에 의문을 제기하지 못하게 합니다.
- 무슨 일이든 부모가 직접 지시하는 것을 좋아합니다.
- 아이를 적대시하거나 아이와 힘겨루기를 합니다.
- 아이의 생각이나 제안을 거절하는 경우가 많습니다.

아이의 창의력을 키우는 부모

- 아이의 의견을 존중하고 자유롭게 표현하도록 격려합니다.
- 아이에게 공상, 놀이, 휴식이 필요하다는 것을 이해합니다.
- 아이 스스로 많은 것을 결정하게 합니다.
- 아이와 함께 친밀한 시간을 자주 가집니다.
- 아이의 사물에 대한 호기심과 의문을 인정하고 격려합니다.
- 아이의 노력과 성취를 인정하고 칭찬합니다.
- 아이에게 다정하고 지지적이며 상황을 즐기도록 돕습니다.
- 아이에게 용기를 주고 지원을 아끼지 않습니다.
- 아이의 인격을 존중하는 태도를 가집니다.

우리 아이의 영재성, 부모의 이해가 먼저!

영재성이 있는 아이

특정 분야에 재능을 나타내는 신윤오(8세, 남)
윤오는 평소 과학 분야에 관심이 많아요. 서점에 가도 과학 코너만 찾네요. 그런데 요즘 들어 학교 공부를 재미없어 해요. 다른 엄마들은 윤오가 똑똑하고 과학을 많이 좋아하니까 영재교육을 시켜보는 것이 어떻겠냐고 묻지만, 윤오가 정규 수업을 제대로 들을 수 없을까 봐 두려워서 못 시키고 있어요. 어떻게 하는 게 좋을지 판단이 서질 않아요.

"내 아이는 영재일까요?" 부모라면 누구나 이런 생각을 한번쯤은 해봤을 겁니다. 영재가 어떤 인물인지 제대로 알고 아이의 특성과 소질, 영재성 여부를 옳게 파악하고 키우는 일은 부모의 책임이자 기쁨이 아닐 수 없습니다. 영재인 아이들은 어릴 때부터 뭔가 다른 행동을 보입니다. 또래보다 일찍 말을 시작하거나 뛰어난 기억력을 소유했다는 점 등의 특성을 가지고 있습니다. 내 아이가 정말 영재인지 아닌지 정확히 파악하고, 아이의 잠재력을 키워주려면 어떻게 해야 할까요?

다음은 아이의 영재성을 판단할 수 있는 항목들입니다. 제시된 예를 읽고 내 아이가 해당하는 항목에 동의하는 정도를 숫자로 표시해보세요. 총점이 80점 이상이면 영재성이 있다고 할 수 있습니다.

영재성 체크리스트

매우 그렇지 않다 0 1 2 3 4 5 6 7 8 9 10 매우 그렇다

1. 빠른 정보기억력을 가지고 있다. 예 특정 사실이나 사건, 일련의 숫자들, 노래나 영화에서 나오는 단어, 또는 이전에 나누었던 대화 일부분을 빨리 기억한다.

2. 또래아이들에 비해 특정 주제에 대해 많이 알고 있다. 예 공룡, 운동경기, 전자공학, 수학, 책, 동물, 음악, 예술 등의 주제에 관한 사실이나 정보에 박학하다.

3. 고급 단어를 사용한다. 예 단어를 다양하게 구사하여 어른을 놀라게 하며, 평범하지 않은 용어나 정확한 단어를 알고 있다. 또나나 자신보다 어린아이들과 대화할 때는 간단한 단어를 사용하지만 어른과 대화할 때는 어른과 같이 행동하고 말한다.

4. 읽기와 쓰기를 일찍 시작했다. 예 개별 단어들을 비교적 어린 나이에 말하고 쓰기 시작했다. 특별한 가르침 없이 읽기를 배우고 글짓기와 말하기를 좋아한다.

5. 새로운 것을 학습할 때 평범하지 않은 강한 흥미와 즐거움을 보인다. 예 학습할 때 강한 에너지와 흥미를 보이며 꾸준하고 지속적으로 '어떻게?', '왜?' 같은 질문을 던진다. 간단한 답에 만족하지 않으며 세부적인 것을 알고 싶어 한다.

6. 다른 사람들에게 가르칠 수 있을 정도로 어떠한 사항을 잘 알고 있다. 예 다른 아이들에게 그것을 어떻게 하는지 가르쳐줄 수 있으며 어른에게 자신의 관심 영역을 설명한다.

7. 어른과의 교류를 편안하게 느낀다. 예 어른과 시간을 보내며 대화하기를 좋아하며 어른의 유머를 이해하고 어른이 공감하는 재미있는 말이나 농담을 만들어낸다.

〈계속〉

8   리더십 능력을 보인다. 예 다른 아이들이 도움을 요청하는 경향이 있으며 규칙을 만들고 집단활동을 이끄는 등 리더 기질이 있다.

9   지략이 풍부하고 임기응변이 뛰어나다. 예 다양한 도구를 조합하여 발명품을 만들거나 문제 해결에 사용한다. 평범한 물건을 평범하지 않은 방법으로 사용하며 무에서 유를 창조해내는 데 소질이 있다.

10 과제를 달성하기 위해 상상력이 풍부한 방법들을 이용한다. 예 독창적인 지름길을 만들며 규칙을 늘 따르지는 않는다. 일을 해결하기 위해 창의적 방법을 찾는 데 능숙하다.

출처 호주 뉴사우스웨일스대학교 영재교육연구정보센터(2004), *Gerric resources gifted and talented checklist for parents: Things my child has done.*

영재성, 지능의 종류에 따라 독립적으로 발달한다

과거에는 IQ 점수나 학업성적으로 영재성을 정의했습니다. 그러나 2000년 공포된 영재교육진흥법에서는 "영재라 함은 재능이 뛰어난 사람으로서 타고난 잠재력을 계발하기 위하여 특별한 교육을 받아야 할 필요가 있는 자를 말한다"고 언급하고 있습니다. 또한 일반 지능, 특수 학문 적성, 창의적 사고능력, 예술적 재능, 신체적 재능, 기타 특별한 재능 사항에 대하여 "뛰어난 성취가 있거나 잠재력이 우수한 사람 중 영재 판별 기준에 의거 판별된 사람을 영재교육대상자로 선정한다"고 되어 있습니다. 즉 영재성을 가늠할 때는 일반 지능에서부터 기타 특별한 재능까지 모든 면을 고려해야 한다는 의미입니다. 수학이나 과학 등의 분야에만 국한하지 않고 보다 넓은 시각으로 교육을 시도해야 한다는 입장인 것이죠.

미국 국립영재연구센터 소장과 백악관 영재양성특별팀 자문위원을 맡은 조셉 렌줄리(Joseph S. Renzulli)는 영재의 준거로 평균 이상의 지능뿐 아니라 높은 창의력과 높은 과제집착력을 제시하였고, 영재성은 이 세 요소가 상호작용하여 나타나는 것으로 정의하였습니다. 렌줄리는 세 가지 특성 모두에서 85% 이상이거나 적어도 한 가지 특성에서는 98% 이상일 때 뛰어난 성취를 할 가능성이 높아진다고 했습니다.

다중지능이론을 제창한 미국의 하워드 가드너 교수는 영재성이 지적·학문적 분야 외에 여러 분야가 있으며, 인간에겐 여덟 가지의 지능이 있다고 주장했습니다. 언어지능, 논리수학지능, 시각공간지능, 음악지능, 신체운동지능, 대인관계지능, 자기성찰지능, 자연탐구지능이 바로 그것입니다. 이것은 적성이나 재능과 비슷한 개념으로 서로 다른 경로를 거쳐 발달하며, 따라서 영재성은 각 분야마다 별도로 존재한다는 것입니다. 어느 분야의 능력이 더 인정받는가 하는 문제는 시대와 문화, 그리고 직업에 따라 다르다고 보았습니다.

영재성은 다른 분야의 재능까지 발달시킬 수 있으며, 특수 재능은 한 분야 이상의 영재성을 바탕으로 발달할 수 있습니다. 과거에는 일반지능이 높으면 모든 분야에서 재능이 발달할 수 있다고 믿었으나, 최근에는 지능의 종류가 분야별로 다르며 독립적으로 발달한다는 것이 밝혀졌습니다. 따라서 높은 IQ가 스포츠, 공예, 미술 분야의 특수 재능 발달에 결정적으로 필요한 것은 아닙니다.

특수 재능을 가진 아이는 곧 영재라고 말할 수 있으나, 그 분야에 영재성을 타고났다고 해서 모두 특수 재능을 발휘한다는 보장은 없습니다. 영재성을 가진 아이가 특수 재능을 발휘하려면 가정과 사회가 새로운 자극과 도전을 끊임없이 제공해야 합니다. 영재성과 환경, 그리고 성격적 특성은 서로 밀접하게 영향을 미치기 때문입니다.

영재성의 두 얼굴

영재성은 성장과정과 환경에 따라 나타나는 시기나 양상이 다르고, 개인차가 크기 때문에 일반화된 공통 특성을 제시하기가 쉽지 않습니다. 그러나 대체로 영재들은 창의성과 특수 재능 외에 다음과 같은 특성을 가지고 있습니다.

- 호기심: 특이하고 다양한 종류의 흥미를 보이며 질문을 많이 합니다. 관찰력이 날카로우며 논리적인 경향이 있고, 문제를 해결하려는 욕구와 빨리 학습하려는 욕구가 큽니다.
- 기억력: 기억력이 뛰어나고 특별하며 다양한 정보를 가지고 있습니다.
- 고차원적 사고: 문제를 발견하고 해결하는 능력이 뛰어납니다. 복잡한 개념을 잘 이해하며, 비판적 사고 기능이 강합니다. 자신과 남을 평가하려는 경향이 있고 관계지각, 해결, 정보처리능력 등이 우수하며 사고의 속도가 빠릅니다. 또한 일찍부터 대안적 사고, 추상적 개념, 결과 추론하기, 일반화하기 등 분화된 사고패턴을 보입니다.
- 언어능력: 높은 수준의 언어발달 능력을 보여줍니다. 일찍부터 수준 높은 어휘를 정확하게 사용하며 이야기와 사건을 자세하게 말하는

능력이 뛰어납니다.
- 조숙함: 걷기, 말하기, 읽기 등 신체적 및 지적 발달이 빠릅니다. 수학, 과학, 예능, 언어와 같은 영역에서 관심과 재능을 일찍 보입니다.
- 주의집중력: 또래보다 집중력이 뛰어나며 목표지향적인 행동을 지속적으로 보입니다.
- 사회적 성숙: 자기보다 나이가 많은 아이들이나 어른과 어울리기 좋아하고 영리하게 대화를 나눕니다. 또래에게 기대하는 수준 이상의 사회적 성숙도를 보입니다.
- 유머감각: 날카로운 유머감각을 가지고 있으며, 또래보다 통찰력이 깊을 뿐만 아니라 미묘한 유머를 인지하는 능력이 뛰어납니다.
- 정서적 민감성: 영재들은 정서적으로 예민하며 강렬한 특징이 있습니다. 이것은 자기 성장과 발전을 위한 긍정적인 잠재력입니다. 강한 집중력과 힘, 에너지로서의 재능 및 정서적인 영역에서 정신적 과흥분 상태로 표현되는 겁니다.

아이가 영재라면 물론 좋은 일이지만 분명 걱정되는 부분도 있습니다. 영재의 인지적 특성은 1차적으로 스스로에게 장점이지만, 2차적으로는 정서적·행동적 문제를 일으킬 수 있는 양면성을 지니고 있기 때문입니다. 다음은 영재에게서 나타날 수 있는 부정적인 측면입니다.

- 내향성과 사회성 부족: 영재는 대개 독립적으로 혼자 일하기를 좋아하고, 또래들과 지적 수준이나 관심사가 맞지 않을 가능성이 크므로 이질감을 느끼게 됩니다. 이는 영재를 외톨이로 만들 수 있으며 고독하고 부적절한 삶을 살게 할 가능성도 있습니다.

- **완벽주의와 과도한 자기 비판**: 영재는 성취욕이 강하고 기대 수준이 높은 완벽주의적 성향을 가지고 있습니다. 이것이 긍정적으로 작용하면 동기와 에너지를 공급해주지만, 능력 이상의 비현실적인 목표를 설정하고 에너지를 비생산적으로 과다하게 소모하면 목표를 이루지 못하고 실패감을 느끼게 될 수 있습니다. 자신이 정한 목표에 지나치게 집착하면 부적절한 자기 비판을 하게 됩니다. 이러한 비판은 이상적 자아와 실제적 자아 사이의 불일치를 만들고, 자신에 대한 분노와 실망 때문에 낮은 자존감과 우울감을 겪게 됩니다.
- **사회와 문화에 대한 반항과 과다한 경쟁심**: 사람들은 영재가 사회에 잘 순응하기를 바라지만, 영재는 자신의 욕구를 충족하고 싶어 합니다. 간혹 남의 말을 잘 듣지 않고 지배하려 들며 논쟁적인 성향을 보이고 특이한 행동을 합니다. 또한 과하게 경쟁적이며 공과 사를 구분하지 못하기도 합니다. 이런 행동들은 기존의 사회가 기대하는 바에 어긋나는 예외적인 행동이므로 타인에게 비판받을 소지가 있습니다.
- **형제간의 갈등**: 영재의 존재 자체가 다른 형제들과의 관계에 부정적인 작용을 하기도 합니다. 상대적으로 위축될 수밖에 없는 다른 형제가 열등감과 낮은 자존감으로 자신의 수준에 한계를 지을 수 있기 때문입니다. 특히 부모가 영재를 더 자랑스럽게 여기는 등 차별을 하게 되면 아이들 사이에 갈등을 유발할 수 있으므로 주의해야 합니다.

아이의 영재성을 키워주기 위해서는 무엇보다 이러한 영재의 긍정적, 부정적 특성을 모두 이해하는 것이 선행되어야 합니다. 더불어 이러한 특성을 고려한 맞춤형 교육방법을 적용해야 합니다.

영재성은 키워주기 나름이다

영재 아이가 적절한 교육의 기회를 제공받지 못하면 학습에 흥미를 잃거나 사회적 어려움을 겪을 가능성이 높습니다. 또한 권태감, 집중력 저하, 사회적 고립 등의 문제로 이어질 수 있습니다. 따라서 영재 아이에게 맞는 교육 방법을 찾아 흥미를 유지하고 성장할 수 있도록 돕는 것이 중요합니다. 영재교육을 받은 아이들이 그렇지 않은 아이들보다 창의적 문제 해결 능력과 사회적 적응력이 30% 이상 높다는 연구 결과가 있습니다.

내 아이의 영재성을 키워주려면 어떻게 해야 할까요? 일단 아이의 능력을 과대평가하지 말고 객관적으로 파악하는 것이 중요합니다. 아이에 대해 적절하고 합리적인 기대 수준을 가져야 한다는 겁니다.

아이가 우수한 지적 능력 때문에 또래들과 이질감을 느낀다면 수용적이고 지지적인 태도로 대해주어야 합니다. 특히 청소년기의 경우에는 더욱 신경을 써야 합니다. 사람은 누구나 조금씩 다르며 영재성을 가진 것도 그 특성 중 하나일 뿐이라고 아이에게 설명해주세요.

영재들은 사회의 복잡한 일부 기준들을 이해하는 데 어려움을 겪을 수도 있습니다. 그들은 이상주의, 정의감, 도덕성 등이 발달되어 있기 때문에 일반적인 사회적 모순과 갈등을 일으킬 수 있습니다. 부모의 설명에 대해 아이가 만족하지 못할 때 부모로서는 실망감을 느낄 수 있지만 계속적으로 노력하는 것이 중요합니다. 이러한 과정은 부모가 아이를 이해하는 데 도움이 되는 동시에, 아이에게 세상 모든 문제를 해결할 수 없다는 한계점을 인식할 수 있게 합니다.

아이가 열정적으로 자신의 관심사를 추구할 수 있도록 격려해주세요. 영재들은 로봇, 컴퓨터, 미술, 음악, 우주여행 등 특정 분야에 큰 흥미를 느끼는 경우가 많습니다. 만약 컴퓨터에 관심이 많은 아이라면 보다 복잡한 프로그램들을 완전히 다룰 수 있도록 환경을 마련해주고 더 발전할 수 있게 지적 자극을 주세요.

영재 아이를 가진 부모는 아이에게 무의식적으로 성공에 대한 압박감을 줍니다. 또한 학업만 지나치게 강조하고 놀이 등 다른 활동을 소홀히 하는 경우가 많은데 이는 올바르지 않습니다. 학습뿐만 아니라 놀이, 운동, 친구관계 등 균형 잡힌 일상을 유지할 수 있도록 지원해주세요. 부모의 높은 기대치로 인해 스트레스를 받을 수 있으므로 아이가 부담감을 느끼지 않도록 정서적 지지를 통해 심리적 안정감을 제공해야 합니다.

또한 완벽주의 성향이 강한 영재 아이들은 실패를 두려워할 수 있으므로 실패를 학습의 과정으로 인식하도록 도와주어야 합니다. "네가 해결하려고 노력한 점이 정말 훌륭해!"와 같이 노력 자체를 인정하는 긍정적 피드백을 주세요.

부모의 지도는 한계가 있을 수밖에 없으므로 그 분야에 뛰어난 멘토를 찾아주는 것이 좋습니다. 특정 분야의 전문가를 주기적으로 만나게 하거나 전문 지도를 받도록 해주세요. 또한 동일한 분야에 관심을 가진 클럽이나 특수반 등에 속한 다른 영재 아이들과 어울릴 수 있도록 해주세요. 이는 아이의 사회성을 향상시켜주며 동시에 영재교육에 대한 정보 교류에도 좋습니다.

우리나라에서 제공되는 영재교육 프로그램은 크게 영재교육원, 영재학급, 특수학교 등으로 나눌 수 있습니다. 영재교육원은 교육청이나 대학교에서 운영하는 심화교육 프로그램으로, 주로 주말이나 방학을 이용해 특별한 교육을 제공합니다. 다양한 분야의 전문가들이 참여하여 심화된 내용을 가르치는 것이 특징이라고 할 수 있죠. 영재학급은 일반 학교 내에서 운영되는 프로그램으로, 수업시간 중 일부를 영재교육에 할애합니다. 학교 내에서 다른 아이들과 함께 생활하며 교육받는 것이 특징입니다. 그리고 특수학교는 영재교육 외에 다른 특수한 교육적 요구를 가진 학생들을 위한 학교입니다. 영재교육과 함께 다른 특별한 지원을 필요로 하는 학생들을 위한 교육을 제공하고 있습니다. 이러한 체계적인 프로그램을 찾아 필요한 교육을 받도록 하는 게 현실적으로 좋습니다.

이사나 전학 시 아이의 친구관계나 학업을 우선 배려해야!

이사나 전학으로 적응에 어려움을 겪는 아이

전학 후 적응에 어려움을 겪는 김세연(12세, 여)
아이 아빠 직장 때문에 이사를 가야 하는데 아이가 괜찮을지 걱정이 돼요. 전학을 갔다가 학교생활에 적응하지 못하는 경우도 많다던데, 방학이 될 때까지 기다리는 것이 좋을까요?

살다 보면 어떤 이유로 이사를 하고 아이를 전학시켜야 할 경우가 생기기 마련입니다. 전학은 아이에게 단순히 새로운 지역과 학교로 옮기는 것 이상의 의미를 지니고 있습니다. 마치 우리가 익숙한 곳을 떠나 낯선 곳에서 삶의 터전을 새롭게 잡아야 하는 것과 비슷한 감정이죠. 아이는 갑작스러운 환경 변화로 다양한 정서적·사회적 어려움을 겪을 수 있습니다.

이사나 전학은 정들었던 친구나 선생님과 헤어짐으로 인해 마치 좋아하는 장난감을 갑자기 잃어버린 것처럼 슬픔, 외로움, 불안감, 허전

함을 경험할 수 있습니다. 또한 새로운 환경에 적응해야 한다는 부담감과 스트레스는 아이를 위축되게 만들 수 있습니다. 낯선 친구들과 관계를 형성하고, 새로운 학교 규칙과 또래집단에 적응해야 하는 상황은 아이에게 큰 스트레스로 다가올 수 있죠. 그리고 학교 교과과정이나 수업 방식의 차이로 인해 학업에 어려움을 느낄 수도 있습니다.

이처럼 이사 혹은 전학은 아이에게 여러 어려움을 안겨줄 수 있지만, 새로운 환경에서 성장할 수 있는 소중한 기회가 될 수도 있습니다. 긍정적인 관점에서 아이에게 전학을 새로운 도전과 성장의 발판으로 삼을 수 있도록 이끌어주어야 합니다.

이사하는 이유에 따라 스트레스 정도가 다르다

아이가 한 초등학교에서 6년, 중학교나 고등학교에서 각 3년을 모두 다니는 경우도 있지만 그렇지 못한 경우도 많습니다. 부모의 직장, 이혼, 경제적 어려움 등으로 이사를 가는 일이 늘어났기 때문이죠. 환경이 바뀌는 것을 설레고 즐거워하는 아이도 있지만, 대부분의 아이들에게 전학은 혼란스러운 변화입니다. 앞에서 언급한 바와 같이 사귀던 친구들과 헤어지고 새로운 친구를 만나야 할 뿐만 아니라 선생님도 달라지며 학업 진도도 맞지 않기 때문에 심리적인 적응을 잘할 수 있게 도와주어야 합니다.

전학을 가는 것이 때론 긍정적 변화가 될 수도 있습니다. 이사에 대해 지나친 걱정을 하기보다 아이와 이사나 전학을 해야 하는 상황에 대해 충분히 대화를 나누고 상황에 맞게 함께 계획을 세워보세요. 변화에 긍정적으로 접근하고 유연한 사고를 할 수 있도록 격려하는 가족들의 태도는 아이에게 큰 용기를 줍니다.

아이가 이사에 적응하는 데는 여러 가지 요인들이 영향을 미칠 수 있습니다. 먼저 이사를 하는 이유가 중요합니다. 예를 들어 직장의 전근 등 긍정적인 이유로 이사하는 경우와 부모의 이혼으로 이사하는 경우 아이의 반응은 다를 수밖에 없습니다. 또한 이사와 함께 경제적인 어려움을 겪게 된다면 아이의 스트레스는 더해질 겁니다.

아이의 학업능력 수준도 영향을 끼칩니다. 만약 전체적으로 학력 수준이 높은 지역에서 그보다 낮은 지역으로 이사를 한다면, 평균 수준의 아이가 우수하게 비칠 수 있습니다. 이와 반대로 학력 수준이 높은 지역으로 이사하게 되면 아이가 학업에 적응하는 데 더 힘들어질 수도 있습니다.

사회적인 측면이나 지적인 측면에서 어느 정도 안정적인 아이들은 그렇지 않은 아이들보다 새로운 환경에서 새로운 친구들을 사귀는 데 보다 활발하다는 사실은 놀랄 만한 일이 아닙니다.

아이가 초등학교 저학년인 경우 이사 스트레스가 더 커질 수 있습니다. 왜냐하면 그 또래의 아이들은 생활의 주요한 부분을 가정에서 학교로 옮겨가는 과정에 있기 때문이죠. 또한 11세 이후의 아이들은 또래에게 의존하는 경향이 강하므로 힘들이할 수 있습니다. 한편 아이가 새로운 환경과 도전에 대해 유연한 사고와 흥미를 가지고 있고 이사를 가야 하는 이유 또한 잘 이해하고 있을 때는 더 잘 적응하는 경향이 있습니다.

아이를 믿고 지지하는 부모의 태도 역시 중요합니다. 새로운 지역으로 이사한 후에는 가족끼리 보내는 시간을 더 늘려 가족 간의 유대감을 증진시키고, 아이가 부모에게 언제든 도움을 요청할 수 있도록 해야 합니다. 이사는 아이가 그동안 집 밖에서 얻었던 감정적·정신적 지지가 사라지는 일이기 때문에 가족 간의 관계가 그만큼 더욱 중요해집니다. 안정적인 가정생활은 새로운 환경에 쉽게 적응할 수 있도록 도와줍니다.

학업과 친구관계, 둘 다 배려해야 한다

이사를 너무 자주 다니면 아이는 힘들어집니다. 친구들 간의 네트워크를 형성할 시간이 부족하기 때문이죠. 아이들의 적응기간은 보통 6~18개월 정도입니다. 최근 연구 결과에 따르면, 한두 번의 이사는 괜찮지만 세 번 이상의 이사를 한 아이는 한 번도 하지 않은 아이들에 비해 감정적·행동적 측면에서 더 불안함을 보인다고 합니다.

같은 지역의 다른 학교로 이사 가는 경우에는 중대한 학업의 변화를 겪지 않기 때문에 적응에 큰 문제가 없습니다. 그러나 그런 경우는 예전 친구들과의 관계를 계속 유지하면서 새로운 친구들을 사귀는 일에 소홀할 수도 있습니다. 이럴 때는 아이에게 새로운 환경에서 자리를 잡아가는 것도 필요하다는 사실을 알려주어 적응을 도와야 합니다.

스트레스는 아이든 어른이든 누구나 경험하는 생활의 일부분입니다. 부정적인 일들이 스트레스가 되기도 하지만, 졸업이나 휴가 등 긍정적인 경우의 스트레스도 존재합니다. 이사에 있어서도 마찬가지죠. 사소한 스트레스는 부모의 적절한 도움으로 극복할 수 있지만, 큰 스트레스는 아이의 삶을 감정적·육체적·학업적인 측면에서 해칠 수 있으므로 주의해야 합니다. 만약 아이가 다음과 같은 증상을 보인다면 집중적인 관심을 기울여야 합니다.

- 이사에 대한 걱정 때문에 학업에 심각한 지장을 받을 때
- 이사한 후 학교생활에 적응하기 힘들어할 때
- 갑자기 공격적인 모습을 보이거나 신경질을 부리기 시작할 때
- 평소와 달리 과도한 두려움을 느낄 때
- 아이가 별다른 질병이 없음에도 불구하고 잘 잊어버리고, 인내심이 없어지고, 주눅 들거나 집중하지 못할 때
- 신체적으로 건강을 잃었을 때, 혹은 상상통증(아이는 통증을 느낀다고 이야기하지만 검사해보면 별다른 증상을 객관적으로 찾을 수 없는 경우)을 호소할 때
- 몸무게가 지나치게 증가하거나 감소할 때
- 수면장애가 생길 때

학업적인 면이나 사회적인 면에서 적응이 어려운 아이들은 이사로 인해 우울해지기 쉽고, 자존감을 상실하여 문제행동을 보일 수도 있습니다. 그러므로 정신적으로 유연하게 대처하고 안정을 유지할 수 있도록 부모의 준비와 배려가 필요합니다. 이사 후 아이의 적응을 돕기 위

해서는 무엇보다도 아이의 감정을 무시하거나 비난하지 말고 진심으로 이해하고 공감해주는 것이 중요합니다. 아이가 자신의 감정을 솔직하게 표현할 수 있도록 격려하고, 아이의 감정을 이해하고 수용하는 태도를 보여주세요.

아이가 새로운 친구를 사귈 수 있도록 도와주는 것도 대단히 중요합니다. 새로운 학교나 동네에서 친구를 만들지 못하면 아이들이 외로움을 느끼고 적응하는 데 어려움을 겪을 수 있습니다. 아이가 새로운 친구를 사귈 수 있도록 학교나 동네에 대한 정보를 제공해주고, 함께 놀이터에 가거나 동네 행사에 참여하는 등 새로운 사람을 만날 수 있는 기회를 만들어주세요. 아이가 새로운 친구를 사귈 때 긍정적이고 적극적인 태도를 보여주는 것 또한 잊지 마세요.

미리 대비하여 부작용을 줄이자

이사 시기를 정하는 것이 뜻대로 되는 것은 아니지만 가능하다면 학년이 끝난 방학 중에 이사하는 게 좋습니다. 아이가 심리적으로 좀 더 안정적인 상태일 때 옮길 수 있기 때문이죠. 또한 이사를 마친 후 정리하는 시간을 충분히 가질 수도 있기 때문입니다. 부모가 짐을 싸고 새로운 환경에 적응하는 데도 시간과 에너지가 필요합니다. 방학 중인 경우는 아이의 과제물 등 학업이 겹치지 않으므로 적응하기 유리합니다. 여름방학 중에는 이사를 피하는 게 좋은데, 이웃에 사는 또래아이들이 많지 않은 경우 새로운 친구들을 당장 만들기 어렵기 때문입니다.

학기 중에 이사를 하게 되면 즉시 친구를 사귈 수 있으며 전학생으로서의 관심을 얻을 수 있다는 긍정적인 측면도 존재합니다. 하지만 갑작스러운 환경 변화가 일부 아이들에게는 어려운 일로 작용할 수 있으므로 학기 중의 이사는 어느 정도의 위험성을 감안해야 합니다.

전학 갈 학교에서 무엇을 필요로 하는지 알아보고 예전 학교에 요청해 아이의 관련 자료를 미리 준비하세요. 또한 적절한 반 배치를 위해 전학 전에 담임선생님과 상의하고 아이가 수업 외 시간에도 소외되지 않도록 관심과 배려를 부탁하세요.

가능한 한 아이가 미리 마음의 준비를 할 수 있도록 하는 것이 좋습니다. 아이와 자주 그리고 충분히 이사와 전학에 관한 구체적인 사항을 이야기하세요. 새 학교에 대한 정보도 미리 알아봐야 합니다. 이사 후 아이가 새 학교에서 생활을 시작하기 전에 함께 학교를 방문하는 것도 괜찮습니다.

만약 전학 이후 아이가 우울해하고 의기소침한 모습을 보이거나 잘 적응하지 못하며 예전 학교를 그리워한다면 부모로서 최대한의 관심을 보여주어야 합니다. 단순히 의기소침한 수준을 넘어서 화를 내거나 반항하는 등의 행동으로 불만을 표출한다면 충분한 대화를 통해 슬픈 감정을 나누도록 해야 합니다. 예전 학교로 다시 돌아갈 수 없다는 사실을 각인시키면서 아이가 적응할 수 있도록 부모가 최선을 다해 도와줄 거라며 안심시켜주세요. 다른 아이들과 어울릴 수 있도록 지역 모임이나 놀이 공간에 함께 가는 것도 하나의 방법입니다.

낯선 상황에서 현명하게 대처하는 부모의 모습을 보여주는 것도 아이에게는 본보기가 될 수 있습니다. 지나치게 걱정하기보다는 한 학기 정도의 기간을 두고 보면서 아이가 잘 적응할 수 있게 실질적인 도움을 주세요. 부적응 기간이 길어지면 선생님과 상담을 통해 아이가 학교와 학습의 여러 활동에 참여하고 재능을 발휘할 수 있도록 배려를 부탁하는 것이 좋습니다.

조금 느려도 괜찮아!
매일 조금씩 끌어주고 기다려주기!

학습장애가 있는 아이

또래에 비해 학습능력이 현저하게 떨어지는 송인우(9세, 남)
이제 겨우 초등학교 2학년인데 배우는 것이 싫다고 말하는 아이를 어떻게 해야 할까요. 말도 빨리 시작하고 늘 호기심이 많은 아이였어요. 그래서 머리가 좋다고 생각했죠. 하지만 지금은 읽고 쓰는 것도 힘들어하고 학교 공부에 아예 흥미가 없네요. 대체 왜 그런지 모르겠어요.

아이가 지능이 낮은 것도 아닌데 이상하게도 학습에 집중하지 못하거나, 책상에 오래 앉아 공부하는 것 같은데도 학습성과가 지지부진할 경우 부모 입장에서는 이만저만 속상한 게 아닙니다. 그래서 내 아이가 혹시 ADHD가 아닌지 의심하기도 하고, 정서적으로 무슨 문제가 있나 살펴보기도 합니다. 아무리 덧셈과 뺄셈을 가르쳐도 계산하기를 어려워하고, 아무리 글자를 알려줘도 받아쓰기에서 어려움을 겪고 있다면 한번쯤 혹시 학습장애(Learning Disabilities)가 아닐까 의심해보는 게 좋습니다.

　내 아이가 학습에 어려움을 느끼는 모습을 보면 부모 마음은 답답하고 안타깝고 걱정되겠죠. 이럴 때 긍정적인 마음과 정확한 정보로 무장한다면 아이에게 가장 큰 힘이 되어줄 수 있습니다. 그 첫걸음은 바로 학습장애에 대한 올바른 이해에서 시작합니다. 사실 학습장애는 그 형태와 정도만 다를 뿐 생각보다 많은 아이가 겪고 있는 어려움입니다.

학습장애의 의미와 유형을 파악하자

학습장애는 지능에 문제가 없음에도 불구하고 듣기, 말하기, 읽기, 쓰기, 추론 또는 수학적 능력을 습득하고 사용하는 데 어려움을 겪는 신경발달장애입니다. 즉 아이의 지능은 정상이지만 뇌의 정보처리과정에서 특정 영역에 문제가 생겨 학습에 어려움을 느끼는 것을 말합니다. 미국 국립보건원에 따르면 학령기 아동의 약 5~15%가 학습장애를 가지고 있다고 추정합니다. 학습장애를 가진 아이는 시력과 청력 및 언어능력이 정상입니다. 지적장애나 정서장애아도 아니지만 일반적인 교육 혜택을 받았는데도 읽고 쓰고 계산하는 법을 모릅니다. 단순히 공부에 흥미가 없고 성적이 낮은 것이 아니라 학습에 필요한 특정 기능에 어려움을 겪는 증상을 가리켜 학습장애라고 부릅니다. 대개 연령이나 교육 배경 혹은 지적 수준에 비해 학습능력이 현저하게 떨어질 때 학습장애 진단을 받게 됩니다.

학습장애는 다양한 유형으로 나타나기 때문에 엄밀히 말하면 '특정 학습장애'라고 일컫는 게 정확한 표현입니다. 가장 흔하게 나타나는 유형으로는 읽기장애, 쓰기장애, 그리고 수학장애가 있습니다. 읽기장애는 글자를 해독하고 이해하는 데 어려움을 겪는 것이고, 쓰기장애는 글씨를 쓰거나 맞춤법과 문법을 적용하는 데 어려움을 느끼는 장애입니다. 수학장애는 숫자 개념을 이해하고 계산하는 데 어려움을 보이는 장애입니다.

　읽기장애의 경우 단어를 정확하고 유창하게 읽는 데 어려움을 보이는 것이 특징입니다. 글을 읽는 속도가 느리고 읽은 내용을 이해하는 데에도 어려움을 겪습니다. 쓰기장애는 글씨를 알아보기 힘들게 쓰거나 문장 구조를 구성하는 데 어려움을 느낍니다. 수학장애는 덧셈, 뺄셈, 곱셈, 나눗셈과 같은 기본적인 계산에 어려움을 겪거나, 수학적 개념을 이해하는 데 어려움을 보이는 것으로 나타날 수 있습니다.

　하지만 이러한 유형들이 명확하게 구분되는 것은 아닙니다. 한 아이에게 여러 유형의 학습장애가 복합적으로 나타날 수도 있습니다.

공부를 못한다고 모두 학습장애는 아니다

학업성취도가 낮은 것이 곧 학습장애를 의미하는 것은 아닙니다. 예를 들어 아이가 자신의 잠재가능성을 성취하기 위해 노력하지 않는다면 그것은 학습동기 유발이 제대로 되지 않아서일 수도 있습니다. 잦은 전학으로 기초 지식이 부족해서일 수도 있고, 언어나 기타 행동양식 혹은 다른 장애 때문일 수도 있습니다.

대개 학습장애는 정보를 처리하는 방법이나 그것을 학습하는 능력에 문제가 있는 것으로, 읽기·쓰기·수학·사회·과학·외국어 등의 학업적 영역에 영향을 끼칩니다. 다음과 같은 내용에 해당하는 것이 학습장애의 문제들입니다.

- 기억력이 현저히 떨어지고 조직화하는 능력이 부족합니다.
- 과제에 대한 주의력이나 집중력이 낮습니다.
- 학습했던 정보를 다시 회상하는 능력이 없습니다.
- 사건의 논리적인 순서와 전개를 이해하는 능력이 떨어집니다.

이처럼 학습장애는 넓은 영역에 걸쳐 있는 문제이며 그 양상 또한 매우 다양하기 때문에 이를 아우를 수 있는 하나의 개념적 정의가 없다는 것에 전문가들도 동의합니다. 그러므로 각각의 상황에 맞는 대처 방법이 필요합니다.

간혹 환경적 요인이나 교육과정의 문제점들을 살펴보지 않고 아이에게 학습장애라는 꼬리표를 붙이는 경향이 있습니다. 이는 매우 잘못된 것이며 모두 같은 종류의 학습장애로 치부될 수 있으므로 위험합니다. 학습장애를 확인하려면 아이의 학습능력, 학습방법, 동기부여 정도, 교육과정, 교사의 수업방식 등을 자세히 살펴봐야 합니다.

비록 학습장애가 확실하다 할지라도 대부분의 경우 그 아이가 왜 그런 장애를 갖게 되었는가를 밝히기는 어렵습니다만, 대체로 다음과 같은 유전적 요인 때문입니다.

- 출생 전의 요인: 임신 중 풍진과 같은 질병이나 영양실조에 걸린 경우, 임신 중 약물 혹은 알코올 복용
- 출산 중의 사건: 태아의 산소 부족, 금지된 약물로 인한 영향, 출산 중 외상
- 출생 후의 요인: 뇌손상, 뇌졸중, 종양 혹은 납 등의 독극물 섭취

매일 조금씩 끌어주고 기다려주자

아이가 다음과 같은 증상을 보인다면 학습장애를 의심해봐야 합니다. 대부분 초등학교 2~3학년에 발현되는 경우가 많습니다.

- 주의를 집중하는 시간이 지나치게 짧고 말을 잘 못 알아들을 때
- 방금 들려준 이야기를 금방 잊어버릴 때
- 반복적으로 연습해도 무언가를 외우기 힘들 때
- 엄마 휴대전화 번호와 같은 간단한 것들을 기억하지 못할 때
- 문자를 익히고 숫자를 쓰는 것을 어려워할 때
- 욕구불만의 내성이 낮을 때(갑자기 사나워지거나 잘 울고, 학교에 가기 싫어하며 자기비하적인 말을 자주 할 때)
- 숙제를 어려워하며 끝까지 마치지 못하고 끊임없이 부모나 선생님에게 도움을 청할 때
- 단순 사칙연산을 반복해서 알려줘도 익히지 못할 때
- 질문에 대한 답을 크게 말할 수는 있지만 그것을 종이에 옮겨 쓰지 못할 때

이와 같은 학습곤란을 겪는 아이를 어떻게 도울 수 있을까요? 학습장애는 눈에 보이지 않는 장애로, 아이의 의지나 노력과는 전혀 상관없는 뇌기능의 차이에서 비롯되는 것입니다. 따라서 치료의 대상이 아닌 적절한 지원을 통해 극복할 수 있는 어려움이 있다는 점을 잊지 말아야 합니다. 조기에 발견하여 적절한 교육적 개입과 정서적 지원을 제공하는 것이 무엇보다 중요합니다.

　아이가 글자 쓰는 것을 어려워한다면 커다란 카드에 문자를 인쇄해 익힐 수 있도록 하세요. 또한 철자나 단어의 분류를 잘게 나누어 조금씩 공부하게 하는 것이 좋습니다. 틀린 것은 다시 외우게 하고 자주 쓰면서 배울 수 있도록 도와주세요. 만약 수학문제 푸는 것을 힘들어한다면 매일 일정한 단계에 따라 연습하게 하세요. 초등학교 저학년은 15분, 고학년은 30분 정도가 적당합니다. 진도를 나가기 전에는 전날 배운 내용을 복습하게 합니다. 읽기를 어려워하는 아이에겐 배울 내용을 먼저 큰 소리로 읽어준 후 스스로 읽을 수 있도록 하세요. 그러면 다음 날 아이가 수업을 따라가는 데 도움이 될 겁니다.

　물론 일반적인 아이들보다 안정적으로 실력이 향상되지는 않을 겁니다. 그러나 아이의 노력 자체를 격려하고 용기를 북돋아주는 게 중요합니다. 어렵더라도 노력하면 성공을 거둘 수 있다는 성취감을 배우게 해주어야 합니다. 학습동기를 잃어버리지 않고 '할 수 있다'는 신념과 인내심을 가질 수 있도록 칭찬과 보상을 아끼지 마세요. 학습에 어려움을 느끼는 아이들은 작은 성공 경험을 통해 자신감을 키우는 것이 중요합니다. 그렇기 때문에 아이가 조금이라도 노력하고 발전하는 모습을 보일 때 구체적인 칭찬과 격려를 아끼지 않아야 합니다. "참 잘했어!"와 같은 단순한 칭찬보다는 "오늘은 어제보다 덧셈 문제를 두 개나 더 맞혔네? 정말 노력한 게 보이는구나! 와우 대단해!"와 같이 구체적으로 칭찬해주는 것이 훨씬 효과적입니다. 아이의 노력을 인정하고 격려해주는 따뜻한 말 한마디가 아이에게는 큰 힘이 될 수 있다는 사실을 잊지 마세요.

실패는 자존감을 깎아내리고 학습에 대한 부정적 감정의 악순환을 가져오므로 그 고리를 끊어주는 일이 중요합니다. 그러기 위해서는 부모가 지속적으로 노력하며 많은 시간을 투자해야 합니다. 아이의 과제를 정확히 분석하여 성공 가능성을 높이고, 주어진 것을 월별, 주별, 일별 등 작은 단위로 쪼개어 체크하세요. 조금이라도 변화가 보이면 무조건 격려해주고 계속 실천할 수 있도록 도와줍니다. 이는 아이의 자존감을 회복시키고 학습동기를 부여하는 원동력이 됩니다.

기본적으로 아이의 지적 능력과 재능에 대한 올바른 인식이 필요합니다. 체육이나 요리 등 학업 외적인 부분에서 소질을 보인다면 그것을 살릴 수 있는 기회를 제공해주세요. 인생의 목표와 미래에 대한 희망은 아이로 하여금 인간으로서의 가치를 느끼게 해줍니다. 학습장애가 있다고 해서 모든 영역에서 어려움을 겪는 건 아닙니다. 어떤 아이는 수학은 어려워하지만, 그림 그리기에는 뛰어난 재능을 보이는 경우도 있고, 또 어떤 아이는 읽기는 힘들어도 이야기 만들기는 정말 좋아하고 잘하는 경우도 있습니다. 중요한 건 아이의 강점을 파악하고 그것을 기반으로 학습동기를 부여하는 것입니다. 예를 들어 아이가 그림 그리기를 좋아한다면 수학 개념을 그림으로 표현하게 하고, 이야기 만들기를 좋아한다면 역사적 사건을 이야기 형식으로 재구성하도록 유도하는 겁니다. 이렇게 잠재력과 재능, 적성 등을 점차 키워나가다 보면 긍정적인 자아개념을 회복하여 정서적 안정을 취할 수 있고, 능력에 맞는 진로 방향을 잡을 수 있습니다. 아이에게 무리한 요구나 기대를 하지 말고, 학습에 대한 흥미를 느끼고 '나도 할 수 있다'는 자신감을 얻을 수 있도록 도와주세요.

또한 아이에게 필요한 주변의 환경적 요인들을 점검하고 최적의 환경을 마련해주는 일도 중요합니다. 주의집중을 잘하지 못하는 아이에게는 혼자서 공부할 수 있는 환경을 만들어주고, 알맞은 조명과 책상을 마련해주며 방해가 될 만한 물건들을 주변에서 치워주세요. 엄마가 옆에서 함께 책을 읽고 가계부를 쓰고 뜨개질을 하는 등 조용하게 집중할 수 있는 분위기를 만들어주세요. 친구관계로 어려움을 겪게 되면 공부에 집중하기 어려우므로 심리적·정서적 요인에도 관심을 기울여야 합니다.

학습장애를 가진 아이들은 좌절감과 불안감을 느끼는 경우가 많으므로 가족의 따뜻한 지지와 격려가 아이에게 큰 힘이 됩니다. 주말에는 온 가족이 함께 공원에 산책을 가거나 영화를 보거나 보드 게임을 즐기는 등 시간을 보내세요. 가족과 함께하는 행복한 경험은 아이의 정서적 안정과 학습에 대한 긍정적 태도를 형성하는 데에도 도움이 됩니다. 아이에게 가장 든든한 지원군은 바로 가족이라는 사실을 기억해야 합니다.

아이의 학습장애를 효과적으로 지원하기 위해서는 학교와의 긴밀한 협력과 소통도 필요합니다. 학교 선생님들과 꾸준히 소통하며 아이의 학습 진행 상황을 공유하고, 어떤 어려움을 겪고 있는지, 어떤 지원이 필요한지 함께 고민해야 합니다. 서로 이해하고 배려하는 마음으로 진솔한 대화를 나눈다면 아이에게 가장 적합한 교육환경을 만들어 줄 수 있을 겁니다.

이러한 방법을 사용해도 아이가 개선되기 힘들다고 판단되면 전문상담교사, 특수교사, 학교사회복지사업가, 언어치료사 등의 적절한 전문가를 만나 도움을 받도록 하세요.

꾸중은 꾸중답게,
칭찬은 칭찬답게 효과적으로!
꾸중 혹은 칭찬해야 하는 아이

꾸중을 했더니 엄마와 대화하기를 꺼리는 최유리(15세, 여)

잘못한 일이 있어서 한번 꾸중을 했더니, 그 뒤부터 아이가 점점 엄마와 대화하길 꺼리는 것 같아요. 저는 그렇게 크게 혼냈다고 생각하지 않는데, 대체 뭐가 문제였던 걸까요? 예민한 나이라서 어떻게 꾸중하고 칭찬해야 할지 확신이 안 서네요.

아이를 키우다 보면 훈육해야 할 때가 많습니다. 올바른 일이나 행동을 했을 때는 칭찬과 보상을, 잘못한 일이나 행동을 했을 때는 꾸중과 벌을 주기 마련이죠. 꾸중이나 벌은 잘못한 것에 대한 징계 목적으로 다시는 그런 짓을 하지 않도록 하는 예방 목적이기도 합니다. 궁극적인 것은 잘못을 하지 않는 것에 머무는 것이 아니라 좋은 방향으로 개선하는 데 목적이 있습니다. 이러한 개선의 목적으로 주어지는 꾸중이나 벌이 바람직하고 교육적이라 할 수 있죠.

이처럼 꾸중이나 벌은 징계적, 방지적, 개조적인 목적을 띠고 있습니다만, 아이의 잘못에 대해 꾸중이나 벌을 주면 이런 목적을 달성하지 못하는 경우가 많습니다. 꾸중이나 벌을 주는 방식에 문제가 있기 때문이죠. 칭찬이나 보상이 효과를 발휘하지 못할 때도 그 방식에 문제가 있기 때문입니다. 꾸중이나 칭찬의 목적이 제대로 달성되려면 '꾸중은 꾸중답게, 칭찬은 칭찬답게'라는 말이 있듯이 효과적인 방법을 사용해야 합니다. 아이를 키우면서 불가피한 꾸중과 칭찬을 효과적으로 하는 방법에 대해 살펴보겠습니다.

꾸중보다는 칭찬이 교육적이고 효과적이다

아이의 잘못을 어떠한 방식으로 다루나요? 가벼운 충고로 끝내는 경우도 있고 호되게 야단을 치고 벌을 주기도 할 겁니다. 벌이 꼭 필요하다고 말하는 부모도 있는 반면, 벌을 반대하는 입장의 부모도 있습니다. 훈육방식은 부모에 따라 근본적인 입장이 다르지만 어느 쪽이든 고민되는 문제가 아닐 수 없습니다.

벌이나 꾸중은 어떤 행동을 금지시키거나 잘못된 습관을 소멸시키기 위해 사용하는 심리적 불쾌 자극을 의미합니다. 보상이나 칭찬은 그 행동의 재발 가능성을 촉진하는 반면, 벌이나 꾸중은 행동을 억압할 뿐 바람직한 행동으로의 재발을 보장하지는 못한다고 보는 시각이 지배적입니다. 훈육의 수단으로 꾸중이나 벌을 사용하면 불안, 공포, 고통과 적개심 및 도피를 유도할 뿐 그로 인해 얻을 수 있는 효과는 부정적이라는 겁니다. 이는 미국의 심리학자 스키너(B. F. Skinner)의 주장이며 그의 구체적인 논거는 다음과 같습니다.

- 벌은 '불행'이라는 정서적 부산물을 낳습니다. 벌을 받은 아이는 공포를 느끼며, 이는 벌을 받았을 때와 비슷한 다른 자극에 일반화될 위험성이 있습니다.
- 벌은 아이에게 '하지 말아야 할 것'을 지시할 뿐 '해야 할 것'을 알려주지는 않습니다. 보상은 자신이 했던 행동이 올바르다는 것을 알려주기 때문에 추가적인 학습이 뒤따르지 않아도 되지만, 벌은 실질적으로 아무런 정보도 제공하지 않습니다.
- 벌은 남에게 고통을 주는 행위를 정당화합니다. 신체적인 벌을 받은 아이는 남이 잘못했을 때 자신도 그러한 벌을 줘도 된다고 생각합니다.
- 벌이 일관적으로 이루어지지 않을 경우 아이는 혼란을 겪습니다. 벌을 받을 것 같으면 자신의 행동을 억압하지만, 벌을 주는 사람이 없으면 그 행동을 하지 말아야 할 이유를 느낄 수 없게 됩니다.
- 벌은 처벌자나 타인을 향한 공격성을 드러내게 만들며 다른 부분에서 추가적인 문제를 일으킵니다.
- 벌은 하나의 바람직하지 못한 반응을 다른 바람직하지 못한 반응으로 대체시킵니다. 예를 들어 일을 엉망으로 만들어놓은 아이에게 꿀밤을 때리면 잘못한 일은 그만두겠지만 대신 큰 소리로 울어버릴 수 있다는 겁니다. 절도로 처벌받은 사람이 다음에도 공격적인 범죄를 저지르는 것과 마찬가지죠.

이처럼 벌 혹은 꾸중은 부정적인 효과를 가져올 가능성이 크기 때문에 가급적 피하되 부득이한 경우에만 효율적으로 사용해야 합니다. 기본적으로 배려 없이 무절제하게 벌이나 꾸중을 하게 되면 아이는 더 비뚤어질 수 있으며 때론 부모 스스로도 혼란스러운 경우가 많습니다.

또한 아이가 어른들이 원하는 대로 행동하게 되는 것이 꼭 바람직한 결과를 낳는 것만은 아닙니다. 독자성을 인정받지 못하고 매사에 부모의 권위나 지시에 의해 행동을 통제받는다면, 앞으로 스스로 결정해야 하는 수많은 문제에 책임감 있는 태도를 보이기 힘듭니다. 어른들은 아이들에게 성숙한 지식을 부여하고, 그들의 행동을 안내하는 조력자로서의 역할을 하면 됩니다. 통제가 곧 사랑이라고 볼 수는 없습니다.

꾸중을 하거나 벌을 줄 때 아이는 자칫 부모가 자신을 사랑하지 않는다고 생각할 수도 있습니다. 그러므로 잘못된 행동이 미운 것이지 아이에 대한 사랑에는 변함없다는 것을 분명히 말하고 아이를 지키기 위해 노력하는 일이라는 것을 꼭 알려주세요. 그러기 위해서는 단호한 한계를 설정하고 편견 없는 훈육이 이루어져야 합니다. 아울러 아이의 능력에 맞는 훈육을 실시해야 합니다. 아이에게 버거운 규칙이나 한계를 설정하고 강요하면 교육의 본래 의미를 상실하게 됩니다.

꾸중할 때 주의해야 할 10가지

꾸중이 꾸중답게 본래의 훈육목적을 달성하기 위해서는 다음과 같은 점을 유념해야 합니다.

첫째, 꾸중하거나 벌을 주는 이유를 분명히 해야 합니다. 어른은 자신의 기분 때문에 아이를 꾸짖는 경우가 많습니다. 그럴수록 야단치는 이유가 불분명하고 엉뚱한 것을 흠잡게 됩니다. 꾸중하거나 벌하는 이유를 분명하게, 그리고 납득할 수 있도록 제시하는 것이 중요합니다.

둘째, 꾸중에도 적절한 시기가 있습니다. 과거 일을 들춰서 꾸중하는 것보다 잘못한 직후에 훈계하는 것이 더 효과적입니다. 벌 받을 준비가 안 된 상황에서 질책을 받으면 오히려 반감만 생기게 됩니다. 충동적인 벌이나 책망은 후회를 남길 뿐이죠.

셋째, 꾸중은 남 앞에서 하지 말고 개인적으로 해야 합니다. 아이가 잘못을 인정하더라도 많은 사람 앞에서 꾸중을 들으면 반감을 갖게 됩니다. 꾸중 자체보다 남들에게 창피한 모습을 보였다는 것에 자존심이 상하기 때문이죠. 공개적으로 비난받으면 구겨진 자존심을 회복하기 위해 더욱 반발하게 됩니다. 칭찬은 남 앞에서 하고 꾸중은 조용히 불러 다른 사람이 없는 곳에서 하는 것이 효과적입니다.

넷째, 감정에 좌우되지 않게 일관성을 유지해야 합니다. 아이가 꾸중을 들으면 상대방의 심리 상태부터 살피게 됩니다. 즉 부모가 자기 기분에 따라 야단치는 것인지 아니면 아이가 더 잘되도록 꾸짖는 것인지를 판단합니다. 기분에 따라 꾸짖으면 아이에게 신뢰감을 주지 못할 뿐 아니라 처벌자를 얕잡아 보게 됩니다.

다섯째, 대상에 따라 꾸짖는 방법을 달리해야 합니다. 선생님 앞에 불려 나가기만 해도 주눅이 드는 아이가 있는가 하면 웬만한 큰소리에도 눈 하나 깜빡이지 않는 아이도 있습니다. 아이에 따라 꾸중과 처벌에 대처하는 방식이 다르므로 행동 변화를 유도할 수 있는 방법을 적용하는 것이 중요합니다.

여섯째, 단호하되 가혹하지 않게 혼을 내야 합니다. 불분명한 잔소리를 계속하면 아이는 부모를 무서워하지 않습니다. 분명하고 단호한 방식으로 오래 끌지 않는 것이 좋습니다.

일곱째, 먼저 경고를 한 후 그래도 문제행동이 계속되면 그때 꾸짖어야 합니다. 처음에는 일단 경고로 아이가 마음의 준비를 할 수 있게 하세요. 경고를 받고 이에 동의하면 암묵적인 계약이 성립되는 겁니다. 그러므로 아이 스스로 이를 파기했을 때 꾸중이 설득력을 발휘하며 반감을 줄일 수 있습니다.

여덟째, 문제행동을 벌하되 대안을 제시해야 합니다. 꾸중이나 벌의 가장 큰 문제점 중 하나는 뭔가 하지 말라는 것을 알려주지만 어떻게 해야 하는지를 알려주지 않는다는 것입니다. "이게 뭐야, 다시 해"라고 말하지 말고 "이런 점들은 이렇게 고치는 게 좋겠어"라고 구체적인 방향을 제시해주어야 합니다.

아홉째, 잘못한 행동을 구체적으로 제시해야 합니다. "제대로 하는 게 없구나. 넌 도대체 커서 뭐가 되려고 그러니?"와 같이 아이의 인격이나 성향을 통째로 비난하거나 모욕을 주는 말은 차라리 하지 않는 게 낫습니다. 아이의 성품을 비난하는 것보다 아이가 저지른 문제행동을 구체적으로 지적해주는 것이 행동 변화에 효과적입니다.

열째, 잘못을 인정하거나 뉘우쳤을 때는 온화한 태도를 보여주어야 합니다. 아이가 이미 잘못을 인정하고 후회하고 있을 때는 즉시 애정

어린 태도를 보여주세요. 부모 스스로 꾸중에 대한 미안함을 표현하거나, 아이의 다른 장점을 인정하여 방향 전환을 모색하는 게 벌과 꾸중의 후유증을 줄이는 방법입니다. 부모에 대한 신뢰와 존경심을 갖게 되면 그 기대에 부응하기 위해 노력하는 게 아이의 마음입니다.

아이의 인생을 바꾸는 칭찬 8계명

칭찬이 꾸중이나 벌보다 효과적이라는 사실을 절대 잊지 마세요. 칭찬을 들었을 때 느끼는 만족감은 아이로 하여금 그 행동을 더욱 강화하게 만듭니다. 칭찬을 하더라도 다음과 같은 방법을 활용하는 것이 훨씬 효과적입니다.

첫째, 구체적으로 해야 합니다. 모호하고 추상적인 칭찬은 신뢰성이 떨어질 수 있으며 구체적이고 분명한 칭찬이 아이의 마음을 움직입니다. "넌 괜찮은 아이야"라는 말보다는 "네가 쓴 글은 간결하고 설득력이 있어. 특히 이런 문장이 훌륭하구나"가 더 효과적인 칭찬입니다.

둘째, 진지하고 간결하게 해야 합니다. 진지하고 간결한 칭찬이 더 깊은 인상을 주고 오래 기억됩니다. 칭찬이 길어지면 진정성이 떨어지고 괜히 하는 말처럼 들릴 수 있습니다.

셋째, 남들 앞에서 칭찬하세요. 아이들은 스스로 자랑하고 싶은 욕구가 크기 때문입니다. 또한 제3자에게 간접적으로 칭찬을 전달하는 것은 칭찬받는 기쁨과 자랑의 욕구 두 가지를 동시에 충족시킬 수 있으므로 더 좋습니다.

넷째, 사소한 일도 칭찬해야 합니다. 어른들이 칭찬에 인색한 이유는 사소한 장점을 무시하기 때문입니다. 남들이 보지 못하는 장점을 찾아 칭찬해주면 의외의 효과가 있습니다. 그러므로 조금이라도 잘한 게 있으면 인정해주고 격려해주세요.

다섯째, 아이의 주변 인물을 칭찬하세요. 아이 자신의 능력이나 외모뿐 아니라 아이가 속한 집단이 가치 있게 여겨질 때에도 자존감은 올라갑니다. 아이의 가족이나 친구, 다니고 있는 학교나 선생님에 대해 칭찬하면 아이 자신이 칭찬받은 것처럼 기분이 좋아지고 표정이 밝아집니다.

여섯째, 의외의 상황에서 칭찬하세요. 계산적인 칭찬보다는 우연한 상황에 진솔한 칭찬을 건네면 그 효과는 배가됩니다.

일곱째, 초등학생 아이와 고등학생 아이에게 할 수 있는 칭찬은 차이가 있습니다. 아이의 발달단계에 따라 칭찬의 내용과 표현방식을 적절히 달리해야 합니다.

여덟째, 결과뿐 아니라 과정과 노력을 칭찬하세요. 성공한 결과만 칭찬하게 되면 칭찬할 수 있는 일이 많지 않을뿐더러 아이가 오히려 부담을 느낄 수도 있습니다. 설령 성적을 올리지 못했더라도 그 과정에서 쏟은 열정과 노력을 칭찬할 때 아이는 용기를 가지고 노력을 계속하게 됩니다.

부모의 일관된 태도와 아이 존중의 훈육이 되어야

훈육, 즉 꾸중과 칭찬의 궁극적인 목적은 아이가 스스로의 행동에 책임을 질 수 있게 하는 것입니다. 어려서부터 규칙과 제한에 대한 이유를 아이에게 충분히 이해시키고 그것을 지킬 수 있도록 기회를 만들어주어야 합니다. 이런 과정을 통해 아이는 사회적으로 성숙해갑니다. 또한 직접적인 경험을 통해 배우도록 해야 합니다. 스스로 탐색해볼 수 있는 기회를 주지 않고 부모의 통제로만 가르치려 한다면 건전한 지적 발달과 정서적 성숙의 기회가 그만큼 줄어들게 됩니다.

올바른 것을 가르치는 것 못지않게 부정적인 상황을 미리 예상하고 사전에 예방하는 지혜도 필요합니다. 아이들이 일으킬 수 있는 문제 영역을 이해하며 그것을 피할 수 있는 상황에 관심을 두고 방지하기 위해 노력해야 합니다.

부모의 일관성 있는 훈육태도는 필수적입니다. 선생님, 부모, 조부모가 각기 다른 관점과 태도를 지녔다면 아이는 혼란을 느낄 수밖에 없습니다. 교육자들 사이에 최대한의 통일성을 유지하고 각각의 어른들도 늘 일관된 태도를 취해야 합니다. 아이를 훈육하는 문제를 놓고 아이 앞에서 엄마와 아빠가 다투는 행동을 하면 절대 안 됩니다. 또한 보다 적절한 주체가 훈육을 담당하는 것이 좋습니다.

부모가 아이에게 기대하는 바를 분명히 하는 것도 중요합니다. 부모가 아이의 눈치를 보면서 의사를 제대로 전달하지 못하거나, 안쓰러운 마음에 그냥 넘어가는 등의 행동을 보이는 것은 좋지 않습니다. 아이에게 분명한 메시지를 전달해야만 적절한 변화를 기대할 수 있습니다.

무엇보다 좋은 훈육방법은 가능하면 아이를 존중해주는 것입니다. 모든 훈육은 아이의 성장을 위한 것이어야 하며, 행동을 제한하는 일도 아이의 호기심과 창의성을 안정적이고 조화롭게 발달시킬 수 있는 방향이어야 한다는 점을 잊지 마세요.

에필로그

자기충족적 예언
자녀의 1% 가능성을 99%로

아이들은 말썽을 피우며 성장해갑니다. 이 책에서 다룬 주제처럼 인성, 문제행동, 학습 면에 있어서 부모의 속을 썩이며 자랍니다. 책 속 내용이 부모의 속을 확 풀어줄 수 있는 솔루션이 되고 이를 통해 아이를 양육하고 지도하는 데 밑거름과 나침반이 될 수 있기를 바랍니다. 이 책을 마무리하면서 부모님들에게 꼭 하고 싶은 말은 소중한 우리 아이가 어떤 문제행동을 보이든 부정적인 관점에서 보지 말고 긍정적인 시각으로 지도해나가야 한다는 겁니다. 전혀 문제가 없는 아이는 존재하지도 않을뿐더러 좋은 것만도 아닙니다. 문제를 해결하고 극복해가는 과정에서 아이는 성장하고 배워갑니다. 이에 부모님들은 자기충족적 예언(Self-Fulfilling Prophecy)에 대한 굳은 믿음을 가져야 합니다.

키프로스에 피그말리온(Pygmalion)이라는 조각가가 살고 있었습니다. 그는 세상의 여성들에게 아름다움을 느끼지 못했고 아무 여성도 사랑할 수 없다고 생각했습니다. 그는 아름답고 사랑스러운 여인을 조각하기 시작했습니다. 오랜 시간이 흘러 아름다운 조각품을 완성한 그는 그 여인을 사랑하게 되었습니다. 하루 종일 조각상을 바라보며 사랑의 아픔에 시달리던 그는 사랑과 아름다움의 여신인 아프로디테의 신전을 찾아가 사랑을 이루게 해달라고 기도했습니다. 터무니없는 소원을 빌고 집으로 돌아온 피그말리온은 이루어질 수 없는 사랑에 가슴 아파하며 자신이 만든 조각상을 끌어안았습니다. 그런데 항상 차갑기만 하던 조각상이 오늘따라 따뜻하게 느껴지는 겁니다. 그는 너무 놀라 뒤로 물러섰습니다. 꿈결 같은 기분에 그녀에게 입을 맞추자 온몸으로 체온이 전해졌습니다. 조각상이 여인으로 환생한 겁니다. 피그말리온이 기뻐서 어쩔 줄 모르며 그 여인을 꼭 끌어안자 심장박동 소리가 그의 가슴에 느껴졌습니다.

그리스 신화에 등장하는 이 이야기에서 유래한 말이 피그말리온 효과(Pygmalion Effect)입니다. 이는 무언가를 간절히 바라면 결국 그 소망이 이루어진다는 것을 비유한 말이죠. 또한 사람은 원래의 자신보다 타인이 기대하는 모습으로 변할 가능성이 크다는 것을 의미하기도 합니다. 피그말리온 효과는 교육학 분야에서 자기충족적 예언이라는 말로도 쓰입니다.

아이가 어떤 분야에서 낮은 수준의 성취도를 보인다고 해서 다른 것에서도 그럴 거라고 판단하는 부모가 많습니다. 아이가 공부를 못한다고 해서 다른 활동에 대해서도 별로 기대하지 않는 부모도 있습니다. 부모의 기대감은 아이의 장래에 대한 예언과 마찬가지입니다. 부모가 아이에게 어떠한 기대를 갖고 얼마나 믿어주느냐에 따라 아이의 행동과 성취가 눈에 띄게 달라진다는 것을 잊지 마세요. 기대가 실현될 것이라는 군건한 믿음은 그것을 위해 최선의 노력을 다하게 만들고, 결국 현실로 이루게 합니다.

교육에 있어서도 앞에서 소개한 신화가 그대로 적용되는 셈입니다. 선생님이나 부모 혹은 친구들과 같은 '중요한 타자(Significant Others)'가 가지는 기대가 본인에게도 중요한 영향을 끼치는 겁니다. 실제로 "넌 잘할 수 있어"라고 긍정적 기대를 받고 자란 아이는 높은 성취도를 나타냅니다. 측정된 지능보다 지각된 지능이 학업성취도와 높은 상관관계를 가진다는 여러 연구 결과에 비추어보더라도 실제 지능보다는 아이가 자신의 지능을 어떻게 지각하느냐가 중요한데, 아이의 지각에 주변의 기대가 크게 작용한다는 것을 잊지 마세요.

그러므로 아이를 대할 때 긍정적이고 적극적인 태도를 보여주어야 합니다. 아이가 비록 어떤 실수나 잘못을 하더라도 "넌 어째 그 모양이니?"나 "커서 뭐가 되려고 그러니?"와 같은 부정적이고 무시하는 말은 절대 하지 말아야 합니다. 아이의 잠재가능성을 깎아내리거나 구제불

능으로 여기는 것은 매우 치명적입니다. 절망과 실의를 지워버리고 희망과 자신감을 채워주도록 하세요.

현재 아이의 가능성이 비록 1%밖에 되지 않는다 해도 굳은 믿음과 기대를 지속적으로 보여주며 가능성을 키워주려는 노력을 계속한다면 아이는 99%의 가능성을 가진 아이로 변할 겁니다. 부모로서 아이를 훌륭하게 성장시킬 수 있다는 자기충족적 예언을 가지고 자녀교육에 임해야 합니다.

아이의 마음속에는 크기도 모양도 다른 수만 가지의 서랍이 있습니다. 분노와 사랑이 공존하며 혼란과 두려움으로 가득 찬 그들만의 공간을 가지고 있습니다. 부모가 모르는 사이 아이의 서랍 안에서 뒤엉킨 수만 가지의 잡동사니 중에서, 독이 되는 것은 없애고 득이 되는 것은 쥐여주는 지혜가 필요합니다.

아이를 믿고 존중해주는 든든한 지원군이자 동행자가 되어 아이와 부모 모두 행복한 삶을 영위해나가길 소망합니다.